Zeitenwanderu

Geschichte(n) aus alten und heut

tredition

Vorbemerkungen

Manches geht einem durch den Kopf, wenn man zurückschaut auf die Jahrzehnte und die Stationen gelebten Lebens. Einzelne, weit zurückliegende Begebenheiten sind es ebenso wie gerade erst Passiertes, die uns nachdenken lassen, wie sie unser Dasein geprägt und verändert haben. Sie zwingen uns geradezu, Vergleiche anzustellen zwischen dem Gestern und Heute. Was ist anders geworden, was hat sich zum Guten oder auch zum weniger Guten gewandelt?

Das Leben in zwei sehr verschiedenen Systemen hat vor allem uns Älteren die Sinne geschärft, mehr, als wir es täglich selbst bemerken. Der kritisch-vergleichende Blick auf heutige Geschehnisse, die gesteigerte Aufmerksamkeit, mit der wir Veränderungen in unserem Dasein wahrnehmen, der Argwohn, mit dem viele von uns die „Mainstream-Medien" betrachten, all das ist nicht zu übersehen. Weitgehend gleichgeschaltete, in einem eng abgesteckten Meinungskorridor agierende Leitmedien als journalistische Wasserträger der Macht, das alles haben wir einstigen DDR-Bürger noch in guter, unguter Erinnerung. So wird der tatsächliche Meinungspluralismus der Menschen ausgeblendet und Missliebiges vorauseilend plattgemacht.

Mit dem Ukrainekrieg habe ich mir ein sehr kontrovers betrachtetes Thema aufgeladen. Ja, es mag sein, dass die Zeit bereits morgen über jetzige Standpunkte hinweggegangen ist. Dennoch bleibt stehen, dass die Folgen dieser Katastrophe auf lange Zeit zu spüren sein werden. Nicht nur dort, wo heute noch gekämpft wird, auch fernab davon und ganz nah, in unserem eigenen Leben. Zum anderen werfen die Vorgänge im Osten Europas ein bezeichnendes

Licht auf das Agieren unserer politischen Führung. Die vollständige Unterwerfung unter global-transatlantische Interessen und der geleistete Eid eines jeden deutschen Regierungsmitglieds, das sind zwei sehr konträre Dinge.

Es sind auf den ersten Blick kaum miteinander verbundene Themen. Ich bin ohne klares Ziel quer durch verschiedene Lebensbereiche gewandert und dort stehengeblieben, wo ich es für wichtig hielt. Alles zusammen lässt uns vielleicht ein wenig auf unser Leben schauen, wie es einmal war und wie es sich in verschiedener Weise verändert hat.

Ich bin ein Kind der Mecklenburgischen Kleinseenplatte und werde es für den Rest meiner Tage auch bleiben. Deshalb liegt es auf der Hand, dass etliche der folgenden Geschichten hier ihre Wurzeln haben. Es geht dabei um Landschaften, in denen ich seit jeher zu Hause bin, um Menschen, die mir sehr wichtig sind, und ebenso um historische Entwicklungen, die mehr und mehr mein Interesse geweckt haben. Vielleicht sind es ja erste Skizzen zu einer Geschichte meiner Heimatstadt Mirow und der Region, ein Vorhaben, das es noch anzupacken gilt. Aber wie das so ist mit den Erinnerungen, ob man will oder nicht, sie stoßen sich fortwährend am Heute, am Anderssein der Zeit, in der wir gerade unterwegs sind.

Beileibe nicht alle haben von den Wandlungen und Veränderungen der letzten Jahrzehnte profitieren können. Es gibt Gewinner und mindestens ebenso viele Verlierer. Unter Ersteren bin auch ich, soweit es den heutigen Wohlstand betrifft. Aber wie ist es unserem Land ergangen in der Zwischenzeit? Ist es ein besseres geworden, hat es die Herausforderungen der Zeit erkannt und entschlossen angepackt? Hier gehöre ich, leider, zur wachsenden Schar der

Zweifler. Nein, wir sind in vielen Dingen auf keinem guten Weg und sollten uns das schleunigst eingestehen. Das wäre ein erster wichtiger Schritt, es anders, es besser zu machen.

Mitunter werde ich gefragt, warum machst du das mit der Schreiberei, auf deine alten Tage? Meine Antwort lautet stets, genau deshalb. Ich muss keine Karriereängste oder sonstiges Bangen um mein Vorankommen haben. Auf der Zielgeraden des Lebens kann ich ohne Rücksicht auf irgendwen und irgendetwas aufschreiben, wie ich die Dinge sehe, die gewesenen wie auch die heutigen. Ich will das alles loswerden, gesagt haben, bevor es vielleicht nicht mehr möglich sein wird. Dabei ist es zunächst egal, ob andere das ebenfalls lesenswert finden. Es ist zuerst und vor allem ein „Sich von der Seele Schreiben", das einem ein Stück mehr Gelassenheit gibt, bei allem, was noch kommen mag.

Ich möchte mich bedanken bei all denen, die mich bei meinen Recherchen unterstützt haben, bei den alten Fischern Horst Bork und Uwe Hagen, bei den schon recht betagten Einheimischen Marie Kittelmann, Georg Kath und Bruno Winkel mit ihren jung gebliebenen Erinnerungen an lange Zurückliegendes sowie bei meinen mit der Geschichte unserer Region bestens vertrauten Brüdern Reinhard und Jochen Mewes. Mein Dank gilt auch den stets sehr hilfsbereiten Mitarbeiterinnen des Neustrelitzer Kulturquartiers und insbesondere des Karbe-Wagner-Archivs, dessen bestens geordnete lokal- und regionalgeschichtliche Sammlungen mir eine große Hilfe waren. Danke sagen möchte ich auch meinem BTO-Mitstreiter Jork Hobohm, meiner Frau Ingrid sowie unserer Tochter Ina, die alle gemeinsam dafür gesorgt haben, dass aus den geschriebenen Texten ein richtiges Buch zum Anfassen geworden ist.

Der Bürgermeister vom Windhof

Herbert war ein guter Freund. Einer von der eher seltenen Sorte, bei denen man nachts vor der Tür stehen konnte und ohne Worte Einlass fand. Auf den ersten Blick verband uns wenig Gemeinsames. Er stammte aus einfachen Verhältnissen, hatte zeitlebens körperlich schwer gearbeitet und seine ländliche Umgebung nur selten verlassen. Die täglichen Dinge um ihn herum, das waren die Fixpunkte, um die sich sein Leben bewegte. Ich war promovierter Historiker und hatte manches von der Welt gesehen. Mich beschäftigten politische und sonstwie gesellschaftliche Entwicklungen sehr, Dinge, die Herbert nur gelegentlich kommentierte, wenn sie besonders groteske Blüten trieben oder ihre Folgen in seinen Lebenskreis eindrangen.

Gegen Ende der 60er Jahre haben wir uns kennen gelernt. Damals wurde ich Starsower, und wir trafen uns beim Angeln. Später waren wir häufig gemeinsam auf dem Fehrlingsee unterwegs. Wir teilten wie selbstverständlich unser Wissen über Beißzeiten, Fangstellen und die besten Köder. Die unter Petrijüngern sonst übliche Geheimniskrämerei war uns fremd. Die Fische und das Drumherum blieben über meine Starsower Zeit hinaus ein wichtiger Teil unserer Verbindung, bis zum Schluss, bis zu seinem Tod.

Aus der Anglerfreundschaft wurde mit der Zeit mehr. Herbert erwies sich als ein in jeder Hinsicht guter Kamerad, die Zuverlässigkeit in Person, immer helfend zur Stelle, wenn er gebraucht wurde. Äten wat goor is, drinken wat kloor is, seggen wat wohr is - diese altmecklenburgische Lebensweisheit war ihm auf den Leib geschnitten. Er spürte, wenn es einem schlecht ging, und das Leid anderer war ihm niemals egal. Von Grund auf ehrlich, sprach er immer mit offenem Visier, mitunter recht derb, und hielt auch mit schmerzhaften Wahrheiten nicht hinterm Berg. Verschwurbeltes Gerede, das in Andeutungen und Durch-die-Blume-Sprechen, all das war nicht seine Art. Klugscheißerei, wie er es nannte, konnte Herbert nicht leiden. He kann Kattenschiet in'n Düstern ruken, mit diesem Spruch erledigte er einen Neunmalklugen, der ihm über den Weg lief.

Andererseits bemerkte er bald, dass meine Bodenständigkeit keine aufgesetzte Sache eines um Volksnähe bemühten Intellektuellen war. Das wäre ohnehin nicht gutgegangen, denn er besaß ein feines Gespür dafür, ob man es ehrlich mit ihm meinte. Ich stammte aus einer Bauernfamilie der Region, die auch Herbert recht gut kannte. Das waren Prägungen, Wurzeln, die meinem Leben einen festen Halt gaben. Wir haben immer und ohne Ausnahme auf Plattdeutsch miteinander gesprochen, ein Umstand, der uns gewiss auch geholfen hat, gute Freunde zu werden.

Es gab zwischen uns kein „intellektuelles Gefälle", wie es Außenstehende vermuten könnten. Herbert war auf seine Art ein kluger, lebensweiser Mann, dem ich immer mit großem Respekt begegnet bin. Wir führten keine tiefschürfenden Gespräche über die Leiden der Welt. Unsere Freundschaft war geerdet, war eher praktischer Art. Die Familien und ihr Wohlergehen, der Garten, die Landwirtschaft, das Angeln, die Natur mit ihren Wäldern und Seen um uns herum, das waren unsere Gemeinsamkeiten. Gab es etwas zu tun, wurde ohne viel Gerede angepackt.

Herberts Mutter war taubstumm und gehörte zu den „kleinen Leuten" im Dorf. Seinen Vater hat er nie kennengelernt, die Mutter heiratete einen anderen Mann, und Herbert wuchs mit seinem Zwillingsbruder bei der Großmutter auf. Er wurde ein Kind der Ruh, jener kleinen, nur drei, vier Häuser zählenden Nebenstraße, die vom Hauptdorf nach Süden abzweigt. Hier verlief früher der Landweg zum Nachbardorf Schwarz. Als in den 50er Jahren eine befestigte Straße ins Nachbardorf gebaut wurde, musste das Starsower Armenhaus der neuen Trasse weichen.

Das Leben kam nicht üppig daher bei ihnen zu Hause. In der kargen Nachkriegszeit waren die beiden Jungen froh, hier und dort auf den Höfen ein wenig Zubrot zu erhalten. Alma L. war eine der Bauersfrauen, die den beiden hin und wieder etwas zusteckte. Herbert hat das zeitlebens nicht vergessen und blieb den Lehnackers bis zum Schluss freundschaftlich verbunden. Andere Dörfler zeigten sich abweisender, worauf die beiden Jungen einem der Hartherzigen bei nächster Gelegenheit ins Gurkenfass pinkelten.

Neben den großen Bauernhöfen gab es im Starsow der Nachkriegszeit verschiedene kleinere Wirtschaften mit einigen Hektar Land, einem Pferd und ein paar Stücken Vieh in den Ställen. Auch die meisten anderen Leute, die ihr Brot zumeist in der nahen Kleinstadt verdienten, betrieben nebenher ein wenig Landwirtschaft. In dem Bauerndorf unweit von Mirow wohnten gegen Ende der 40er Jahre an die vierhundert Menschen. Viele von ihnen kamen als Flüchtlinge und Vertriebene aus den vormals deutschen Ostgebieten, die nun Ausland waren. Die Behörden hatten sie bei den Alteingesessenen untergebracht. Es war eng geworden in den Häusern und auf den Höfen. Wo zuvor eine Familie zu Hause war, wohnten nun zwei oder gar drei. Die meisten Neuen hatten schwere Zeiten mit furchtbarem Leid durchgemacht. Etliche von denen, die es bis hierher nach Starsow geschafft hatten, waren so geschwächt, so ohne jegliche Hoffnung auf eine Wende zum Besseren, dass sie bald darauf starben. Auf dem Starsower Dorffriedhof standen ihre Namen auf zahlreichen Grabsteinen. Hier, in fremder Erde, fanden sie ihre letzte Ruhe, die Gestrandeten, die wenig Willkommenen, die zu Tode Erschöpften.

Die achtklassige Dorfschule mit ihren zwei Unterrichtsräumen für alle Starsower Schulkinder, das war Herberts Universität fürs Leben. Sie befand sich in dem heute verwaisten und dem Verfall überlassenen Gebäude gegenüber dem alten Dorfkrug. Dort wird Herbert auch mit Frau Pieper zu tun gehabt haben, jener kleinen, energischen Lehrerin, die mich viele Jahre später ebenfalls unter ihre Fittiche nehmen sollte. Als die kleinen Dorfschulen später aufgelöst wurden und die Kinder in Mirow zur Schule gingen, zog hier der Starsower Kindergarten ein.

Für Herbert sollten die acht Klassen genug sein. Er hatte eigenes Geld zu verdienen, und das so früh wie möglich. Nach der Konfirmation begann er, auf dem Döblerhof und bei anderen Bauern zu arbeiten. Kräftig und ausdauernd musste man sein, Ausbildung war nicht erforderlich. Die tägliche Arbeit war sein Lehrmeister. Im Übrigen brachte Herbert den Umgang mit Pferden und weiteres an Kenntnissen bereits aus dem Dorfleben und der eigenen kleinen Hauswirtschaft mit. Knechten und Mägden begegnete man in den ersten 50er Jahren noch häufig. Später wurden sie seltener und verschwanden mit den Genossenschaften Anfang der 60er Jahre ganz aus den Dörfern.

Auch Herbert verließ die Starsower Bauernhöfe, arbeitete zunächst auf dem Bau und später in der Mirower Getreidemühle. Irgendwann in den 60er Jahren wurde er Grabenräumer. Das war der ortsübliche Begriff für die Mitarbeiter der 1963 gegründeten Meliorationsgenossenschaft Neustrelitz. Die Mirower Brigade, zu der Herbert gehörte, war in der Region für das Funktionieren der Be- und Entwässerungsgräben zuständig. Bei dieser schweren Gummistiefelarbeit standen die Männer zu jeder Jahreszeit im Wasser und wuchteten Schlamm, Bewuchs und allerlei Unrat hinauf auf die Grabenböschungen. Schaufel und Spaten waren bei dieser schweißtreibenden Arbeit die wichtigsten Hilfsmittel. Alle Grabenräumer hatten sie an ihren Fahrrädern befestigt, wenn sie sich auf den Weg zur Arbeit machten. Das waren oft zehn und mehr Kilometer, und das zweimal am Tag, rund ums Jahr, bei jedem Wetter.

Damals war auch der Sonnabend noch ein Arbeitstag, und das Wochenende begann erst am Nachmittag. Die drei Starsower Grabenräumer gönnten sich auf dem Weg ins Wochenende unterwegs gern ein, zwei Kurze, wie ein Gläschen Schnaps unter den Einheimischen hieß. Mitunter wurden es auch ein paar mehr. Das bemerkte man daran, dass die drei ihre Fahrräder auf dem Nachhauseweg schoben und die halbe Fahrbahn für sich beanspruchten. Kamen sie schwankend aus der Pechgrabenkurve in Sichtweite des Dorfes, dann war für die zu Hause wartenden Familien höchste Eile geboten. Ansonsten drohte ein Halt im Starsower Dorfkrug, und das konnte dauern.

Herbert hat diese Arbeit mit all ihren langen Wegen und Strapazen bis in die Wendezeit hinein durchgehalten. Von Wind und Wetter gegerbt, immer draußen in der Natur unterwegs, besaß er eine unerschütterliche Gesundheit. Mit der Zeit war einiges an Technik hinzugekommen, Bagger erledigten die großräumigen Erdarbeiten für neue Vorfluter und Drainagen. Die vielen kleinen Gräben aber, die für Wiesen und Felder das Wasser regulierten, sie alle blieben bis zum Schluss das Arbeitsfeld der Grabenräumer.

Die Verwerfungen der Nachwendezeit kosteten Herbert den Arbeitsplatz. Gesund und voller Lebenskraft, gehörte er plötzlich mit knapp sechzig zum alten Eisen. Angesichts der Massenarbeitslosigkeit bestand damals für einen Mann seines Alters keine Aussicht auf eine neue Anstellung. Er war nun Frührentner mit sehr schmalem Einkommen. Gewiss, der Schlag traf ihn hart, aber er steckte den Kopf nicht in den Sand und suchte sich seine Beschäftigungen. Der große Garten lieferte genug Obst und Gemüse. Auch Fleisch und Eier kamen ausreichend auf den Tisch, denn Hühner, Enten und ein, zwei Schlachtschweine wurden ebenfalls gehalten. Hier und dort half er für einen schlanken Taler, wo immer seine Hand gebraucht wurde. Herbert war nie verzagt, klagte niemals jammernd über sein Schicksal. Er nahm das Leben mit seinen neuen Maßstäben in die Hände und machte das Beste daraus.

Jetzt endlich hatte er genügend Zeit für sein Bootshaus am Fehrling und das Angeln. Fast täglich erschien er nun unten am See, meistens in Begleitung seines kleinen Hundes. Purzel besaß ein so dichtes und langhaariges Fell, dass man Mühe hatte, das Vorder- vom Hinterteil zu unterscheiden. Eines Wintertags tauchten beide an der Badestelle auf, wo es sich ein ABM-Trupp gerade in seinem Bauwagen gemütlich gemacht hatte. Purzel wagte sich auf das dünne Eis des Sees und brach ein. Seinem Herrchen gelang es mit einiger Mühe, den Hund aus dem eiskalten Wasser zu ziehen. Den ABM-Leuten tat das frierende Tier leid. Sie ließen

15

es in ihren wohlig warmen Bauwagen springen, worauf sofort ein großer Tumult ausbrach. Purzel hatte sich drinnen sogleich das triefend nasse Fell ausgeschüttelt und allen Insassen eine gehörige Dusche verpasst.

Ich hatte in den 90er Jahren mit unserer neu gegründeten Reisefirma zu tun. Die Zeit war immer knapp, aber unseren Garten in Mirowdorf wollten wir nicht aufgeben. Herbert sah es, Herbert kam und half. Beim Umgraben ließ er mich Jüngeren weit hinter sich. Er grub wie eine Maschine, ohne Pause, in stetig gleichem Tempo. Gelernt ist gelernt, musste ich neidlos anerkennen. Aus seiner Ausdauer sprachen die Jahrzehnte schwerer Arbeit als Grabenräumer.

Als wir später unser neues Haus bezogen, war Herbert schon fast siebzig. Dennoch packte er beim Ausbringen des Rollrasens mit an. Von wegen mithelfen, er war der Spezialist, er war der Chef im Ring und dirigierte die Arbeit mit lauter, gelegentlich auch ruppiger Stimme. Das schlug keinem aufs Gemüt, denn alle paar Augenblicke sorgte sein trockener Humor für heitere Momente. Mit dabei waren einige Fußballfreunde. Auch sie bestaunten das Tempo, mit dem Herbert, auf den Knien rutschend, den schweren Rasen verlegte. Das ging Stunde um Stunde so weiter, bis zum Abend. Erst dann forderte der Arbeitstag seinen Tribut. Herbert war so geschafft, dass er kaum mehr allein aus der Badewanne kam. Am nächsten Morgen war alles vergessen. Von neuem ging es an die Arbeit, und die restlichen Rasenplatten lagen bald an ihrem Platz.

Er hätte niemals Geld für seine Hilfe angenommen und allein schon ein solches Angebot als Beleidigung empfunden. Aber eine schöne Reise als Geburtstagsgeschenk, zusammen mit seiner Maria, dagegen war nichts einzuwenden. Eine dieser Reisen führte die beiden nach Bratislava in der Slowakei. Von dort aus war es nicht mehr weit bis zu jenem Dorf, in dem Marias Familie einst zu Hause gewesen war. Sie nahmen sich ein Taxi und besuchten den kleinen Ort nahe der ungarischen Grenze, wo sie sogar noch eine entfernte Verwandte antrafen.

Ich dankte ihm seine Freundschaft, indem ich immer vorbeischaute, wenn ich in der Gegend zu tun hatte. Kein Geburtstag fand ohne Herbert statt. Das letztemal sahen wir uns, als er schwer an seiner Krebsdiagnose zu tragen hatte. Herbert hatte dicht am Wasser gebaut, wenn menschliches Leid, fremdes oder eigenes, ihm zu nahe kam. Ich sprach ihm Mut zu und erzählte ihm von unserem gerade erst gekauften Haus in Norwegen, vom Fischreichtum der Fjorde und seinem Besuch dort oben bei uns, wenn er erst wieder auf den Beinen wäre. Es freute ihn, aber die Tränen wollten nicht versiegen. Kurze Zeit später war er tot. Er hatte die Folgen der schweren Operation nicht überstanden.

Schon lange zuvor hatte Herbert vom Tod und seiner Beerdigung gesprochen. Er wünschte sich einen kalten Wintertag mit viel Schnee, damit alle Trauernden anschließend im Dorfkrug ordentlich einen heben und auf ihn anstoßen konnten. Fell versaufen, nannte man dieses Ritual unter den Dörflern. Herberts Wunsch sollte in Erfüllung gehen. Es herrschte Schneetreiben an jenem hundekalten Januartag, als er zu Grabe getragen wurde. Daraus entstand eine tragik-komische Begebenheit, über die Herbert gewiss am meisten gelacht hätte. Mit dabei war eine kirchliche Bläsergruppe, die mit ihren frostklammen Fingern kaum einen richtigen Ton herausbrachte. Es wurde eine jämmerliche, ohrenschmerzende Begleitmusik. Ich konnte mir bei dem Gedanken an Herbert ein Lächeln nicht verkneifen und stellte mir vor, wie mein alter Freund dort unten im Sarg diesen Katzenjammer wohl aufgenommen hätte.

Herbert hat die meiste Zeit seines Lebens auf dem Pelsterhof gewohnt, jenem ersten, offiziell Blankenfelde genannten Bauerngehöft an der Landstraße nach Schwarz. Die alteingesessenen Starsower nannten es Windhoff. Der plattdeutsche Name hatte mit den feinsandigen Äckern zu tun, die sich bis hinunter zum Fehrlingsee erstreckten. Bei Trockenheit wirbelte der Frühjahrswind dort hohe Sandfontänen auf, die bis auf den weitläufigen Hof gelangten und sich auf die Fensterbretter des Wohnhauses legten.

In der Nachkriegszeit war es ein stattlicher Großbauernhof mit massivem Stallgebäude und Scheune zur Straße hin. Gegenüber befanden sich weitere Stall- und Wirtschaftsgebäude. In der Mitte lag das geräumige Wohnhaus, dessen nach Starsow weisende Längsseite an einen großen Bauerngarten grenzte. Am südlichen Hofrand gab es früher eine Ziegelei, die bereits im Mittelalter Erwähnung gefunden hatte. Sie war schon lange außer Betrieb. Aber gleich nach Kriegsende, als man allerorts Ziegelsteine für den Wiederaufbau brauchte, wurde sie für einige Zeit erneut in Dienst gestellt. In den 60er Jahren erinnerten nur noch der Schornstein sowie einige Trümmerreste daran.

Die Pelsters hatten den Hof mit allen Ländereien erst in den dreißiger Jahren erworben. Wie viele große Bauern, litten auch sie in den ersten 50er Jahren unter den überharten Ablieferungsforderungen und kleinlichen staatlichen Schikanen. Der Sozialismus war gerade erst als Ziel proklamiert worden, und die großen Bauern betrachtete man mit Feindseligkeit und Misstrauen als Überreste der alten Zeit. Die Pelsters hatten irgendwann genug davon, packten ein paar Sachen zusammen und gingen in den Westen. Sie waren abgehauen, hieß es damals unter den Leuten. Den Hof und die Äcker übernahm der Örtlichen Landwirtschaftsbetrieb (ÖLB), aus dem die spätere LPG Starsow hervorging.

Hierher, auf den abgelegenen Windhof, kam 1945 die Flüchtlingsfamilie Kollmann. Sie stammte aus einem mehrheitlich ungarischsprachigen Zipfel der heutigen Slowakei und musste nach Kriegsende, wie fast alle Deutschen, ihre Heimat verlassen. Maria, Herberts spätere Frau, war das jüngste der drei Kollmannkinder. Die Familie gehörte zu einem großen Schub Vertriebener, der an einem tristen Spätherbsttag in Mirow eintraf. Ein Dach über dem Kopf musste her, und so nahmen die Behörden auf dem großen Schulhof die Verteilung auf die umliegenden Ortschaften vor. Die rigorosen Einquartierungen stießen bei den Einheimischen auf wenig Freude. Viele der Flüchtlinge hatten darunter zu leiden, und es dauerte mitunter Jahrzehnte, bis sich die Kluft zwischen Alteingesessenen und Zugezogenen zu schließen begann. Die Kollmanns erhielten an jenem Ankunftstag als eine der letzten Familien ihre Zuweisung. Ein Pferdewagen kam und brachte sie mit ihren wenigen Habseligkeiten in der Abenddämmerung nach Starsow.

Auch auf dem Pelsterhof wurde es nun eng. Die fünfköpfige Kollmann-Familie bewohnte die ersten Jahre nur ein einziges Zimmer im Haus. Das tägliche Leben spielte sich vorwiegend im benachbarten Stallgebäude ab. Hier gab es eine geräumige Futterküche mit einem Schornstein und einem gemauerten Herd. Das wurde die Wohnküche der Kollmanns, nur zum Schlafen ging man hinüber ins Haus. Bei schlechtem Wetter trafen sich Herbert und Maria als frisch verliebtes Paar auf dem Kuhstallgang, der gleich hinter der Küche begann. Einen anderen Platz gab es für sie an kalten Wintertagen nicht. Erst einige Jahre später, als die Bauernfamilie Pelster bereits das Land verlassen hatte, entspannte sich die Wohnsituation ein wenig.

Herbert und Maria heirateten 1957. Sie wohnten zunächst im Haus von Willi Behrendt neben dem alten Dorffriedhof. Anfang der 60er Jahre zogen sie zurück auf den Windhof. Aber auch dort blieb es für sie recht eng. Zwei Zimmer und Küche, das musste reichen für die beiden und ihre zwei inzwischen hinzugekommenen Kinder. Etwas besser wurde es, als bald darauf vor dem Hauseingang der Anbau mit eigenem Bad fertig wurde. Das hölzerne Plumpsklo draußen auf dem Hof hatte nun ausgedient.

Das geräumige Bauernhaus sah ein ständiges Kommen und Gehen. Neben den Knuths und Kollmanns, die hier bald feste Wurzeln geschlagen hatten, lebte in den vorderen Zimmern lange Zeit die Familie P. Sie war aus

dem Westen in unsere Gegend gekommen. Ja, auch diese
Wanderrichtung gab es gelegentlich. Peter P. stieg zum
Vorsitzenden der Mirower ÖLB und der später daraus her-
vorgegangenen LPG „Kurt Bürger" auf. Die Jeskes waren
ebenfalls auf dem Windhof zu Hause. Das schon etwas
betagtere Ehepaar wohnte zum Garten hin in der linken
Haushälfte. Nachdem der alte Jeske gestorben war, blieb
seine Frau noch viele weitere Jahre dort wohnen.

Auch das Dachgeschoss erlebte interessante Bewohner. Einer von ihnen war Paul L. Der Sohn des Mirower Alt-
stoffhändlers war geistig nicht sehr auf der Höhe und nur
für einfache Arbeiten zu gebrauchen. Tagsüber beschäftigte
ihn die LPG, und ansonsten hauste Paul dort oben mit Aus-
blick auf Herberts Hühnerhof. Als er einmal krank im Bett
lag, schaute man nach ihm. Den Besuchern sprang schon an
der Tür ein übler Gestank in die Nase. Paul erklärte ihnen,
er habe Fische eingeweckt, und die Gläser stünden nun
wohlverwahrt unter seinem Bett. Wie sich herausstellte,
hatte er die Plötzen mitsamt Eingeweiden in die Gläser ge-
stopft, Wasser hinzugegeben und Deckel draufgelegt. In
der warmen Zimmerluft hatte sich in den Gläsern rasch ein
lebhaftes Eigenleben entwickelt, das selbst die Deckel nicht
im Zaum zu halten vermochten.

In den 50er Jahren wohnte auch Harald D. auf dem
Windhof in einem der Dachzimmer. Nachdem der Rest
seiner Familie in den Westen gegangen war, kam er als
Einspänner nach Starsow und begann, in der örtlichen Genossenschaft zu arbeiten. Später absolvierte er ein Studium
und stieg zum Agronom auf. Einige Zeit danach wechselte er in die Mirower LPG, wo er bis zum Ende der DDR
in verantwortlichen Positionen tätig war. Harald brachte
frischen Wind in die Starsower Dorfjugend. Er war kein

Kind von Traurigkeit, saß abends gern mit Gleichaltrigen im Dorfkrug und war für allerlei Späße zu haben. Zu den jugendlichen Kraftproben jener Zeit gehörte das Stemmen von Bierfässern draußen im Hof der Gastwirtschaft.

Harald war ein stattlicher junger Mann, groß, blond und gut gebaut, dazu ledig. Alles das war auch für die weibliche Dorfjugend nicht zu übersehen. Kurz, er war gefragt und mitunter auch ein wenig gejagt. Dabei kam es eines Nachts auf dem Windhof zu einer Begebenheit mit nicht ganz glücklichem Ausgang. Eine der Dorfschönen, nennen wir sie Mieken R., wollte Nägel mit Köpfen machen und stand spätabends vor dem verschlossenen Bauernhaus. Kein Problem, sie entdeckte ein offenes Kellerfenster und begann dort einzusteigen. Das aber ging fürchterlich schief. Mieken stürzte ab, brach sich ein Bein und lag jammernd auf dem Kellerboden. Der Lärm weckte das ganze Haus, und es blieb unklar, ob die Bewohner den geschundenen nächtlichen Gast mit Anteilnahme oder verstecktem Lachen bargen. Auch danach blieb Mieken dem blonden Harald auf den Fersen. Der musste einmal sogar auf der Hut sein, als das von Missachtung gepeinigte Mädchen ihm mit einem Taschenmesser ans Gemächt wollte.

Mit dem Kommen und Gehen der Bewohner hatte lediglich die Familie Knuth nichts zu tun. Sie blieb die einzige Konstante auf dem großen Bauernhof. Herbert und der Windhof, das gehörte bald für alle, die ihn kannten, wie selbstverständlich zusammen. Nachdem der alte Kollmann gestorben war, blieb Marias betagte Mutter in der Familie. Maria pflegte die bettlägrige und schwer demente Frau viele Jahre, bevor sie in hohem Alter die Augen schloss. Mitfühlend wie er war, hatte Herbert darauf bestanden, dass sie in der Obhut der Familie blieb und nicht ins Altersheim kam. Dabei hatte er keinen leichten Stand bei seiner Schwiegermutter. Sie lag in ihrem Zimmer, ließ niemanden außer Maria zu sich hinein und redete fortwährend auf ungarisch über vergangene Zeiten. Ich habe die alte Frau einmal in einem ihrer wenigen halblichten Momente erlebt. Sie wärmte sich am Ofen den Rücken und führte ihre Selbstgespräche ausnahmsweise auf Deutsch. Dabei ging es um Herbert, der verlegen lächelnd dabeisaß. Ja, der wohne auch hier mit im Haus, der saufe zwar ganz schön viel und oft, aber ansonsten sei er ganz in Ordnung.

Nun ja, der Alkohol hatte schon eine gewisse Rolle in Herberts Leben gespielt, bevor er von einem Tag auf den anderen damit Schluss machte. Die Gicht begann ihn zu plagen, und sein Hausarzt Doc. Meier hatte ihm bedeutet, dass es wohl bald mit ihm vorbei sei, wenn er das Trinken nicht sein ließe. Kaum zu glauben, niemals danach hat er einen Tropfen Alkohol angerührt. Herbert erklärte dazu, er habe zuvor schon genug getrunken. Das reiche für den Rest des Lebens und für einen ordentlichen Gesamtdurchschnitt.

Tatsächlich war er niemals ein notorischer Trinker, wohl aber auch kein Kostverächter. Im Starsower Dorfkrug traf man ihn des öfteren an. Der war in früherer Zeit ohnehin ein gut besuchter Ort für abendliche Geselligkeit, bevor die aufkommenden Fernseher das Freizeitgeschehen bestimmten. Ein Glas Bier für knapp fünzig Pfennige, einen Kurzen für ebenso wenig Geld, das konnten sich auch die Leute mit schmalem Einkommen hin und wieder leisten. Eines späten Abends soll sich Herbert eine Schlägerei mit dem Gastwirt geliefert haben, wovon dieser ein schiefes Kinn zurückbehielt und sich den Spitznamen Muli einhandelte. Dem Vernehmen nach ging es dabei um ein paar Kaninchen, die wohl nicht auf ganz geradem Wege ihren Besitzer gewechselt hatten. Dennoch gingen die beiden sich anschließend nicht aus dem Weg. Das dörfliche Leben war kein guter Platz für lange Übelnehmerei.

Einen heiteren Ausgang nahm eine Begebenheit, bei der Herbert sogar kurze Zeit für tot gehalten wurde. Er hatte ordentlich einen geladen, war mit dem Fahrrad wohl auch schon ein paarmal gestürzt, jedenfalls stand er eines Abends ohne Fahrrad und mit blutendem Gesicht zu Hause vor der Tür. Frau und Tochter machten sich sogleich auf die Suche nach dem teuren Gefährt, an dem ja seine ganze Arbeit als Grabenräumer hing. Fündig wurden sie am Straßengraben auf halbem Weg ins Hauptdorf. Es war zeitiges Frühjahr, der Graben stand randvoll mit Wasser, das Fahrrad lag daneben und obendrauf schwamm Herberts Mütze. Einige Vorbeikommende hatten dieses Ensemble bemerkt und waren mit der Nachricht ins Dorf geeilt, Herbert sei dort wohl im Graben ertrunken. Der aber lag zu Hause längst in seinem Bett und schlief seinen Rausch aus.

Nach dem Fortgang der Altbauern begann der allmähliche Niedergang des einst schönen und intakten Windhofs. Herbert versuchte nach Kräften, das Haus, den Garten und das weitläufige Umfeld in Schuss zu halten, was ihm unter den alteingesessenen Starsowern den Beinamen Bürgermeister vom Windhof einbrachte. Irgendwo leuchtete immer sein weißer Haarschopf hervor, wenn er auf dem Hof oder zwischen den alten Obstbäumen im Garten beschäftigt war. Mehr war nicht möglich, dafür fehlten ihm die Mittel und auch die notwendige Unterstützung.

Die LPG legte kaum Wert auf den Erhalt der Wirtschaftsgebäude, man nutzte sie und fuhr erkennbar auf Verschleiß. Die Scheune fiel zusammen, und mit der Zeit verschwanden auch die Überreste der Ziegelei. Die verbliebenen Dächer begannen löchrig zu werden. Als der schon in die Jahre gekommene Pelster-Sohn nach der Wende seinen ererbten Besitz wieder übernahm, sorgte er im Wohnhaus für erneuerte Fenster und ein neues Dach. Dabei blieb es, zu mehr reichte offenbar auch seine Kraft nicht.

Nach Herberts Tod wohnte Maria noch einige Monate allein auf dem Windhof. Abseits vom Hauptdorf und ohne tägliche Unterstützung war das auf die Dauer zu viel für die alte Frau. Sie zog mit ihrem Hund Lucie nach Mirow in eine kleine Stadtwohnung. Dort lebte sie noch ein paar Jahre, bis sie Herbert auf den Starsower Dorffriedhof folgte. Obwohl sie es gut hatte in ihrem neuen Heim, ihre Gedanken weilten zu sehr auf dem Windhof, dort, wo sie den größten Teil ihres Lebens verbracht hatte.

Danach wurde es einsam hier draußen am Waldrand. Die Hofgebäude verfielen, der Bauerngarten verwilderte, und im Wohnhaus ließ sich nur gelegentlich ein einsamer Mieter blicken. Der Wind strich über das verlassene Anwesen, kein Hundegebell war mehr zu vernehmen, kein weißer Haarschopf zu sehen. Mit dem Bürgermeister, so schien es, hatte auch das Leben den Windhof verlassen. Jahr für Jahr arbeitet sich seither der nahe Wald ein kleines Stück weiter an das Gehöft heran. Irgendwann wird er es ganz in Besitz genommen haben.

Susanne

Unsere Tochter starb im Alter von vierunddreißig Jahren. Was war geschehen an jenem grauen Januartag vor langer Zeit? Wie konnte es dazu kommen? Was hatte sie so sehr aus der Bahn geworfen, dass sie Hand an sich legte und ihre Familie in Ratlosigkeit und Trauer zurückließ? Wann hatte es begonnen, dass ihr Leben, ihre Gedanken eine ungute Richtung einschlugen? War es der zerstörerische Impuls eines Augenblicks oder mehr das Ergebnis einer langen Folge von bedrückenden Einflüssen? Wir wissen es nicht. Vielleicht auch deshalb, weil wir zu wenig hingeschaut haben, solange sie noch unter uns weilte. Die meisten der Antworten hat Susanne mit in ihr Grab genommen.

Anfangs war sie an der Küste zu Hause, ein rundgesichtiges, knuffiges Mädchen mit blonden Haaren, die sich wie kleine Korkenzieher um ihr Köpfchen ringelten. Ihre sehr dunkle Stimme löste Heiterkeit im Dorfkonsum aus, wenn sie an der Hand ihrer Kinderfrau Dille dort zum Einkaufen erschien. Damals geschah ein Unfall, der zum Glück ohne Folgen blieb. Eine Bohle fiel vom Baugerüst und traf Sanni am Kopf. Nach einigem Wehklagen ging es ihr schon wieder besser. Eine Pulli, wie sie ihr heißgeliebtes Fläschchen nannte, hatte sich als idealer Tröster erwiesen. Zurück blieben eine Riesenbeule und ein blau umrändertes Auge, das Sanni wie einen angeschlagenen Boxer aussehen ließ.

Bald schon reckte und streckte sie sich, die Stimme bekam einen hellen Klang, ihre anfangs noch ziemlich aus dem Lot geratenen Beine wurden kerzengerade. Sie war ein aufgewecktes, fröhliches kleines Mädchen, als unsere Familie in den Süden Mecklenburgs zurückkehrte.

In Starsow fand sie ihre ersten Freundinnen. Der Kindergarten war in die alte, eigens zu diesem Zweck umgebaute Dorfschule eingezogen. Großer Komfort fehlte, aber nicht das Wichtigste, ganz viel Zuwendung und Aufmerksamkeit für die Kleinen. Die Tischchen und Stühle, die Spielsachen für Regentage, die kleinen Schlafplätze, das Kindergeschirr, der große Spielplatz draußen im Garten, alles an Ausstattung war einfach und zweckmäßig.

Unter den Kindergärtnerinnen hatte es ihr Fräulein Holm mit ihrer fürsorglich-mütterlichen Art besonders angetan. Fräulein Holben, wie Sanni die rundliche, nicht mehr ganz junge Frau in ihrer Kindersprache nannte, wohnte im Dachgeschoss des Hauses und umgab die Kinder mit viel Liebe. Sanni ging gern dorthin, wo es Gesellikeit und Kinderspiele gab, wo Geborgenheit herrschte, während die Eltern mit ihren beruflichen Pflichten zu tun hatten.

Den Kindergarten gibt es schon lange nicht mehr. Das Haus verfällt, die Fenster und Türen sind eingeschlagen, der Spielplatz im Garten ist verwildert und zugemüllt, das Stallgebäude am Rand bereits eine Ruine. Hier und dort stößt man auf die Reste einstigen Spielzeugs, eingewachsen in verrottender Grasnarbe, überwuchert von Buschwerk, umgeben von allerlei Unrat. Es schmerzt, auf dieses Desaster zu schauen, auf jenen Ort, an dem viele Jahre lang die Dorfkinder eine schöne Zeit erlebten.

Blieb Sannis weiterer Lebensweg ähnlich heiter und sorgenfrei? Wohl kaum. Nach außen hin verliefen Schulzeit und Studium, das Erwachsenwerden, Beruf und Familie in geraden und erfolgreichen Bahnen. Manch ein Ereignis aber, Entwicklungen und Veränderungen in ihrem Leben haben ihr zugesetzt, hinterließen Kerben und warfen Schatten auf ihr Gemüt. Haben sie ihr Inneres so sehr geprägt, dass daraus die Katastrophe erwuchs? Wir wissen es nicht.

Sie war eine gute Schülerin, wenngleich sie Mathe und die Naturwissenschaften nicht sonderlich mochte. Auch am Klavier ging es schlecht voran, das extra für sie ins Haus gekommen war. Ihre Oma gab sich alle Mühe, die beiden übten mit reichlich Ausdauer, aber die Freude an der Musik wollte und wollte sich nicht einstellen.

Nach acht Klassen verließ Sanni die Beschaulichkeit der Mirower Schule und wechselte zur Neustrelitzer EOS. Dort, auf halbem Weg zum Abitur, brach die Wendezeit mit all ihren Verwerfungen und Neuerungen über sie herein. Aus ihrer Oberschule wurde das Gymnasium Carolinum, alte Lehrer mussten gehen und neue kamen, Lehrinhalte wurden umgestülpt, Gewissheiten und Lebensmaxime, die bislang ihr Schülerseins bestimmt hatten, verloren plötzlich ihre Gültigkeit. Sanni hat das alles gepackt, nach außen hin zumindest. Sie nahm die Schule ernst, ließ die Zügel nicht schleifen und legte ein ordentliches Abitur ab.

Die Welt um sie herum war inzwischen eine andere geworden. Die Agonie und Mangelwirtschaft der späten Honeckerjahre gehörten der Vergangenheit an, die Kataloge großer Kaufhauskonzerne und die Schaufenster der Geschäfte barsten vor verlockenden Angeboten. Nur das Geld war Anfang der 90er Jahre noch knapp, denn sehr viele Menschen hatten ihre Arbeit verloren und waren auf der Suche nach einer neuen. Sanni hat sich von den glitzernden Konsumfassaden nicht blenden lassen. Sie verfolgte den Weg in die neue bürgerlich-kapitalistische Realität, der auch in ihrer Familie einige Turbulenzen auslösen sollte, mit wachen Augen und registrierte trotz ihrer jungen

Jahre bereits manche Schattenseite der neuen Zeit.

In jenen Jahren ging ihre Starsower Familie in die Brüche. Sanni saß neben mir im Auto und hat bitterlich geweint, als sie die Endgültigkeit der Trennung erfuhr. Gewiss, sie hatte längst bemerkt, dass zu Hause nicht mehr alles im Lot war. Aber die plötzliche Gewissheit, dass nun vieles anders werden würde, hat sie schwer getroffen. Die Trennung hatte ich zu verantworten. Mit den Jahren war aus der Gemeinsamkeit mit meiner Frau mehr und mehr ein Nebeneinander geworden. Ich brachte nicht die Kraft auf, mich trotz allem für meine Kinder zu entscheiden. Damit verlor Sanni ein Stück ihres vertrauten Umfelds, einen jener Lebensanker, auf die man sich stets verlassen konnte.

Die Trennung war trotz aller Dramatik in ruhigen Bahnen verlaufen. Das Wichtigste war mir, den Kontakt zu meinen beiden Mädchen so häufig und so eng wie möglich aufrechtzuerhalten. Das ist einigermaßen gelungen, aber dennoch stand ich nun ein Stück weit außerhalb ihres Lebens. Ihr Erwachsenwerden mit all den kleineren und größeren Konflikten habe ich nicht mehr wirklich verfolgen und beeinflussen können. Sanni hat den Kummer über diese Zeit für sich behalten. Wie es in ihrem Herzen aussah, hat sie niemandem gezeigt, auch mir nicht. Sie blieb für alle das fröhliche, aufgeschlossene Mädchen, das die Schule meisterte und gern mit ihren Freundinnen Spaß hatte. Diese Verbindungen besaßen für sie einen großen Wert und haben ihr gewiss auch über manch schwere Stunde hinweggeholfen. Mit zwei Vertrauten aus der Schulzeit blieb sie bis zuletzt eng verbunden.

Sanni und ihre Auserwählten, das sollte kein leichtes, mitunter sogar ein recht aufregendes Thema werden. In der Schulzeit lernte sie nach einigen halbernsten Techtelmechtel ihren ersten festen Freund kennen. Er war deutlich älter als sie, und das löste einen großen Krach mit ihrer Mutter aus. Jedenfalls stand Sanni eines Tages vor unserer Tür und fühlte sich volkommen unverstanden. Sie wollte nun am liebsten bei ihrem Vater bleiben und damit dem Ärger zu Hause aus dem Wege gehen. Die Dinge hatten sich dann aber zum Glück bald wieder eingerenkt. Den ersten „richtigen" Freund lernte sie zum Ende der Schulzeit kennen. Matthias kam aus unserer Gegend, die beiden fanden sich und gingen zusammen zum Studium nach Kiel. Diese Verbindung hielt einige Jahre, bis sie irgendwann genug voneinander hatten und sich trennten.

Sannis nächster Ausflug in die Männerwelt gestaltete sich zu einem echten Krimi. Sie reagierte plötzlich auf keinen Anruf mehr, war verschwunden und für niemanden zu erreichen. Ich lebte tagelang in großer Angst, ihr könnte etwas Schreckliches zugestoßen sein. Irgendwann, nach etlichen Tagen, lüftete eine ihrer Freundinnen das Geheimnis. Sanni weilte in der Türkei, wo sie kurz zuvor Urlaub gemacht und sich dort rettungslos in einen jungen Mann verliebt hatte. Nun war sie dorthin zu ihrem Sabit zurückgekehrt. Aber nicht nur das, wenig später heirateten die beiden, und aus unserer Susanne wurde Frau Çalışkan.

Aber auch dieses Glück währte nicht lange. Sabit kam bald darauf nach Deutschland, und es war der Alltag, der ihnen zusetzte. Sanni hatte mit ihrem Studium zu tun, und nebenher jobbte sie in einem Kieler Restaurant. Sabit saß derweil zu Hause und wusste nicht so recht, was er mit sich und seiner Zeit anfangen sollte. Er war ohne Beruf und zog die Ausbildungsangebote, die Sanni ihm laufend besorgte, nur sehr halbherzig in Betracht. Er beließ es dabei, hier und dort ein wenig Geld mit Gelegenheitsarbeiten zu verdienen. Die beiden sahen mit unterschiedlichen Augen auf ihr künftiges Leben, es passte immer weniger zueinander, und so trennten sie sich nach einiger Zeit.

Irgendwann gegen Ende ihres Studiums lernte sie Olaf kennen, den Bruder einer ihrer Studienfreundinnen. Man begegnete sich, es funkte, und bald darauf waren sie ein Paar. Nun wurde es tatsächlich ernst mit der Liebe. Als beide ihr Studium erfolgreich abgeschlossen hatten, wurde geheiratet. Sie richteten sich ihre erste gemeinsame Wohnung ein, und einige Zeit später sollte sich bei den Heydorns der erste Nachwuchs einstellen.

Oles Geburt gestaltete sich zu einem Wettlauf mit der Zeit. Unbemerkt von allen Voruntersuchungen hatte sich im Mutterleib ein Herzfehler eingestellt, der den Neugeborenen sofort in akute Lebensgefahr brachte. Glück im Unglück, eine erfahrene Hebamme im Berliner Virchow-Krankenhaus hatte sofort das Richtige unternommen. Gleich nach der Geburt musste Ole im benachbarten Herzzentrum operiert werden, ein komplizierter Eingriff am winzigen Herzen, der zum Glück erfolgreich verlief.

Ich begegnete meiner Tochter kurz darauf. Sie war noch schwach auf den Beinen, gezeichnet von der schwierigen Geburt. Zusammen gingen wir hinüber zur Intensivstation, wo der kleine Kerl, umgeben von Monitoren und Schläuchen, in einem sterilen gläsernen Kasten lag. Man hatte ihn ins Koma versetzt und seiner Mutter jederzeitigen Zutritt zu ihrem Sohn erlaubt. Bei allen Sorgen und quälenden Gedanken, Sanni erschien mir sehr gefasst, geradezu ruhig. Aber das war gewiss nur der äußere Schein. Tief drinnen loderte die Angst vor dem noch immer drohenden Tod ihres Neugeborenen, vor bleibenden Schäden und all dem Ungewissen, das nun in ihr Leben getreten war. Es sollte noch etliche Wochen dauern, bis Ole das Krankenhaus verlassen und erstmals in seinem eigenen, liebevoll zurechtgemachten Bettchen schlafen konnte.

Die Sorge um ihren Sohn sollte zu einer Konstante in Sannis Leben werden. Der kleine Kerl hatte es extrem schwer gehabt, auf die Welt zu kommen. Das Problem mit dem Herzen, die Operation, der lange Klinikaufenthalt, all das hatte ihn zurückgeworfen. Zwar erholte er sich, wuchs heran zu einem lieben, frechen kleinen Bengel, aber die Sorgen blieben. Würde er es schaffen, zu den Gleichaltrigen aufzuschließen, hatte er genügend Kraft für den lebenslangen Weg durch Schule und Beruf, würden sich die Herzprobleme mit der Zeit verwachsen oder als dauerhafte

Beeinträchtigung bleiben? Alle diese sorgenvollen Fragen nahm sie mit ins Grab. Ole war gerade einmal vier Jahre alt, als Sanni aus dem Leben schied.

Abgesehen von den Turbulenzen im privaten Leben, verliefen das Studium und der Einstieg ins Berufsleben weitgehend problemlos. Ehrgeizig wie Sanni war, schloss sie ihr Jurastudium am Ende der Regelstudienzeit mit dem ersten Staatsexamen ab. Auch das anschließende Rechtsreferendariat war nach zwei weiteren Jahren geschafft, und so stand mit Ende zwanzig der Einstieg ins Berufsleben bevor. Ihre Abschlüsse konnten sich sehen lassen und eröffneten ihr auf dem weiten Feld der Juristerei viele Möglichkeiten. Schließlich entschied sie sich, Richterin zu werden.

So kam sie ans Landgericht Frankfurt-Oder. Das war keine einfache Entscheidung, denn zwischen der neuen Arbeitsstelle und ihrer Wohnung im Norden Berlins lagen fast zwei Stunden Bahnfahrt. Alles ging dennoch gut. Sanni war erfolgreich in ihrer Arbeit, die Kollegen schätzten sie, neue Freundschaften entstanden. Auch zu Hause hatten sich Beruf und familiäre Pflichten gut aufeinander eingespielt. Es war eine glückliche Zeit für die kleine Familie. Mit ihrer Familienplanung waren Sanni und Olaf aber noch nicht am Ende. Bald meldete sich erneut Nachwuchs an, und zwei Jahre nach Ole kam die kleine Henriette zur Welt. Sanni nahm das Mütterjahr in Anspruch, um genug Zeit für ihre Kinder zu finden. Inzwischen hatten sie in Karlshorst eine größere Wohnung gefunden. Die Straße mit viel Grün drumherum lag ein wenig abseits vom Großstadtlärm, gut für die Kleinen und gut auch für Sanni, die es nun nicht mehr ganz so weit zur Arbeit haben würde.

Die unheilvoll-dunklen Wolken begannen am Familienhimmel aufzuziehen, als Sanni im Frühherbst wieder zu arbeiten begann. Jetzt wurde es schwierig, Beruf und Familie unter einen Hut zu bringen. Zu Hause warteten gleich zwei kleine Geister und forderten mütterliche Zuwendung ein. Daran aber wollte Sanni keine Abstriche machen. So kam es, dass häufig bis tief in die Nacht hinein das Licht über den Gerichtsakten brannte und der Schlaf entsprechend kürzer ausfiel. An ihrer Arbeit, ihrem beruflichen Vorankommen wollte Sanni ebenfalls festhalten. Alles sollte gleichzeitig und gleich gut bewältigt werden, wie bisher.

War das überhaupt möglich? Wohl kaum, denn auch dort in Frankfurt hatten sich die Dinge für sie nicht zum Guten verändert. Ihr alter Arbeitsplatz war anderweitig besetzt worden, so dass sie nun ins Verwaltungsgericht der Stadt hinüberwechseln musste. Alles hier war neu für sie, der Arbeitsplatz, die Kollegen, das Arbeitsfeld, mit dem sie zuvor kaum etwas zu tun gehabt hatte, und das nun viel Zeit für die Einarbeitung abforderte. Als besonders schlimm erwies sich, dass etliche der verzwickten, unerledigten Vorgänge, die sich die Alteingesessenen gern vom Hals gehalten hatten, nun auf dem Tisch der Neuen landeten,.

Sanni wollte alles gut, alles bestens machen. Sie war ehrgeizig und brauchte die Anerkennung ihrer Kollegen, die Bestätigung in ihrem Beruf. Das war Teil ihres selbstbestimmten Lebens, das sie für sich als das Richtige gewählt hatte. Ein Aufstecken, gar verkürztes Arbeiten kam für sie niemals in Betracht. Sie hätte es als Kapitulation, als schlimme Niederlage empfunden. Und so wurden der Druck, die Belastungen, die immer häufiger fehlende Zeit für ihre Kinder und für den Beruf zu einem Dauerzustand, der sie zermürbte und ihr die letzten Kräfte raubte.

Nach außen hin blieb sie die Alte. Sie organisierte das Leben ihrer Familie, scherzte und lachte mit den Kindern, fuhr auch gelegentlich aus der Haut, aber das war zuvor in besseren Zeiten ebenfalls passiert. Dennoch deutete sich der Zusammenbruch an. Niemand wollte es recht bemerken, wie sehr sie sich auf eine tiefe Lebenskrise zubewegte, auch ich nicht. Als die ganze Familie im Spätherbst ein Wochenende bei uns in Carpin verbringen wollte, stiegen Olaf und die beiden Kinder allein aus dem Auto. Sanni war in Berlin zurückgeblieben. Sie wollte die Zeit und die Wochenendruhe nutzen, um ein wenig von dem Berg an ungelösten Aufgaben abzutragen.

Am zweiten Weihnachtstag habe ich meine Große zum letztenmal gesehen. Sie kam mit den Kindern allein, Olaf war zu seinen Eltern nach Hamburg gefahren. Die Kleinen spielten und freuten sich über ihre Weihnachtsgeschenke. Obwohl sie frohen Mutes war, bot Sanni ein Bild großer Erschöpfung. Sie war einfach fertig. Nach dem Mittagessen saßen wir beisammen im Wohnzimmer, und sie schlief während der Unterhaltung ein, einfach so, im Sitzen. Wie verabredet, brachte ich sie mit den Kindern am Abend zu ihrer Mutter nach Starsow. Ich begleitete sie noch bis zur Haustür und hielt sie lange in den Armen. Es sollte ein Abschied für immer sein.

Den Jahreswechsel feierte sie noch zusammen mit ihrem Mann und Freunden. Sanni war guter Dinge, alles schien gut, alles würde sich zum Besseren wenden, hoffentlich, vielleicht. Einige Tage später kam der große Zusammenbruch. Sanni versank in tiefer Depression. Quälend schlaflose Nächte zermürbten sie, das Gefühl des Scheiterns ließ sie nicht mehr los. Sie hatte versagt, im Beruf, vor ihrer

Familie, das war der immer wiederkehrende Selbstvorwurf. Extreme Stimmungsschwankungen kamen auf. Mit frohem Lächeln konnte sie ihren spielenden Kindern zuschauen, um Sekunden später in bodenlose Hoffnungslosigkeit zu fallen. Irgendwann begann sie zu glauben, sie selbst wäre den Kindern auf ihrem Lebensweg das größte Hindernis.

Dennoch war es für niemanden vorstellbar, dass es zum Schlimmsten kommen könnte. Ihre Mutter und auch ihre Schwester weilten bei ihr, kümmerten sich zusammen mit Olaf um die Kranke und die beiden Kleinen. Ich hielt das für ausreichend, vielleicht auch deshalb, weil ich diese Art seelischer Erkrankung in ihrer ganzen Wucht damals noch unterschätzte. Ich nahm mir vor, mich um sie kümmern, wenn es ihr wieder etwas besser ging. Ja, ein Tapetenwechsel mit viel Ruhe und frischer Luft, der würde ihr gewiss helfen. Im Februar wollte ich sie mit zu Rune nach Norwegen nehmen, unserem alten Freund am Masfjord, den Sanni ebenfalls gut kannte. Die Ruhe, die herrliche Natur am winterlichen Fjord, der Abstand von all ihren Sorgen, das würde ihr sicherlich gut tun.

Dazu kam es nicht mehr. Geblieben sind die Selbstvorwürfe. Habe ich leichtfertig gehandelt, indem ich mich fernhielt, indem ich nicht bei ihr war? Vielleicht hätte sie mich gebraucht in ihrer Nähe, in ihrer grenzenlosen Not. Vielleicht hätte ich ihr Verschwinden rechtzeitig bemerkt und sie bewahren können vor dem endgültig letzten Schritt, der nun folgte. Das waren, das sind Fragen, Zweifel, Vorwürfe, die mich bis heute nicht loslassen.

Ärztliche Hilfe versagte ebenfalls. Auch die zu Rate gezogene Neurologin verkannte den Ernst der Situation, beließ es bei guten Worten und verschrieb lediglich ein Medikament gegen die Schlaflosigkeit. Das sollte unheilvolle

Konsequenzen haben. Von allen unbemerkt, verließ Sanni frühmorgens das Haus, in der Tasche eben jene Schachtel mit Schlaftabletten. Ich bekam erst am Abend die Nachricht von ihrem Verschwinden. Wenig später war ich in Berlin. Gemeinsam mit einem Kollegen suchten wir sie, die ganze Nacht, den nächsten Morgen, auf den S-Bahnhöfen und in den einsamen Straßen, in den Außenbezirken und in der nächsten Umgebung ihres Zuhauses. Dann kam die Nachricht. Spaziergänger hatten sie gefunden. In einem Wäldchen. Nur einige hundert Meter von ihrer Wohnung entfernt. Tot, in ihrer Tasche die leere Tablettenschachtel.

Ihr letzter Weg führte sie zurück an den Ort ihrer Kindheit. In heimatlicher Erde, auf dem Starsower Dorffriedhof, fand sie ihre letzte Ruhe. Der kleine Ort hatte auch zuvor wenig Glück gehabt mit einigen seiner Mädchen und jungen Frauen. Susanne D. und Ute H., beide noch nicht einmal zwanzig, waren kurz nacheinander bei Verkehrsunfällen ums Leben gekommen. Brigitte H. starb mit kaum dreißig an einer heimtückischen Nervenkrankheit. Und nun war auch unsere Susanne mit gerade einmal vierunddreißig Jahren dort auf dem Friedhof hinzugekommen.

Friedhofsgeschichten

Friedhöfe, sie sind wie Bücher, in denen man durch vergangene Zeiten blättert. Die Namen der Verstorbenen verbinden sich zu Geschehnissen und lassen eigene Erinnerungen aufleuchten. Sichtbar werden Lebenswege der Region, des Ortes, ja einzelner Familien und Personen, die Spuren hinterlassen haben, dort wo sie zu Hause waren. So manche Schicksale sind darunter, die bis heute in den Erzählungen der Einheimischen fortleben.

Die in unseren Breiten übliche, seit altersher kirchlich geprägte Friedhofskultur grenzt den Blick in die Vergangenheit jedoch allzu sehr ein. Der Grund und Boden gehört zumeist der Kirche, weshalb ältere Leute bis heute vom Kirchhof sprechen. Man erwirbt eine Grabstelle für eine begrenzte Zeit, und wenn die zwanzig oder fünfundzwanzig Jahre ohne erneute Verlängerung abgelaufen sind, wird sie eingeebnet. Die Grabsteine und Kreuze verschwinden und mit ihnen all jene Inschriften und Zeichen, die uns vergangene Zeiten wach halten. Nur hier und dort gelingt es, diese verwaltungskalten Hürden zu überspringen.

In Norwegen, meiner seit langem zweiten Heimat, kennt man andere Gebräuche. Dort bleiben Gräber so lange bestehen, wie Angehörige sie pflegen. Selbst danach verschwinden die Grabsteine nicht irgendwo im Nichts, sondern werden gut sichtbar am Friedhofsrand aufbewahrt. Auf diese Weise reicht dort der Blick weit zurück in die Geschichte der Region, des Ortes und einzelner Familien.

Manche Dörfer in der Mirower Gegend haben mehr als einen Friedhof. So gab es in Starsow einst einen alten Friedhof in der nördlichen Dorfhälfte, der heute von Tannen und Buschwerk bedeckt ist. Sein baufällig gewordener hölzerner Glockenturm lugt noch immer durch das Dickicht hindurch auf die Dorfstraße. Auch die bronzene Glocke hängt weiter an ihrem Platz unter dem Dachstuhl. Bis in die 70er Jahre und vielleicht auch noch später wurde sie gelegentlich in der Silvesternacht geläutet.

Der Friedhof ist inzwischen entweiht worden und heute in Privatbesitz. Die früher gebräuchlichen schmiedeeisernen Kreuze und Umrandungen sind verschwunden. Nur einzelne Bruchstücke geben den Blick frei in ein Dorfgeschehen, das lange vor unserer Zeit lag. Wilhelm Schulz, geboren am 17. Januar 1856, ist auf einem im Boden steckenden Fragment zu lesen. Der Rest ist verschwunden. War er einer der Vorfahren jener Schulz-Familien, die es bis heute noch in Starsow gibt? Wir können es nur vermuten.

Irgendwann vor dem Ersten Weltkrieg legte man am Dorfende einen neuen Friedhof an. Dem Vernehmen nach hatte Bauer Kittelmann das benötigte Areal der Kirche gespendet. Nach einer gewissen Zeit des Nebeneinanders übernahm der Neue die alleinige Aufgabe, den Verstorbenen als letzte Ruhestätte zu dienen. Auch dort sind die älteren Gräber inzwischen eingeebnet worden. Fast die gesamte rechte Friedhofshälfte ist heute verwaist. Viele meiner Weggefährten sind hier zu finden, unter den unsichtbar Gewordenen wie unter den unlängst Verstorbenen.

Nur wenige Grabsteine sind älteren Datums. Zwei davon sind Opfern beider Weltkriege gewidmet. Auf einem übermannshohen, an eine Kiefer gelehnten Feldstein findet man all jene Gefallenen der Jahre 1914 bis 1918. Die lange Namensreihe zeugt von dem enormen Blutzoll, den dieses kleine Dorf dem Gemetzel in Nordfrankreich und an anderen Fronten zu erbringen hatte. Die Zeit hat die Inschriften verwischt und die Namen der meisten Gefallenen ausgelöscht. Es waren die Väter und Söhne aus alteingesessenen Familien, deren Nachfahren großenteils heute noch hier leben. Sie fanden im Weltkrieg 1914/18 den Heldentod, kann man auf dem Stein mühsam entziffern. Dem Grauen eines verbrecherischen Krieges geopfert, sollte es besser heißen.

Das zweite Grab gehört vier namenlosen deutschen Soldaten, die in den letzten Kriegstagen 1945 ihr Leben verloren haben. Um den 1. Mai jenes schicksalhaften Jahres fluteten zerschlagene Wehrmachts- und SS-Verbände über unsere Straßen nach Westen. Ihre letzte Verteidigungslinie entlang der Seenkette war von der Roten Armee durchbrochen worden. Die gefürchteten T-34 im Nacken, zogen sie die westliche der östlichen Gefangenschaft vor. Die vier Namenlosen hatten es nicht mehr geschafft, sich rechtzeitig abzusetzen oder in Zivilsachen unterzutauchen. Vielleicht gehörten sie auch zu denen, die bis zum letzten Augenblick an Führer und Endsieg glaubten und diesen Irrglauben mit dem Leben bezahlten. Sie fielen, wie so viele auf beiden Seiten, als der Krieg längst entschieden war. Der Bauer Franz Heinrich fand die Leichen der vier Soldaten unweit seines Gehöfts und sorgte dafür, dass sie auf dem Friedhof bestattet wurden. Unbekannt, hier ruhen sie nun in kalter, fremder Erde. Auch ihre Angehörigen haben endlos lange Jahre auf eine glückliche Heimkehr gehofft. Für sie waren diese Toten Verschollene und sind es bis heute geblieben.

Ein fünfter ist namentlich auf den Grabstein gelangt. Willi Hinrichs, gefallen am 04.01.1944, ist dort zu lesen. Er war Starsower und gehörte zu den Millionen Opfern, die auf den Schlachtfeldern umgekommen und irgendwo in

Massengräbern verscharrt worden waren. Auf diese Weise erhielten seine Angehörigen wenigstens einen Ort des Erinnerns auf dem heimatlichen Friedhof.

Welcher Fanatismus noch bis zum letzten Atemzug des Krieges anzutreffen war, davon erzählt ein einsames Grab in einem Bauerngarten unweit von Starsow. Hier auf dem Lärzer Ausbau hatte sich Anfang Mai des Jahres 1945 ein SS-Mann auf dem Heuboden eines der beiden Gehöfte versteckt. Oben aus der Bodenluke erschoss er hinterrücks einen vorbeikommenden Offizier der Roten Armee. Der Schütze flüchtete in die nahen Wälder, aber für ihn mussten die männlichen Bewohner des Ausbaus büßen. Alle, denen man habhaft werden konnte, wurden zusammengetrieben und sofort erschossen. Einer von ihnen war der gerade erst vierzehnjährige Ernst Tiedt, dessen Grab sich dort im Bauerngarten befindet. Mit ihm verloren seine Eltern Martha und Ernst Tiedt ihr letztes Kind. Seine anderen drei Geschwister hatten die frühen Kinderjahre nicht überlebt.

Auch die Rote Armee musste die Kämpfe in der Mirower Region mit enormen Verlusten bezahlen. Davon zeugt der Soldatenfriedhof am Ortsausgang in Richtung Neustrelitz. Viele der in den letzten Kriegstagen Gefallenen sind dort bestattet worden. Es ist gut, dort gelegentlich innezuhalten und nicht zu vergessen, wer diesen Krieg vom Zaun gebrochen hatte. Siebenundzwanzig Millionen Tote hat er der damaligen Sowjetunion gekostet, ein Blutzoll, der einzigartig ist in der Geschichte der Menschheit. Daran sollten all jene denken, die mit Schaum vorm Mund ihrer Russophobie freien Lauf lassen, und das nicht erst seit dem Beginn des unsäglichen Ukrainekriegs.

Die Gräber aus den Jahren nach Kriegsende sind auf dem Starsower Friedhof längst verschwunden. Mit ihnen verlor sich die Erinnerung an jene Menschen, die als Flüchtlinge und Vertriebene hier strandeten. Ausgezehrt von den Entbehrungen monatelanger Trecks und all dem unterwegs erlebten Grauen, trugen sie schwer am Verlust der alten Heimat. Kaum mehr als das nackte Leben war ihnen verblieben. Viele von ihnen schafften es nicht mehr, hier im Süden Mecklenburgs neue Wurzeln zu schlagen.

Die Kupkes und Krischoks, die Kilians und Karpuschewskis, die Kollmanns und Beckers, sie alle waren fremd und blieben auch in unserem Teil Deutschlands noch lange Zeit die Fremden, „de Togetreckten", auch wenn sie behördenoffiziell den Einheimischen gleichgestellt waren. Die meisten kamen aus katholischen Regionen, was ihnen das Heimischwerden in unserer protestantisch dominierten Gegend zusätzlich erschwerte. Noch Jahre nach dem Krieg rümpfte man hier und dort die Nase, wenn einer der Alteingesessenen zum Begräbnis eines Zugezogenen mit auf den Friedhof ging. Ihre vielen Gräber trugen dazu bei, dass nach Kriegsende der Platz auf dem Friedhof knapp wurde.

Aber nicht nur Geflüchtete und Vertriebene ruhen hier im Verborgenen und oft auch als Vergessene. Zu denen, die es vor langer Zeit in die Mirower Gegend verschlagen hatte, zählte Marie B. Von ihrer Grabstätte zeugt heute nur noch etwas Buschwerk. Sie kam aus der Dömitzer Elbregion und heiratete den Besitzer eines stattlichen Schillersdorfer Bauernhofs. In den dreißiger Jahren, als die Erprobungsstätte Rechlin von den Nazis ausgebaut wurde, mussten die Bewohner einiger Dörfer nördlich von Mirow einem Bombenübungsgelände der Luftwaffe weichen.

Ihre Familie gehörte zu den Ausgesiedelten und erwarb das einstige Starsower Forsthaus als neue Bleibe. Förster Schulz hatte zuvor schon auf dem Mirower Holm ein neues Domizil bezogen. Marie B. erlebte in der neuen Heimat wenig glückliche Zeiten. Ihr Sohn Bernhard kam 1942 bei der Ausbildung zum Kampfflieger ums Leben, ein Verlust, den sie niemals verwinden konnte. Ihr Mann griff zur Flasche, vertrank einen Großteil des Besitzes und verließ bald darauf die Familie. In der kleinen, zum Haus gehörenden Landwirtschaft half nach Kriegsende der junge Günter K. aus. Er gehörte zu einer vielköpfigen Flüchtlings-familie, die etliche Jahre lang im Dachgeschoss des Hauses eine neue Bleibe gefunden hatte.

Als das Kriegsende nahte und die Rote Armee die Mirower Gegend erreichte, floh Marie B. wie viele andere Dörfler in die Holmwälder. Dort auf der abgelegenen Halb-insel hofften sie, den befürchteten Plünderungen, Morden und Vergewaltigungen zu entgehen. Die Nazi-Propagan-da hatte ganze Arbeit geleistet, die Menschen sahen das Schlimmste auf sich zukommen, und viele von ihnen wähl-ten den Freitod. Auch die Starsower fürchteten die Vergel-tung der Sieger, denn die Greuel der SS-Sondergruppen und der Wehrmacht in der Sowjetunion waren in Deutsch-land nicht ganz unbekannt geblieben.

Nach einigen ereignislosen Tagen des Waldlebens trauten sich die Bewohner zurück. Die Mädchen und jun-gen Frauen blieben noch etwas länger dort und erhielten auf dem Forsthof ein Notquartier. Die Angst vor Vergewal-tigungen und anderen Gewalttaten war allgegenwärtig. Auf dem Hof der B.s hatten inzwischen fremde Soldaten Qartier bezogen, die es sich mit den aufgestöberten Lebens-mitteln gut gehen ließen. Im Garten brannten Lagerfeuer, und auf dem Nachbargrundstück stand ein Panzer, dessen Rohr drohend hinaus auf die Dorfstraße zeigte. Aus seiner Turmluke ragte weißes Bettzeug, das man wohl für etwas mehr Bequemlichkeit dorthin verfrachtet hatte.

Die Zurückkehrer wurden misstrauisch betrachtet, sonst aber in Ruhe gelassen. Nur ein paar Uhren ließen die Rotarmisten mitgehen. Auch Fahrräder waren eine begehrte Beute. Viel mehr war nicht zu holen, denn Wertsachen hatte man bereits beim Herannahen der Sieger vergraben. Nach einigen Wochen endete die unfreiwillige Einquartierung. Die Soldaten zogen ab, allerdings unter Mitnahme aller Pferde und Rinder, die sie im Dorf auftreiben konnten.

Die Wirren und Gefahren der ersten Nachkriegszeit überstand Marie B. unbeschadet, wohl auch, weil sie nicht mehr ganz jung an Jahren war. Sie erzählte einmal von einer Begebenheit mit einem blutjungen Soldaten, der ins Haus kam und sie - Frau komm - ins Schlafzimmer ziehen wollte. Sie lachte ihm ins Gesicht, strich ihm übers Haar und meinte, sie könne doch mindestens seine Mutter sein. Er musste es verstanden haben, denn er lachte ebenfalls und zog unverrichteter Dinge von dannen. Andere Frauen und Mädchen, in Starsow und anderswo, hatten weniger Glück.

Anfang der 50er Jahre kam ein Schwiegersohn ins Haus. Mit ihm wurde es leichter in der kleinen Landwirtschaft und auch bei anderen schweren Männerarbeiten. Zwei Enkeltöchter stellten sich ein, und mit ihnen bekam das Leben wieder einen helleren Schein. Einige der einquartierten Flüchtlinge fanden eine neue Bleibe, so dass auch die Enge im Haus etwas nachließ.

Ich lernte Marie B. Mitte der 60er Jahre kennen. Sie war die Großmutter jenes Mädchens, das ich einige Jahre später heiraten sollte. Für mich war sie eine alte, vom Leben gezeichnete Frau, obwohl sie noch diesseits der Siebzig war. Ihre Herzensgüte und Fürsorge, mit der sie sich um das Wohl der Familie kümmerte, übertrug sie von Beginn an auch auf mich, den Neuankömmling. Ich sehe sie vor mir, wie sie, immer schwarz gekleidet und mit schlohweißem Haar, langsamen Schritts über den Hof ging. Um sie herum wuselte stets das Federvieh, das der alten Frau ohne alle Scheu begegnete.

Aber sie konnte auch anders. Oma B., wie wir sie nannten, hatte ihren eigenen Kopf, und nicht selten war es ein ausgesprochener Starrkopf. Gab es Streit, und sei es um Nichtigkeiten, kannte sie kein Erbarmen. Es schien, als hätten die tiefen Kerben des Lebens auch ihre Seele verhärtet. Sie brachte es fertig, tage- und wochenlang zu schweigen, ohne dabei ihre häuslichen Pflichten zu vergessen. Nachgeben, das war nicht ihre Sache. Kein Wort kam über ihre Lippen, bevor nicht andere den ersten Versöhnungsschritt gemacht hatten. Dieser Charakterzug sollte sich hier und dort in der weiblichen Familienlinie fortsetzen, ja, leider.

Ihr Abschied vom Leben war bezeichnend für die harte, die kompromisslose Seite ihres Charakters. Sie hatte die Achtzig überschritten, als sie beschloss, dass es genug sei mit dem Leben. Gewiss, das Alter forderte seinen Tribut, sie war gebrechlicher geworden und ging nicht mehr gern aus dem Haus, aber sie stand keineswegs schon mit einem Bein im Grab. Eines Morgens blieb sie im Bett liegen, verweigerte jegliches Essen und wartete auf den Tod. Ein wenig zu trinken, das war ihr einzige Zugeständnis.

Es sollte mehrere Wochen dauern, bis sich endlich ihre Augen für immer schlossen. Das geschah im zeitigen Frühjahr des Jahres 1986. In meiner Erinnerung ist sie immer

die gütige alte Frau geblieben, der ich viel an Herzens-
wärme und Zuwendung zu verdanken hatte, auch wenn
ich einiges zu ihrem Kummer in den letzten Lebensjahren
beigetragen habe. Ihr Grab auf dem Starsower Friedhof ist
verschwunden. Den Platz aber, auf dem sie ihre letzte Ruhe
gefunden hat, verliere ich niemals aus den Augen.

In Mirowdorf gibt es ebenfalls zwei, genau genommen drei Friedhöfe. Die alte Begräbnisstätte in der Retzower
Straße kam nach Kriegsende allmählich außer Gebrauch,
weil inzwischen eine neue, größere auf dem Kotzenacker
hinter der Starsower Straße angelegt worden war. Als dritter kommt noch der jüdische Friedhof zwischen Kanal und
Lärzer Straße hinzu, aber der Reihe nach.

Der alte Friedhof grenzte direkt an die Dorfstraße und war uns als Kinder immer unheimlich. Dort brach
abends eine besonders tiefe Dunkelheit herein, und man
konnte ja nicht wissen, welch finstere Gestalten sich in den
Büschen verbargen. Auch sollte es dort mitunter spuken
zwischen all den alten, überwucherten Gräbern. Kindliche
Phantasien kannten auch damals keine Grenzen. In den
50er Jahren ging es mit dem Friedhof stetig bergab. Begräb-
nisse hatte es schon lange nicht mehr gegeben. Nach und
nach verschwanden auch die letzten, von Angehörigen ge-
pflegten Gräber. Der Glockenturm stand noch auf seinem
Platz, und es kam gelegentlich vor, dass übermütige Jungen aus Schabernack die Glocke läuteten. Große Fliederhe-
cken und sonstiges Gestrüpp ließen das ganze Areal mehr
und mehr verwildern. Im hinteren Bereich, dort, wo Karl
T.s Dreschplatz an den Friedhof grenzte, hatten sich etliche
Pflaumenbäume angesiedelt. Ihre Früchte haben wir Dorfkinder im Frühherbst sehr zu schätzen gewusst.

Heute gehört der einstige, inzwischen entweihte Friedhof der Familie T. Sie hat mit viel Mühe das überwucherte Gelände in einen ansehnlichen kleinen Park verwandelt. Der hölzernen Glockenturm wurde schon vor längerer Zeit abgerissen. Seine Glocke zog um in die Mirower Johanniterkirche. Gemeinsam mit den dortigen läutet sie seither über den See hinüber zu ihrer alten Wirkungsstätte. Unter den schattigen alten Bäumen befindet sich mit dem Familiengrab der von der Heide nur noch eine einzige Begräbnisstätte. Ihr Zuhause auf dem Mirowdorfer Schulzenhof hat viel mit unserer Familie zu tun.

Der Name zeigt, dass der Bauernhof gegenüber dem Gasthof Ex in früherer Zeit dem Dorfschulzen gehörte. Als Mirowdorf in den zwanziger Jahren der Stadt Mirow am östlichen Seeufer angegliedert wurde, übernahmen die städtischen Behörden auch dessen Verwaltung. Irgendwann vor dieser Zeit erwarben die von der Heides das Anwesen. Alte Bilder zeigen ein großes, gepflegtes Bauerngehöft mit stattlichem Wohnhaus und großem, bis an die Straße reichenden Garten. Ställe und Scheunen umschlossen nach hinten hin einen weiträumigen Hof. Das ganze Anwesen reichte mit Bootshaus und Badebrücke bis zum See hinunter. Seitlich des Wohnhauses war ein kleines Häuschen für Bedienstete des Hofes zu erkennen. Insgesamt zählten sechsundneunzig Hektar Ackerland, Wald und Wiesen sowie der Schulzensee außerhalb des Dorfes dazu. Auch der Seehof, ein Stück weiter die Straße hinauf, gehörte den von der Heides. Dieses schön gelegene Gehöft, in dessen Nachbarschaft unsere Familie Mitte der 50er Jahre zurück in die Retzower Straße kommen sollte, war mit seinen reetgedeckten Bauten offenbar weiterverpachtet worden.

Mit Blick auf die neuen Eigentümer wurde unter den Dorfleuten der Name Heidehof gebräuchlich, der gelegentlich noch heute anzutreffen ist. Hans von der Heide, der einzige Sohn, war Mitte der 30er Jahre ein gleichaltriger enger Freund meines Vaters. Er starb im Sommer 1935 während seines Militärdienstes an einer zunächst harmlos erscheinenden Erkrankung. Seine Eltern, schon etwas ältere Leute jenseits der Sechzig, hatten schwer an diesem Schicksalsschlag zu tragen. Ohne Erben, ohne gesicherte Zukunft auf dem großen Hof, wollten sie hier in Mirowdorf nicht länger bleiben. Sie zogen in die Neustrelitzer Bürgerhorst und übertrugen meinem Vater den Schulzenhof zur weiteren Bewirtschaftung. Zunächst war es ein Pachtverhältnis, später, wenn alles ein wenig zur Ruhe gekommen war, sollte ein ordentlicher Verkauf mit Brief und Siegel folgen.

Unsere Familie war bis dahin im Mirowdorfer Mühlendamm zu Hause. Nun mussten die Zuständigkeiten neu geregelt werden. Mein Vater übernahm zusammen mit den Eltern die Bewirtschaftung des Schulzenhofs. Sein Bruder Karl verblieb mit den Schwestern auf dem alten Mühlendamm-Hof, zu dem ebenfalls beträchtliche Ländereien gehörten. Den vereinbarten Kauf des Schulzenhofs hat 1939 der Kriegsbeginn verhindert. Mein Vater wurde Soldat und kam im Herbst 1944 in Gefangenschaft. Er war bis weit nach Kriegsende nicht vor Ort, weshalb die Eigentumsdinge unerledigt blieben.

Das Kriegsende kam und mit ihm eine neue Zeit. Die sowjetischen Besatzungsbehörden (SMAD) hatten eine Bodenreform angeordnet, die von den örtlichen deutschen Organen durchzuführen war. Es ging darum, den Großgrundbesitz über einhundert Hektar sowie das Eigentum von Nazi- und Kriegsverbrechern zu enteignen. In Mirow

kurzer Ansprache, wobei gerade der Fackelzug nicht die beste Idee war, um an die Untaten der Nazis zu erinnern.

Der neuere Mirowdorfer Friedhof hinter der Starsower Straße entstand irgendwann in der Zwischenkriegszeit. Er ist größer als der alte und besitzt auch schon eine kleine Leichenhalle aus rotem Ziegelmauerwerk. Während einer Begräbniszeremonie bietet sie den Trauernden etwas Schutz gegen mögliche Wetterunbilden. Der ganze hintere Teil des Friedhofs ist heute ziemlich verwaist. Nur spärlich kommen neue Gräber hinzu. Man könnte meinen, das Sterben sei ein wenig aus der Mode gekommen. Aber es sind neue Begräbnisformen, oder besser gesagt, andere Wege, sich von Verstorbenen zu verabschieden, die unsere Friedhöfe einsamer werden lassen. Es ist gut so, dass mehr Entscheidungsfreiheit besteht und die altkirchlich geprägten Regeln durchbrochen werden. Andererseits, als Orte des Nachdenkens und der Einnerung, als Stätten, die uns viel über Gewesenes und über die Menschen in früheren Zeiten erzählen, haben die Friedhöfe dadurch einiges verloren.

Die Kreuze auf vielen Grabsteinen lassen mich nachdenken über die Kirche und ihren Einfluss auf uns Erdenbürger. Egal welcher Konfession, sie scheint in unserer heutigen Zeit in der Defensive zu sein. Die Mitgliedszahlen gehen zurück, und Gottesdienste finden kaum noch in vollbesetzten Kirchen statt. Der Glaube, das ist eine sehr individuelle Sache, die ein jeder mit sich allein abzumachen hat.

Dabei besitzt die christliche Ethik einen Kern grundlegender Verhaltensregeln, die jeder Mensch vorbehaltlos unterschreiben könnte. Du sollst nicht töten, Du sollst nicht stehlen, Du sollst nicht begehren Deines Nächsten Haus, was ist dagegen einzuwenden? Würden sie in aller Welt beherzigt, die Gebrechen unserer Zeit, Kriege und Gewalt, die Ausplünderung ganzer Weltregionen durch einige wenige reiche Staaten, Armut, Hunger und Umweltvernichtung wären rasch aus unserem Leben verschwunden.

Aber die Kirche hat sich viel zu lange den Herrschenden angedient, die mit kirchlicher Legitimation wiederum ihre eigene Macht untermauert haben. Das begann schon mit den Königen und Fürsten des frühen Mittelalters und ist bis in heutige Zeit so geblieben. Die Kirche stand zu oft und zu offensichtlich an der Seite der Mächtigen und nicht mit all ihrem Einfluss und moralischem Anspruch an der Seite der Leidenden und Bedürftigen, trotz aller guten Worte. Das hat sie bei aller Barmherzigkeit im Kleinen und ehrlichem Bemühen unzähliger Kirchendiener weit weg geführt von ihren eigenen ursprünglichen Werten, hat der alltäglichen Heuchelei Tür und Tor geöffnet. Dabei haben Christen und Nichtchristen so viel Gemeinsames. Nicht das Trennende, sondern das Verbindende in den Mittelpunkt zu stellen, im täglichen Leben und nicht nur in Worten, das würde unsere Welt ein Stück weit besser machen.

Zurück zum Mirowdorfer Friedhof. Im Schatten der großen Linden befindet sich unser Familiengrab. Etliche nähere und fernere Verwandte haben hier am Ortsrand ebenfalls ihre letzte Ruhe gefunden. Unter den wenigen älteren Gräbern ist das von Hildegard Ebel. Sie war die Schwester unserer Urgroßmutter, hatte keine Kinder, war niemals verheiratet und hinterließ dennoch bleibende Spuren in der Erinnerung ihrer Mitmenschen. Als junge Frau war sie bei einem jüdischen Arzt in Stellung. Die Nazis kamen, und mit ihnen begannen die Repressalien gegen Juden. Dr. Alexander floh mit seiner Familie vor dem anschwellenden Terror. Tante Hildegard, wie wir sie nannten, ließ sich durch die antijüdische Hetze nicht verblenden. Sie hielt zu den Alexanders und begleitete sie ins Exil nach England. Erst einige Zeit nach Kriegsende kehrte sie nach Neustrelitz zurück.

Fortan wohnte sie zusammen mit unserer Großmutter in der Neustrelitzer Thomas-Müntzer-Straße, wo ich die beiden oft und gern besuchte. Uns Kindern gegenüber war sie die Güte in Person. Auch später, als das Alter sie schon sehr gezeichnet und gebrechlich gemacht hatte, schlug ihr Herz immer für die Kinder. An Zuwendung und Fürsorge schien sie all das für uns aufgespart zu haben, was ihr an eigenen Nachkommen verwehrt geblieben ist.

Unsere Großmutter war in diesem Zweigespann der alten Damen die Kommandierende, die Energische, wenngleich nicht minder fürsorglich gegen uns. Omi Strelitz, wie wir sie nannten, rutschte auch schnell mal die Hand aus, und dahinter steckte einiges an Wucht. Sie war in ihrer besten Zeit eine ziemlich füllige Frau, dabei aber trotz ihrer zwei Zentner behende und flink auf den Beinen. Je mehr sie in ihren späten Jahren hager und gebrechlich wurde, desto nachsichtiger blickte sie auf ihre Enkel und Urenkel.

So wie sie beide, Tante Hildegard und Omi Strelitz, viele Jahrzehnte lang einträchtig zusammen gewohnt hatten, fanden sie hier auf dem Mirowdorfer Friedhof Seite an Seite ihre letzte Ruhe. Ein großer Nadelholzbusch überdeckt heute fast vollständig die gemeinsame Grabstätte. Er macht sie zu einem einzigen Ort, so als wollte er uns stets daran erinnern, dass beide zusammen, aber jede auf ihre Weise, viel Gutes für uns Lebenden zuwege gebracht haben.

Auf einem der Gräber neueren Datums steht der Name Franz K. Seine Familie gehörte zu den vielen nach Kriegsende in unserer Gegend gestrandeten Vertriebenen und Geflüchteten. Franz hielt sich nicht lange auf mit der Trauer um die verlorene Heimat. Er schlug neue Wurzeln, arbeitete auf Bauernhöfen, begann danach eine Zimmermannslehre, diente einige Zeit bei der Kasernierten Volkspolizei, heiratete und gründete seine eigene Familie.

Ich lernte Franti, wie ihn alle nannten, irgendwann in den 60er Jahren kennen. Er war deutlich älter als ich, wenig mehr als 1,50 m groß, aber fast ebenso breit, ein kleiner, imposanter Vierkant mit einer dunklen, leicht heiseren Stimme. Die Einheimischen hielten ihn für einen Alteingesessenen, denn er sprach ein astreines Platt, und der trockene mecklenburgische Humor schien ihm auf den Leib geschnitten. Er war passionierter Angler wie ich, und so trafen wir uns am See beim Fachsimpeln über die Fische.

Bald darauf saßen wir beide am Geburtstagstisch meines alten Freunds Herbert, denn er gehörte zur Familie. Herberts Frau, ebenso klein wie er, war Frantis Schwester.

Als Zimmermann besaß er einen legendären Ruf. Franti galt als Spezialist für kniffligste Dinge. Holzkonstruktionen, die in keinem Lehrbuch standen oder die Erneuerung alter Bauwerke, die andere bedenkenlos abgerissen hätten, in solchen Dingen war er zu Hause. Seine Frau war gut einen Kopf größer als er, was Anlass zu einigem Spott gab. Franti blieb stets gelassen. Wenn´s lingn, sünds all gliek groot, pflegte er todernst auf die Frage zu antworten, wie das mit den beiden im Bett so klappen würde.

Aber der stets hilfsbereit und gutmütig erscheinende Franti besaß auch seine Schattenseiten. Vor allem, wenn er einen über den Durst getrunken hatte, konnte er ziemlich rabiat werden, auch gegen die eigene Familie. Frau und Kinder sahen es mit besorgten Blicken, wenn Franti mit gehörig Schlagseite zu Hause auf den Hof einkurvte. Erst in späteren Jahren legte sich mehr und mehr die Altersmilde über solcherart Ruppigkeit.

Als unten am Starsower Fehrlingsee die ersten Bootshäuser errichtet wurden, lagen die Trag- und Dachkonstruktionen in Frantis Hand. Später verwies er gern darauf, dass diese nebeneinander stehenden Bootshäuser wie Geschwister aussahen. Die größte Herausforderung für ihn war, dass niemand damals baufertiges Holz besaß. Alles war zusammengesucht, hier und dort „besorgt" oder heimlich aus den Wäldern beschafft. Franti krakeelte ein wenig herum, als er dieses Sammelsurium erblickte. Giv mi irst mol'n Schluck, ließ er dann verlauten. Nach einem zweiten oder dritten Schnaps stellte er dann mit todernster Mine fest: Jo, nu süt de sook all bäder ut. Bei aller gutmütigen Schimpferei über die miese Holzqualität zauberte er Mal um Mal ein kleines Kunstwerk an den Nordkanal. Am Abend stand er gern mit einem Schnaps in der Hand davor und begutachtete sein Werk.

An einem dieser Winterabende bereitete uns Franti einen gehörigen Schrecken. Wir saßen gemütlich in der warmen Starsower Küche beim Abendessen. Plötzlich stand Dieter K. mit der Nachricht in der Tür, dass im Schulzensee die Fische Probleme bekämen. Der Fischer habe nachmittags große Löcher in die Eisdecke geschnitten. Das war eine übliche Maßnahme, um den Fischen in flachen Gewässern zu mehr Sauerstoff zu verhelfen. Franti war sofort hellwach. Er wusste wie wir alle, dass die geschwächten Fische an den Eislöchern eine leichte Beute abgeben würden. Nach Hause fahren, das kam für ihn nicht in Frage. Er ließ sich von uns einen Kescher geben und wollte unbedingt allein hinaus aufs nachtdunkle Eis.

Stunden später kamen wir von einer Abendveranstaltung aus Mirow zurück. Uns fuhr der Schreck in die Glieder, Frantis Moped stand noch immer am alten Platz. Ich alarmierte Dieter, und wir machten uns auf die Suche nach unserem Spezialisten. Inzwischen war dichter Nebel aufgezogen, auf der nächtlichen Eisfläche betrug die Sicht keine fünf Meter. Wir mussten höllisch aufpassen, um nicht in einem der Eislöcher zu verschwinden. Unsere Rufe verhallten im Nebel, nichts war zu sehen, keine Antwort zu hören. Nach einer ganzen Weile vernahmen wir eigenartige, langsam näherkommende Geräusche. Etwas bewegte sich klirrend-knirschend über das Eis. Es war Franti.

Wie sich herausstellte, war er bei seinem Fischzug ausgerutscht und in eines der Eislöcher gefallen. Hinaus aus dem eisigen Wasser hatte er es allein geschafft, aber aufgeben, das war nicht seine Sache. Pudelnass wie er war, hatte er bei etlichen Frostgraden weiter auf die Fische gelauert, bis seine ganze Montur steifgefroren war. Das eigenartige Geräusch gaben seine Sachen ab, in denen das Eis nun bei jedem Schritt klirrte. Unser Angebot, ihn mit dem Auto nach Hause zu fahren, lehnte er rundweg ab. Er war so durchgefroren, dass er nicht mehr allein auf sein Moped kam. Als er schließlich mit unserer Hilfe saß, gab er Gas und war in der kalten Winternacht verschwunden.

Franti, mein alter Weggefährte und Anglerfreund ist nicht sehr alt geworden. Nach der Wende wisperte es, er habe irgendwann der Stasi als Zuträger gedient. Ich weiß nicht, ob daran etwas Wahres ist. Manch anderen ist in jener Zeit Ähnliches unterstellt worden, vor allem von denen, die über Nacht zu Widerstandskämpfern mutiert waren. In einem aber bin ich mir sicher. Andere Leute ans Messer liefern, das war nicht seine Art, so wie ich ihn gekannt habe. Gewiss hätte er gern noch einige Jahre länger auf dieser Seite des Lebens verweilt, hätte sich an seinen Enkeln erfreut und ihnen die Geschichten aus vergangenen Zeiten erzählt. Es war ihm nicht vergönnt. Nun stehe ich hin und wieder an seinem Grab und erinnere mich mit Dankbarkeit an all die Begebenheiten, die wir gemeinsam erlebt haben.

Eine Wendeschicksal

Inmitten hitziger Diskussionen im Club, einige Zeit vor dem Herbst 1989, als R. sich teils unflätigen Angriffen ausgesetzt sah, habe ich betreten geschwiegen. Es war ein quälendes Versagen. Später, am vierten November, als er vor Tausenden Menschen auf dem Theaterplatz von einigen Schreihälsen verunglimpft wurde, bin ich öffentlich für ihn eingetreten. Das reichte nicht als Wiedergutmachung.

R. kam zu uns irgendwann Mitte der 80er Jahre und wurde Erster Sekretär der SED-Kreisleitung. Sein Vorgänger hatte wie ein Feudalfürst geherrscht, seine Selbstherrlichkeit wohl etwas übertrieben und war urplötzlich abgelöst worden. Mit dem Neuen begann ein anderer Wind durch das Parteihaus am Kreisel zu wehen. Eifrige Jasager waren nun weniger gefragt, die Diskussion und das Abwägen verschiedener Meinungen ausdrücklich erwünscht.

Der Neue klebte nicht an seinem bequemen Bürosessel, wo sich die Lageberichte aus den Orten und Betrieben stapelten. Er fuhr hinaus in seinen Kreis, in dem er nun als Erster der wichtigste, der für alle maßgeblichen Entscheidungen verantwortliche Mann war. Das erwies sich als schwierig, ja zuweilen schmerzlich, denn die raue Wirklichkeit dort draußen sah anders aus als in den frisierten Erfolgsberichten. Überall begegneten ihm die Unzulänglichkeiten der späten 80er Jahre, die liegengebliebenen und doch so dringenden Aufgaben, der Mangel an diesem und jenem, die Holprigkeit bei allem, was staatliche Vorgaben und Pläne anbelangte, deren ehrliche Erfüllung an tausenderlei Dingen haperte. Ja, er war hier zu uns gekommen, als die Krise des Landes bereits drohend am Horizont stand.

Die Menschen bemerkten recht bald, dass sie keinen der sattsam bekannten Apparatschiks, sondern einen um ehrliche Antworten und tatsächliches Verändern bemühten Mann vor sich hatten. Das machte ihm die Sache nicht leichter, denn die Leute nahmen nun kein Blatt mehr vor den Mund. Es hagelte Kritik am Mangel an Ersatzteilen und Zulieferungen in den Betrieben, an unrealistischen Plänen und schöngerechneten Ergebnissen, an den vielerorts verfallenden Bauten und den Versorgungslücken, an all den kleinen und größeren Dingen, in denen sich der allmählich Fahrt aufnehmende Abwärtstrend in unserem Land manifestierte. Er konnte zuhören, wiegelte nicht ab, suchte mit Argumenten Verständnis für dieses und jenes zu wecken, versprach Abhilfe, wo es möglich war und nahm die Leute ernst, was ihm viel Respekt und Anerkennung einbrachte.

Der Weg in den Abgrund zeichnete sich lange vor dem Herbst 1989 in all den Dingen ab, mit denen R. sich nun herumzuschlagen hatte. Die „führende Rolle" brachte es mit sich, dass alles von Belang auf seinen Tisch kam. Das war doppelte Arbeit, denn von oben gefordert und durchgesetzt, hatten sich mit der Zeit in Partei und Staat Parallelstrukturen etabliert. Erstere bestimmten die Richtung und regierten bis in die Details hinein in all das, was staatliche Organe, Betriebe und Einrichtungen schließlich zu erledigen hatten. Über den demokratisch umhüllten Zentralismus befanden sich alle am Gängelband ihrer übergeordneten Strukturen, der von oben nach unten diktierten Direktiven, Kennziffern und Pläne, so dass eigenständiges Agieren kaum mehr möglich war. Nur noch in der Medienwelt der späten Honeckerjahre gab es ihn, den schöpferisch nach besten Wegen suchenden Werktätigen.

So erzeugten ständig neue „Hauptaufgaben" und Kampagnen hektische Betriebsamkeit bis hinein ins Büro des Ersten. Anfang der 80er Jahre hieß es plötzlich, die Öl- und Gasheizungen auf heimische Braunkohle umzurüsten. Damit sollten jene zwei Millionen Tonnen ersetzt werden, die uns der „große Bruder" vom jährlichen Erdölbezug eingekürzt hatte. Die teure Umrüstung blockierte enorme Baukapazitäten und geriet durch fehlende Ausrüstungen oft ins Stocken. Zudem war selbst die Braunkohle knapp und derart minderwertig, dass der Volksspott sie Muttererde taufte. Einige Zeit mussten Betriebe und Einrichtungen sogar täglich die Raumtemperaturen an den Kreis melden, wo sich eine Einsatzgruppe Energie mühte, allerorts zumindest die Grundversorgung zu sichern.

Dann wiederum galt es, Ernteschlachten zu schlagen. An fernen grünen Tischen glaubte man, dass viele Mähdrescher auf einem Fleck Vorteile brächten. R. wusste es besser, er kam ja aus der Landwirtschaft. Aber was halfs, auch in seinem Kreis musste die Ernte in Großkomplexen eingebracht werden, die nun über Felder und Zeitungsseiten rollten. Dabei hätte es jeder LPG-Vorsitzende anders gemacht, denn mit dezentral arbeitenden Mähdreschern gab es weniger Leerlauf, mehr Flexibilität mit Blick auf das Wetter und eine höhere Tagesleistung pro Gerät.

Irgendwann begann eine Dächerdicht-Kampagne. Hintergrund war der desolate Zustand vieler Innenstädte, woran leckende Dachrinnen ihren Anteil hatten. Die sollten nun mit gehörigem Medienrummel repariert werden. Auch dieses Vorhaben kam schlecht voran, denn es fehlten sowohl neue Dachrinnen als auch Handwerker. Viele der Fachleute arbeiteten inzwischen auf den verschiedenen Prestigebaustellen in Berlin und fehlten schmerzlich zu Hause.

Der große Hintergrund, Honeckers verfehlte Bau-
politik, die alles auf den Wohnungsneubau setzte und die
Innenstädte dem Verfall preisgab, wog viel zu schwer, um
ihm mit kleinkreislichen Maßnahmen beizukommen. Und
immer stand R. mittendrin, konnte bei allem Wollen doch
nichts Wesentliches ausrichten. Die Ursachen für die Mi-
seren lagen tiefer, oder besser: höher. Der Arm eines Kreis-
ersten war viel zu kurz, um daran etwas zu ändern.

Zu allem Übel wurde R. auch noch für jene De-
mokratie-Absurditäten in Haftung genommen, die in der
DDR-Endzeit die Menschen in Wallung brachten. Die kaum
verhüllte Ablehnung von Gorbatschows Reformkurs, das
unselige Sputnikverbot und schließlich die Fälschung der
Kommunalwahlen vom Mai 1989 trafen wie Hammerschlä-
ge auch die letzten Gutgläubigen. In den hitziger werdenden
Diskussionen musste er auf verlorenem Posten stehen.

Die Kritik kam von allen Seiten. Leute, denen unser
Land und sein Werden am Herzen lag, sahen sich behin-
dert in ihrem Tun. Wohlstandsbesorgte fanden ausreichend
Beispiele, woran es bei uns haperte. Und dann waren auch
schon jene zu hören, die dem DDR-Sozialismus das Scheitern erklärten. Aber auch deren Rufe klangen verschieden.
Die einen geiferten, sahen hier den Abgrund und dort
den goldenen Westen. Andere aber blickten mit Sorge auf
die drohende Existenzkrise und wollten mit einem reformierten Sozialismus das vom Kurs geratene Schiff retten.
Das waren ihm respektable Leute, denen R. nicht ins Wort
fiel, denn auch er sah mehr und mehr die Notwendigkeit
grundlegender Veränderungen.

Alle diese Stimmen, die mahnenden und fordernden, die hämisch-frohlockenden und besorgten, die kämpfe-

rischen und resignierten, verharrten nicht mehr im Privaten, besorgt, lauschenden Augen und Ohren keinen Anlass zu geben. Ja, sie waren im öffentlichen Raum zu vernehmen, wenngleich noch ohne Medienecho. Wie sehr sich das Stimmungsbild zu drehen begann, vernahm man selbst in SED-Gremien und höheren Schulungseinrichtungen. Gläubiges Zuhören, wenn Parteiobere dort Plattheiten vortrugen, das war gestern. Statt dessen brodelte die Diskussion über den Zustand unseres Landes und mögliche Alternativen. Glasnost und die Perestroika taten ein Übriges, legten offen, wie verstaubt und reformunfähig die altersschwache politische Führung daherkam. Lange vor den ersten Friedensgebeten und dem Aufkommen des Neuen Forums gab es eine halböffentliche und zuweilen auch schon öffentliche Diskussion über die Krise, in die unser Land hineingeraten war.

Das städtische Theater war bei zeitgenössisch-kritischen Stücken bis auf den letzten Platz besetzt. Es gab Szenenapplaus für besonders deutlich vorgetragene Problemfragen, die alle aufmerksamen Besucher gleichermaßen bewegten. Der anschließende, zur Gewohnheit gewordene Austausch zwischen Schauspielern und Gästen im Theaterkeller setzte die auf der Bühne angeregte Diskussion fort, mitunter sehr deutlich und unmissverständlich.

Auch im Club ging es in jener Vorwendezeit hitzig zu. R. kniff nicht, obwohl er wusste, dass an solchen Abenden einiges auf ihn zukam. Sein Credo war, nichts zu beschönigen, Kritiker nicht in die böse Ecke zu stellen, sie zum Mitmachen aufzurufen, um die dringendsten Aufgaben anzupacken. Dennoch, oft genug stand er auf verlorenem Posten, die harten Realitäten zeichneten ein zu eindeutiges Bild. Er saß fortwährend zwischen allen Stühlen, hier die offizielle Lesart über Erfolge und positive Entwicklungen, dort die raue Wirklichkeit in seinem Kreis. Aber selbst in die Enge getrieben, packte er niemals die große Keule der Partei- und Staatsmacht aus, sondern suchte mit Argumenten zu überzeugen. Das brachte ihn den Menschen näher, selbst denen, die ihm politisch nicht sehr nahe standen.

Der Respekt, den ihm viele Menschen zollten, erwuchs auch aus seinem Lebensstil. Er kam aus einfachen Verhältnissen, hatte Abitur gemacht, Landmaschinenschlosser gelernt und anschließend studiert. Danach verließ er sein heimatliches Vogtland und begann in unserer Gegend als Ingenieur für Landtechnik zu arbeiten. Die Parteigremien wurden auf ihn aufmerksam. Schulungen und ein Studium an der Parteihochschule in Moskau folgten und bald darauf die ersten Parteifunktionen. Das Neinsagen lag ihm nicht, er wollte mit anpacken, damit es voranging. Irgendwann, bevor er zu uns kam, wurde er zweiter Sekretär der SED-Kreisleitung des Nachbarkreises.

Bei allem Aufstieg war R. eng bei seinen Wurzeln geblieben. Er war ein Mann des Volkes und kein um Volksnähe bemühter Parteibürokrat. Er führte ein einfaches Leben, wohnte im Plattenbau Tür an Tür mit anderen Mietern, hatte eine als Lehrerin im Vollzeitjob tätige Frau und hielt jegliches Luxusgehabe von sich fern. Als einzigen Komfort besaß er eine kleine Datsche, die er lange zuvor gemeinsam mit seinem Vater aufgebaut hatte. Und ja, er war ein passionierter Jäger, was sich später als tragisch erweisen sollte.

Er war ein kluger Mann, der den Sinn für Realitäten nicht verloren hatte. Ihm war klar, das er vor einer Mammutaufgabe stand, die Dinge zum Besseren zu wenden. Das konnte nur in Ansätzen gelingen, denn die Probleme saßen tiefer. Dort oben in Berlin musste der Reformstau aufgelöst werden, damit es unten in seinem Kreis besser werden konnte. Aber war das überhaupt möglich, mit diesem Altmänner-Olymp, dessen Fixpunkte die Klassenkämpfe der Weimarer Republik und der Widerstand gegen die Nazis waren und viel zu wenig die heutige Zeit?

Fragen über Fragen, aber R. war in den Strukturen seiner Partei groß geworden, hatte sich stets ihrem Zentralismus unterworfen, und so war von ihm keine öffentliche Kritik zu hören. Veränderungen, so hatte er es gelernt und akzeptiert, mussten von oben nach unten kommen. Also übte er Disziplin und machte mit. Er hielt das hehre Ziel des Sozialismus, allen Menschen gleichermaßen ein würdevolles und materiell abgesichertes Leben zu ermöglichen, für alternativlos. Das blieb zeitlebens sein Ideal. Der Weg dorthin, der steckte voller Hindernisse, und um die ging es im täglichen Ringen, die mussten beseitigt werden.

R. war Parteisoldat, wie es im Ehrenkodex der SED gern hieß, ordnete sich den Vorgaben der Zentrale unter und versuchte, in seinem Kreis daraus das Beste zu machen. Das musste Stückwerk bleiben, und damit kamen die Probleme immer wieder neu auf ihn zu. Die Tricksereien rund um die Kommunalwahlen vom Mai entblößten die löchrigen Demokratiefassaden vollends, die Ausreisen häuften sich, in Ungarn verschwanden erste Grenzzäune gen Westen, eine lähmende Stille legte sich im letzten Vorwendesommer über das Land. Die Schatten der heraufziehenden Krise waren kaum mehr zu übersehen, auch nicht im Parteihaus am Kreisel und im Zimmer des Chefs.

Die aufwallende Volksbewegung der Wendezeit traf R. mit voller Wucht. Im Mittelpunkt des öffentlichen Zorns stand seine Partei, deren Führungsanspruch sie nun zur

Haupschuldigen an all den Problemen machte. Die Wogen des Volkszorns entluden sich über Direktoren und Funktionäre, zwangen sie zum Rücktritt, entblößten ihre kleinen Privilegien und offenbarten ihre Ohnmacht, das Land auf einen guten Weg zu führen. Nur vor R. machte diese Welle der Empörung Halt. Sein Rücktritt, sein Sturz stand nirgends auf den Transparenten der Protestierenden.

Dahinter verbarg sich der Respekt vor einem Mann, der in seinem aussichtslosen Kampf stets menschlich, nahbar, ehrlich und persönlich integer geblieben war. Sogar später noch, als am Runden Tisch über die Zukunft gestritten wurde, stellten die Kirchenmänner erstaunt die Frage nach seinem Verbleib. Sie hatten ihn als nachdenklichen, klugen Mann kennengelernt, auf den man in dieser Umbruchzeit nicht verzichten sollte. Sie bedauerten sein Verschwinden.

Den Rücktritt hatte R. im Spätherbst des Wendejahres selbst vollzogen, als die Parteistrukturen zusammenbrachen und die Mitgliederzahlen in den Keller rauschten. Seine Partei war bis in die Grundfesten erschüttert und hatte in den Augen der Mehrheit einfach nur noch abzutreten. Wie so viele, sah auch er damals noch Chancen für einen Neuanfang in unserem Land. Dem wollte er als einer der stigmatisierten Altkader nicht im Weg stehen.

Als kurz darauf aus dem selbstbewussten „Wir sind das Volk" ein kriecherisches, von der D-Mark geblendetes „Wir sind ein Volk" geworden war, brach für R. eine Welt zusammen. Seine Ideale standen plötzlich im Zentrum erbarmungsloser Kritik. Daran beteiligten sich auch viele jener, die noch kurz zuvor mit ihm ins gleiche Horn gestoßen und nun Unterschlupf bei den etablierten Parteien der Alt-Bundesrepublik gefunden hatten.

R. versank in einer tiefen Lebenskrise, suchte nach Wegen, in der neuen, anderen Zeit Fuß zu fassen. Beinahe wäre er einem windigen Vermögensberater auf den Leim gegangen, der ihn vor seinen Karren spannen wollte. Firmengründungen mit Vorwende-Bekannten scheiterten, so wie eine Fischfabrik in Szczecin, die vor der erdrückenden Konkurrenz aus den Altbundesländern kapitulieren musste. Dabei zeigte er sich schnell euphorisch. Zu leichtgläubig folgte er manchen Versprechungen, um dann resigniert und völlig am Boden vor den Trümmern eines erneut gescheiterten Anlaufs zu stehen. Zudem war er kein Ellenbogenmensch, ein Makel, der in der von Konkurrenz und Profitstreben diktierten Welt schwer wog. Ihm fehlte das Vermögen, sich energisch durchzuboxen, Widerstände zu überwinden, ja, auch Interessen anderer dabei zu ignorieren.

Auch wenn die Familie ihm viel Halt gab, sein Leben kam nicht zur Ruhe. Eine Entäuschung folgte der anderen. Mehr als gut war, begann er zur Flasche zu greifen. Er stand auf dünnem Eis, konnte den Verlust des gescheiterten Sozialismusversuchs, in den er seine ganze Kraft gesteckt hatte, einfach nicht verwinden. Er kam nicht wirklich an in dem neuen, vereinnahmt-vereinigten Deutschland mit seinen kapitalistisch geprägten Lebensmaximen.

R. befand sich inmitten dieser schwierigen Gemengelage, als wir uns nach der turbulenten Wendezeit erneut begegneten. Es traf sich gut, unsere Firma war aus dem Gröbsten heraus, und wir suchten Begleiter für unsere Reisegruppen. Es waren zwar nur gelegentliche Aufgaben, aber etliche Termine mit vernünftiger Bezahlung kamen im Jahr dabei schon zusammen. R. konnte mit Menschen umgehen, war ein guter Organisator und verlor in schwierigen Momenten nicht den Kopf. Das alles wusste ich aus früherer Zeit, also war er genau der Richtige für diese Aufgabe. Die nächsten Jahre sollten uns recht geben. Er behielt die organisatorischen Dinge zuverlässig im Auge, umsorgte die Alten und Schwachen und achtete darauf, dass alle gebuchten Leistungen vollständig erbracht wurden. Mehr als einmal geriet er dabei in schwierige Situationen, in denen er die Firma vor großem Schaden bewahrte.

So passierte es bei einer Silvesterfahrt ins slowakische Piestany, dass einer der beiden Reisebusse streikte. Es war bitterkalt, ein einsamer Parkplatz zweihundert Kilometer vor dem Ziel, Unruhe entstand, ja ein wenig Panik brach aus. Aber er wusste, was zu tun war, ließ alle Gäste draußen antreten und setzte die Frauen in den intakten Bus, der sich sofort auf die Weiterfahrt begab. Die Männer nahmen in dem havarierten Fahrzeug Platz, wobei alkoholische Getränke ab sofort frei waren. Inzwischen wusste die Firma von dem Problem und hatte einen tschechischen Ersatzbus aufgetrieben. Spätnachts kurvten auch die Männer vor dem Hotel ein, lauthals singend und voller Fröhlichkeit. Der Tag und mit ihm die ganze Reise waren gerettet.

Nicht weniger dramatisch ging es auf einer Silvesterparty in Brno zu. Die Liveband traf ein, um gleich wieder abzureisen. Offenbar gab es Geldstreitigkeiten mit dem Hotel, so dass die Musiker kurzerhand kehrtgemacht hatten. Ohne Musik ins neue Jahr, das wäre der Supergau mit großem Imageschaden für die Firma gewesen. Eine Ersatzband, noch dazu am Silvesterabend, war nicht zu finden. Aber R. stöberte im Hotel ein Tonbandgerät mit etlichen Bändern auf. Das deponierte er im Restaurant und ließ während des festlichen Abendessens gedämpfte Musik erklingen. Alles war in Ordnung, die Stimmung bestens. Nach einer Wei-

69

le und den ersten Drinks, legte er eine flotte Melodie auf, drehte auf volle Lautstärke, nahm seine Gisela in den Arm und begann zu tanzen. Verdutzte Gesichter begleiteten die beiden, aber dann kamen ein zweites, drittes, viertes Paar hinzu. Der Abend entwickelte sich prächtig, und beschwingt tanzten die Leute hinein ins neue Jahr.

Gegen Ende der 90er Jahre nahm unser Osteuropa-Geschäft Fahrt auf. Nach Polen und dem Baltikum fanden nun auch Russland und andere einstige Sowjetrepubliken ein zunehmendes Interesse. Bei den Ossis waren alte Verbundenheit und Erinnerungen an frühere Kontakte dafür ausschlaggebend, in den Altbundesländern eher Neugier und Abenteuerlust. Wie auch immer, wir benötigten einen neuen Osteuropa-Mitarbeiter. Was lag näher, als R. dafür zu gewinnen? Er sprach perfekt Russisch, wusste viel über Land und Leuten, also war er für uns der Richtige.

So kam R. als Mitarbeiter zu uns in die Firma. Nicht jede seiner Ideen ließ sich verwirklichen. Auch waren ihm die vielen Details einer erfolgreichen Reise mühsam zu beackerndes Neuland, aber unser Osteuropageschäft nahm in seinen Händen erkennbar Fahrt auf. Neben der Büroarbeit war er viel unterwegs, fand neue Reiseziele, knüpfte Verbindungen und fand zuverlässige Partner. Kurz, er unternahm alles das, was einen dauerhaften Erfolg in zuvor wenig beachteten Zielgebieten ausmachte.

Dabei begegnete er in Moskau einem Georgier, mit dem er sogleich große Pläne schmiedete. Tiflis, eine Jahrtausende alte Kultur, die Berge des Kaukasus, das Schwarze Meer, daraus musste sich doch richtig großer Tourismus machen lassen. Ein wenig steckte er zu Hause die Geschäftsleitung mit seiner Begeisterung an, und so flog er bald darauf nach Georgien, um die Lage vor Ort zu prüfen.

Zurück kam R. ernüchtert. Im Tiflis der 90er Jahre und anderswo gab es schlichtweg keinen Platz für Touristen. Alle Hotels waren überfüllt mit Flüchtlingen aus Abchasien, jenem abtrünnigen Landstrich am Schwarzen Meer, der sich nach blutigen Kämpfen für selbständig erklärt hatte. Aber in Georgien mangelte es an so vielem, dass gute Geschäfte anderer Art sofort möglich erschienen.

Viele Leute dort besaßen, woher auch immer, genügend Geld und waren scharf auf westliche Autos. Die konnte man nur im Ausland erwerben, denn Importe gab es in dem zerrütteten Land nicht. Georgier aber brauchten Partner, wollten sie Autos in Deutschland kaufen. Sie benötigten ein Visum, eine Zustimmung der Ausländerbehörde und einen deutschen Einlader samt dessen Erklärung, für alle eventuellen Kosten aufzukommen. Wie sich herausstellte, war das alles mit Risiken und ganz viel Bürokratie verbunden. Einige Jahre lang übernahmen wir tatsächlich für ein Entgelt die Organisation dieser sehr speziellen Einkaufsreisen. Die deutsche Botschaft in Tiflis, die antragstellende Georgier mit unverhohlener Herablassung betrachtete, handelte bei der Visavergabe aber immer willkürlicher, so dass wir die Sache nach einiger Zeit beendeten.

Eine andere seiner Ideen war, in den Stadtverkehr von Tiflis einzusteigen. Die Millionenstadt kannte damals nur private Kleinbusse, die gegen Bezahlung anhielten, wenn Leute winkend am Straßenrand standen. Städtische Busse verkehrten nicht. Der Metro fehlte der Strom, und in ihren einst prächtigen Stationen grassierte die Kriminalität. Das Land hatte schwer darunter zu leiden, dass mit dem Ende der Sowjetzeit auch die Wertschöpfungsketten und sonstigen Verbindungen zerrissen waren. Konnte man nicht einige gebrauchte Busse auftreiben, um mit ihnen einen neuen Anfang im darbenden Stadtverkehr der Hauptstadt zu versuchen? R. ließ nicht locker. Tatsächlich haben wir einige in die Jahre gekommene BVG-Doppeldecker erworben und sie auf dem Landweg nach Georgien verfrachtet. Der Erfolg blieb allerdings bescheiden, denn unsere georgischen Partner erwiesen sich als wenig flexibel in der aufwändigen Organisation. Das alles passierte bereits nach seiner Zeit, als er schon nicht mehr am Leben war.

In unserer Firma machte er als Gleicher unter Gleichen seine Arbeit. Ein Alkoholproblem, das vor unserer gemeinsamen Zeit angeklungen sein mag, bemerkten wir nicht. Wenn gefeiert wurde, und das passierte nicht selten, langte er kräftig zu, so wie die meisten von uns. Die Kollegen schätzten ihn. Er war klug, hilfsbereit und engagiert, dabei immer bescheiden. Seine einst herausgehobene Position, die allen bekannt war, spielte bei uns keine Rolle. Es schien, als habe er ein gutes Stück Zukunft in der Hand, neue Beständigkeit und Sicherheit für sich gewonnen.

Dennoch brach die Katastrophe über ihn, über seine Familie, über uns herein. R. stand nach wie vor auf dünnem Eis, fand einfach keinen festen Boden unter den Füßen. Die Wendezeit mit ihren Umwälzungen, das Scheitern seiner Lebensideale hat er niemals wirklich verwunden. Seine Familie und wir, seine Kollegen und Mitstreiter, konnten das alles nicht dauerhaft aufwiegen. Der Abgrund zwischen zupackendem Optimismus und tiefer Niedergeschlagenheit blieb bestehen. Offenbar fehlte nur ein Tröpfchen, ein geringer Anstoß, um vom Leben Abschied zu nehmen.

Es war ein banaler Unfall ohne Verletzte, den er eines frühen Morgens fabriziert hatte. Er ließ sich von einem seiner Kollegen nach Hause fahren, war sichtlich erschüttert und wollte ein wenig zur Besinnung kommen. Einige Stunden später war er tot. Das Jagdgewehr lag neben ihm.

Uns Henry

Er war ein Röbelscher Jung, unser Henry. Dreißig Jahre lang hat er alles gegeben für seine, unsere Firma, war aus ihrem geschäftigen Treiben nicht wegzudenken. Für unsere Partner, für die Menschen, die uns und unsere Arbeit kannten, war er ein prägendes BTO-Gesicht. Und nun, kurz nach seinem Sechzigsten, ist alles anders geworden.

Zur Welt kam er in Wredenhagen unweit von Röbel. Obwohl die Familie schon nach wenigen Jahren in die Kleinstadt am Müritzufer zog, hat Henry die Verbindungen in das Dorf seiner frühen Kindheit niemals abreißen lassen. Beständigkeit in den Beziehungen zu anderen Menschen, das war einer seiner bemerkenswerten Wesenszüge. Leichtfertigkeit, schnelles Vergessen, Oberflächlichkeit waren ihm fremd. Das machte ihn wertvoll, hat seinem Lebensweg aber auch manch schmerzhafte Erfahrung hinzugefügt.

Das Dorf hatte er schon nach der ersten Klasse verlassen, der Kontakt aber zu seinen frühen Freunden blieb eng und unveränderlich, bis zum Schluss. Jahr für Jahr machten die Ältergewordenen eine Wochenendreise, bei der Henry niemals fehlte. Mehr noch, er als erfahrener Reiseprofi nahm oft selbst die Planungen in die Hand.

Und auch der Fußball festigte seine frühen Verbindungen. Als Aktiver ist er nicht über die Jugendzeit hinausgekommen. Dafür begann er schon bald, sich um den dörflichen Nachwuchs zu kümmern. Er war einer jener vielen Namenlosen, ohne deren Unermüdlichkeit Sportvereine gerade in kleinen Orten nicht bestehen können. Viele Jahre sind seither ins Land gegangen. Henry war stolz auf seine

Jungs, wenn sie später in der Region ihren Weg machten. Welche Anerkennung für ihn, wenn einstige Jugendspieler nun mit ihren Zöglingen vor seiner Tür standen, er möge auch ihr Training übernehmen!

Gewissenhaft und fleißig wie er war, gehörte Henry in der Schule zu den Besten und machte das Abitur mit Auszeichnung. Ihm standen alle Wege offen, oder besser, fast alle. Ein Nordeuropa-Studium an der Universität Greifswald blieb ihm versagt, weil engstirnige Stasiregeln in seinem Westgroßvater ein Problem sahen. Dabei hatte er extra einen dreijährigen Wehrdienst gemacht, um seine Zulassungschancen zu verbessern.

Bei aller Enttäuschung, die Ablehnung warf ihn nicht um. Er stand mitten im Leben und in jenem gesellschaftlichen Umfeld, das seinen Werdegang geprägt hat. Eine bessere, gerechtere Welt zu schaffen, das große, stets propagierte Ziel, was konnte daran bei aller Mühsal des Alltags schlecht sein? Er gehörte schon in der Schule zu jenen, die vorangingen. Bei den Pionieren und in der FDJ wurde er in Funktionen gewählt und stand seinen Mann.

So wurde man höheren Orts auf ihn aufmerksam. Seichte Ausreden lagen ihm nicht, und Henry sagte ja, als man ihn in die FDJ-Bezirksleitung holen wollte. Auch dort überzeugte er und empfahl sich für Größeres. Der Weg nach oben auf der Karriereleiter führte aber über die Moskauer Komsomol-Hochschule. Und so ging Henry 1988 zum Studium in die Sowjetunion.

Von dort kehrte er ausgezehrt und krank zurück, am Boden zerstört. In Moskau muss sich eine schicksalhafte Begegnung zugetragen haben, über die er nie sprechen wollte. Selbst seine engsten Angehörigen, mit denen er stets alles Wichtige im Leben teilte, wussten nichts darüber. So blieb es bei Mutmaßungen. Die wahre Begebenheit hat Henry mit ins Grab genommen. Moskau hinterließ eine tiefe Lebenskerbe. Er blieb fortan allein und machte keine Anstalten, eine Familie zu gründen. Die Erinnerung an jene Zeit war für ihn mit großem Schmerz verbunden. Noch viele Jahre später lehnte er es ab, den Russlandbereich der Firma zu übernehmen. Nein, er hatte damit abgeschlossen und wollte nicht mehr daran rühren lassen.

Henry war einer von Millionen, deren Leben die Wende umpflügte. Die führende Partei und ihre Massenorganisationen befanden sich in Auflösung. Die FDJ zerfiel, und Henry stand arbeitslos auf der Straße. Aber aufgeben, das war nicht seine Sache. Englisch und das ABC der Marktwirtschaft mussten her, um in der neuen Zeit anzukommen. Also ging er zum Studium nach England. Die Familie legte das Geld zusammen, und Henry schrieb sich an der Sheffield University Business School ein. Im Herbst 1992 kehrte er mit einem Diplom in der Tasche nach Röbel zurück.

Neben Sprache und Marketingwissen sollte England für ihn bedeutsam bleiben. Viele Male kehrte er dorthin zurück und kannte bald so ziemlich alle Regionen. Als Fußballer schlug sein Herz für den FC Liverpool. Er war einige Male selbst im legendären Stadion an der Anfield Road und besaß zu Hause eine unglaubliche Fanartikel-Kollektion der Reds. Zu seinem 25-jährigen BTO-Jubiläum erhielt er eine Reise zum Spiel des FC Liverpool gegen Manchester City. So wurde Henry 2018 Zeuge jenes grandiosen 4:3 für „seinen" Verein, das Fußballgeschichte schrieb.

Auch privat knüpfte er neue Kontakte. Mit Richard, einem der Dozenten der Universität Sheffield, freundete er sich an, eine Verbindung, die bis zuletzt Bestand haben sollte. Auf seinen Englandreisen wohnte Henry im Haus seines Freunds und Lehrers, und auch Richards Gegenbesuch in Deutschland fand irgendwann statt. Hier begegnet sie uns wieder, Henrys Beständigkeit gegenüber Menschen, die er schätzte, denen er sich verbunden fühlte.

Wendezeit und Neuanfang konnten sein Weltbild nicht aus der Bahn werfen. Er ist seinen Idealen treu geblieben, ein Linker im besten Sinne des Wortes, was nichts mit jenem organisierten Schein-Linkssein heutiger Provenienz zu tun hatte. Er drehte seine Fahne nicht in den Wind, nein, auch in dieser Hinsicht blieb er sich treu und der Alte. Eine gerechte Gesellschaft, in der die Kluft zwischen oben und unten abgebaut und vielleicht ganz verschwinden sollte, das blieb sein Ideal. Dieses große Ziel geriet ihm nicht in Verruf, weil der erste Versuch im eigenen Land schlecht gemacht und zum Scheitern verurteilt worden war. Über sein Innenleben hat Henry wenig gesprochen.

So kam es, dass Henry Ende 1992 vor mir stand, dunkler Anzug, Krawatte, ganz ausgerichtet auf ein Vorstellungsgespräch mit einem marktwirtschaftlich gestylten Geschäftsführer. Er konnte nicht wissen, dass Schlips und Kragen bei uns höchst selten vorkamen. Uns hatte die Wendezeit ebenfalls durchgerüttelt, und mit der jungen Firma standen wir noch ganz am Anfang. Wir wurden uns schnell einig im Keller der Hohenzieritzer Agrargenossenschaft, wo wir mit einigem bäuerlichen Rückenwind unser erstes Firmendomizil bezogen hatten. Henry wurde unser erster Mitarbeiter und blieb dreißig Jahre lang eine der wichtigsten Stützen der schnell größer werdenden Firma.

Ebenso wie Henry, hatten alle BTO-Mitstreiter der

ersten Nachwendezeit ihren Arbeitsplatz verloren und verstanden unsere Firma als Chance für einen Neuanfang. Sie sahen sich nicht als Mitarbeiter, sondern als Teil eines gemeinsamen Projekts, dem sie ihre ganze Kraft gaben und im Gegenzug an den Ergebnissen beteiligt waren. Nicht Großbritannien oder Russland, nein, Deutschland übernahm Henry, und so blieb es bis zum Schluss. Das war damals unser größtes Auftragsfeld, und so packte er es an. Er organisierte und plante, entwarf Programme und durchkurvte das Land auf der Suche nach neuen Zielen und Partnern. Er war unermüdlich, immer da, immer präsent, und mitunter fand man ihn auch noch um Mitternacht an seinem Platz.

Dabei waren wir alle Seiteneinsteiger, machten Anfängerfehler, fingen uns Prügel ein im rauen Geschäft der Marktwirtschaft, gingen mitunter auch einem Schweinehund auf den Leim, der sich unsere Unerfahrenheit zunutze machte. Aber wir wurden mit jedem Tag klüger, ließen keine Gelegenheit zur Weiterbildung aus, und bald schon waren wir in der Branche keine Unbekannten mehr. An dieser Entwicklung hatte Henry großen Anteil. Er behielt stets einen kühlen Kopf und fand auch in kritischen Momenten gute Lösungen, besaß ein phänomenales Gedächtnis für die unzähligen Details seiner vielen Reisen, konnte locker mehrere verzwickte Vorgänge gleichzeitig bearbeiten und verlor doch niemals die Geduld. Dank Henry ist Deutschland bis heute eines unserer wichtigsten Zielgebiete geblieben.

Unvergessen bleibt unser erster RDA-Workshop im August 1993, damals noch das Nonplusultra der Bustouristik. Nach vielen Autobahnstunden trafen wir zur Eröffnung der Kölner Reisemesse ein. Von Beginn an wurden wir von Besuchern umlagert, keine Pause ergab sich, keine Zeit für einen Kaffee, nicht einmal zur Toilette kamen wir. Uns gegenüber befand sich die riesige Messelandschaft eines Branchenführers, dessen Leute erstaunt auf das rege Treiben an unserem winzigen Stand blickten. Und mittendrin stand Henry, erklärte, gab Auskunft, machte Termine, notierte Anfragen, war freundlich, zuvorkommend und immer die Ruhe selbst, bis zur abendlichen Erschöpfung. Keine der späteren Messen, auf denen wir mit großem Aufwand und etlichen Mitarbeitern teilnahmen, hat bessere Ergebnisse gebracht als dieser erste Workshop.

Inzwischen arbeiteten schon mehrere neue Kollegen im Deutschlandbereich. Henry avancierte nun zum Teamleiter, aber jegliches Chefgehabe war ihm fremd. Er organisierte die Abläufe, kontrollierte, wo es angebracht war, hielt alle Fäden in der Hand, aber darüber hinaus packte er mit allen anderen die Tagesarbeit an, wie eh und je. Mit der Zeit wurde er zu einer Institution, vor allem für die langjährigen Partner. Sie verstanden sich ohne große Erklärungen, Henry und die gestandenen Reiseveranstalter. Er kannte ihre Firmen, ihre Reisenden, er fand für sie die passenden Programme und Hotels. Unsere Partner vertrauten ihm, wussten sich und ihre Leute bei ihm in besten Händen.

Aber auch Henry war nicht frei von kleinen menschlichen Schwächen. Er rauchte viel, was seiner Gesundheit zusetzen sollte. Die Morgenzigarette nach der Ankunft im Büro und der Glimmstengel vor der Heimfahrt gehörten zu seinen täglichen Ritualen. Ging es um Schreibkram, zeigte er sich zwar sattelfest, aber mit Kommas und Punkten sparte er. Seine Bandwurmsätze waren berüchtigt und konnten schon mal eine ganze Textseite ausfüllen. Deshalb war er froh, wenn andere ihm lästige Katalogschreibereien abnahmen. Auch sein Blick auf frische Blumen gehört in die Rubrik der Eigenheiten. Ein Geburtstagsstrauß stand einst monatelang und aufmerksam bewacht als Trockenkraut in seinem Büro. Als dann eine voreilige Praktikantin das Gestrüpp entsorgte, bekam sie richtig Ärger mit ihrem Chef.

Außenstehende mochten Henry für ernst und wenig humorvoll halten, aber dieser Eindruck trog. Er war kein Miesepeter, im Gegenteil, er konnte sich herzlich freuen, wenngleich er nicht zur raumfüllenden Stimmungskanone taugte. Bei Ausflügen und Feiern war er mit Freude dabei. Er, der erklärte Nichttänzer, schaffte es sogar, auf einer Party zu später Stunde ausgelassen auf dem Tisch zu tanzen.

Zu Hause in Röbel lebte Henry mit seiner Mutter unter einem Dach, die ihn umsorgte und für die er da war. Kein Tag verging ohne ein gemeinsames Frühstück oder ein Abendschwätzchen, für das er ihr stets ein Glas Sekt einschenkte. Danach zog er sich zurück ins Dachgeschoss und widmete sich der Musik. Neil Young, die Rolling Stones, AC/DC, überhaupt die Musik jener Zeit liebte er, die er suchte, kaufte, sammelte, sichtete, kopierte, überspielte. Sein Wohnzimmer wurde zu einem unglaublichen Musikarchiv. Selbst die ausgefallensten Titel aus entlegenen Weltgegenden machte Henry ausfindig. Er freute sich, wenn Kollegen oder Freunde seine Leidenschaft teilten und versorgte sie mit unendlich vielen Tonträgern.

Eine eigene Familie hat Henry nicht gehabt. Diese Lücke füllten nach dem frühen Tod seines Vaters die Mutter und die Schwesterfamilie. Wenn ich Kinder haben will, meinte er zu seiner Sis, dann hole ich mir deine. Und richtig, Onki, wie sie ihn liebevoll nannten, widmete sich mit großem Herzen den Jungen, begleitete und förderte ihr Heranwachsen, nahm sie mit auf Reisen und freute sich über ihr Vorankommen. Und als sein Großneffe Schwierigkeiten in der Schule bekam, verpasste Henry dem Halbwüchsigen höchstselbst die Englischnachhilfe. Nach dem Tod seines Schwagers übernahm Henry die Rolle des Familienoberhaupts und veranlasste, dass seine Schwester einen Platz in unserer Firma fand. Dort wurde Gundi bald zu seiner rechten Hand, mit der er auch recht forsch umzugehen wusste.

Als 2005 Änderungen anstanden und ein Geschäftsführer gebraucht wurde, fiel die Wahl sofort auf unseren erfahrensten Mitstreiter. Henry war kein Freund vieler Worte, also übernahm er einen wichtigen Firmenbereich. Das ging nicht lange gut, denn kurz darauf erkrankte er schwer. Zum Glück stellte sich der Hirntumor als gutartig heraus, aber die schwere Operation hat ihn monatelang aus der Bahn geworfen. Zurück in der Firma, war er sichtlich gezeichnet. Sein Konzentrationsvermögen hatte gelitten, mehrere Aufgaben zur gleichen Zeit, vorher für ihn eine Kleinigkeit, überforderten ihn nun. Als Geschäftsführer musste er aufgeben, aber gerade jetzt zeigte sich, aus welch gutem Holz er geschnitzt war. Ohne Murren, ohne Stichelei oder versteckte Kritik an seinen Nachfolgern trat er zurück in die zweite Reihe. Im Deutschlandbereich, in seiner vertrauten Umgebung, überwand er Zug um Zug die Spätfolgen seiner Krankheit. Mit der Zeit wurde er wieder der Alte, unser Deutschland-Henry, der alles im Kopf hatte, wofür andere lange nachblättern oder das Internet bemühen mussten.

Aber es war nicht alles gut. Henry erkrankte erneut, musste lange Zeit aussetzen. Die vielen Puzzleteile des Geschäfts, die Verantwortung für all die Touristen unterwegs hatten ihm, dem nicht mehr ganz Gesunden, mehr zugesetzt, als er wahrhaben wollte. Auch jetzt kam er nach Monaten zurück, zunächst für wenige Stunden, dann wie eh und je von früh bis abends. Und erneut hielt er bald wieder alle Fäden in der Hand, war unseren Partner der Spezialist, bei dem man sich in guter Obhut wusste. Das Ende kam wenig später. Henry erkrankte an Krebs. Operation und Nachbehandlung schienen ihn bald zurückzubringen. Er war schon wieder unter uns, hatte auch die unsägliche Coronazeit gut überstanden, als er eines Abends an seinem Arbeitsplatz zusammenbrach. Die Ärzte erkannten den Ernst der Lage und veranlassten die Überführung in die Rostocker Universitätsklinik. Drei Wochen später schloss Henry dort für immer die Augen.

Er wird uns sehr fehlen, unser Henry. Nicht so sehr als Deutschland-Experte, diesen Platz werden irgendwann andere ausfüllen. Er wird uns fehlen als Mensch, als Mitstreiter, als Freund und Wegbegleiter. Seine ehrliche, aufrichtige Art zu leben und auf die Dinge um ihn herum zu schauen, dabei sich selbst immer treu zu bleiben, das ist heute keine Alltäglichkeit mehr. Danke, Henry!

Die andere Seite des Lebens

Nun wird es mystisch-esoterisch, oder? Wer das Nachfolgende für irres Geschwurbel hält, der blättere um zur nächsten Geschichte. Nein, es bleibt sehr irdisch, denn das Sterben ist ein Teil unseres Daseins, ebenso wie die Geburt, das Heranwachsen und andere Phasen des Lebens. Dennoch, die Angst davor begleitet uns, egal ob wir jung oder schon recht betagt sind. Wir blenden es aus, wollen das Sterben nicht an uns heranlassen und kommen ihm dennoch unaufhaltsam näher. Dabei wissen wir, dass Wegschauen wenig einbringt. Er kommt nicht nach Zeitplan, unser aller Tod. Wir sind ihm ausgeliefert, früher oder später, nur gut, dass wir es nicht so genau wissen.

Das Leben, so wie wir es auf Erden führen, ist endlich und irgendwann vorbei. Oft genug tritt der Tod viel zu früh in unser Leben, reißt schmerzende Lücken unter Angehörigen und Freunden. Vielleicht aber trifft er auch uns selbst schon bald, morgen oder noch eher. Vielleicht ist das Auto bereits unterwegs, das uns von der Straße fegen wird, oder unser Herz hat plötzlich genug von der unermüdlichen Plackerei, mit der es unseren Körper am Laufen hält. Vieles kann passieren, dass einem ein gesegnetes Alter verwehrt bleibt, an dessen natürlichem Ende der Tod steht.

Nicht jedem ist es vergönnt, nach einem langen, erfüllten Leben friedlich einzuschlafen. Vor allem das jähe, das plötzliche und vorzeitige Dahinscheiden empfinden wir als Tragödie. Ein Kind, das einer schweren Krankheit erliegt, oder ein Familienvater, den mitten im Leben ein Unglück tötet, solcherart Schicksalsschläge treffen uns bis ins Mark. Die Erschütterungen wirken lange Zeit nach. Mitunter werden sie niemals wirklich verwunden. Bestenfalls lernen es die Betroffenen, damit zu leben.

Es ist der Gang allen Lebens, der ewige Strom des Werdens und Vergehens, in dem auch wir uns befinden. Alles darin hat einen Anfang und ein Ende. Der norwegische Bildhauer Gustav Vigeland hat sich zeitlebens dem Zyklus des menschlichen Lebens gewidmet. Im berühmten Osloer Vigelandpark ist unter vielen anderen eine bronzene Skulpturengruppe zu sehen, die in weitem Kreis um einen Brunnen angeordnet ist. In der Mitte ächzt ein Hüne unter einer riesigen Schale, der Bürde des Lebens. Außen herum bildet sich der Lebenskreis des Menschen, angefangen mit der Geburt und dem Krabbeln des Kleinkindes. Es folgen die Jugend mit ihren knospenden Trieben und das Erwachsenwerden, danach die Lebensmitte mit all ihrer Schaffenskraft und auch den Konflikten in unserem Dasein. Schließlich beginnt das Altern, die Gebrechlichkeit, aber auch das Weitergeben all der Lebenserfahrung an die Nachfolgenden. Am Ende des Kreises steht der Tod. Und dennoch, gleich danach sprießt in diesem Zyklus neues Leben hervor.

Bei aller Klugheit und waltenden Vernunft lässt kaum jemanden die Frage kalt, was danach passiert, wenn der letzte Atemzug verhaucht ist. Was geschieht dann mit uns, gibt es ein Weiterleben nach dem Tod? Das ist eine der bangen und ältesten Menschheitsfragen, auf die es seit jeher verschiedene Antworten gibt. In der vorchristlichen Glaubenswelt des Nordens kamen die ehrenvoll im Kampf Gefallenen nach Walhalla, um dort fortan, umsorgt von den Walküren, ein paradiesisches Leben zu führen. Die christlichen Religionen und auch der Islam vertrauen in unterschiedlicher Weise auf Gott, die Auferstehung und auf ein ewiges Leben im Himmelreich. Andere Religionen sprechen von der Wiedergeburt menschlicher Seelen, sei es im Körper anderer Menschen oder auch in anderen Lebewesen. Glauben ist eine sehr individuelle Sache.

Wie auch immer, unser irdisches Dasein ist endlich. Je älter man wird, desto mehr gewinnen Erinnerungen, der Rückblick auf all das an Raum, was hinter uns liegt. In gleicher Weise entfernen wir uns vom Jetztzeitgeschehen, bis der Tag kommt, an dem wir das Zeitliche segnen. Egal, in welcher Form es geschieht, spätestens mit der Beerdigung ist der Abschied vom Diesseits besiegelt. Unsere Körperlichkeit, unser sichtbares und fühlbares Mitwirken an der Gestaltung der Lebenswelt, in der wir zu Hause waren, all das hat ein Ende gefunden. Wenn wir nicht bereits zuvor verbrannt und in alle Winde verstreut wurden, liegen wir nun zwei Meter tief unter der Erde und werden allmählich ein Teil von ihr sein. Aber sind wir deshalb verschwunden, aus allem getilgt, was unsere Existenz ausgemacht hat?

Gewiss nicht, denn zuvor bestanden wir auch nicht allein aus unserer physischen Existenz. Wir haben Werte geschaffen, Zuneigung und Liebe gespendet und empfangen, Ablehnung, vielleicht sogar Hass erfahren, Entwicklungen angestoßen und beeinflusst, die nicht aufhören, nur weil wir aufgehört haben zu leben. Kurz, uns gibt es auch „danach" weiter, nicht nur als Grabstätte auf dem Friedhof. Wir leben fort in all den Dingen, die mit unserem Wirken verbunden sind. Unser Fortbestehen „danach" liegt also zu einem Gutteil in unseren eigenen Händen. Wir entscheiden selbst darüber, wie groß und wie lange unsere Fußspuren in der Nachwelt zu sehen sein werden. Man kann nicht früh genug damit anfangen, sie zu setzen. Es muss furchtbar sein, im Moment des Dahinscheidens auf ein mit Trümmern und Versagen übersätes Leben zu blicken.

Das alles hat wenig zu tun mit dem Rang, den man zu Lebzeiten in der Gesellschaft eingenommen hat. Sicher, Künstler, Heerführer, Philosophen und andere große Köpfe haben es in dieser Hinsicht einfacher. Ihr Wirken überdauert mitunter Jahrhunderte und hat das Zeug, selbst noch Gegenwärtiges nachhaltig zu prägen. Aber auch der einfache Mensch lebt fort in den Herzen seiner Angehörigen, vor allem dann, wenn sie für ihn zu Lebzeiten immer das Wichtigste waren. Er lebt fort in dem Haus, das er gebaut, dem Boden, den er urbar gemacht, in seinen Kindern, denen er die Lebenswege geebnet oder in den Bäumen, die er einst mit eigener Hand gepflanzt hat.

Es ist der unentwegte, der unendliche Fluss des Lebens, in dem wir uns bewegen, wie alles in der Natur, denn wir sind nicht mehr als ein Teilchen davon. Wie lange wir darin sichtbar bleiben, das liegt an uns, an den haltbaren und möglichst gut sichtbaren Pflöcken, die wir zu Lebzeiten darin eingeschlagen haben. Und wenn selbst die letzten Erinnerungen an unser Dasein einmal verklungen sein werden, ist es auch nicht weiter schlimm. Der Fluss des Lebens, in den wir eingegangen sind, wird weiterziehen.

Unser „danach" ist eher ein passives Verbleiben in der hiesigen Welt. Es speist sich aus den hinterlassenen Werten, aus Erinnerungen, aus jener Liebe und Verbundenheit, die nicht einfach mit dem Dahinscheiden erloschen sind. Aber dabei bleibt es häufig nicht. Weshalb sonst besuchen wir die Gräber auf den Friedhöfen? Geht es uns um die Blumen und die sauber geharkten Wege, damit man unter den Leuten nicht ins Gerede kommt? Das Verweilen ist doch oft genug ein lautstilles Gespräch mit den Verstorbenen, die Erinnerung an gemeinsam Erlebtes und die Bitte um Rat, wenn man selbst nicht mehr weiter weiß. Die Antworten dort am Grab vernimmt man nur in seinem Inneren, und mit jedem Zwiegespräch wird das Buch des Lebens um eine Seite länger. Das Grab, die Stätte des Todes, verbindet sie uns nicht zugleich mit dem Leben, dem gewesenen und dem jetzigen? Ja, es hilft uns, davor zu stehen, den Gedanken freien Lauf zu lassen, danke zu sagen für gemeinsam Erlebtes. Es ist kein toter Ort, niemals!

Aus all diesen Gründen ist schlecht nachzuvollziehen, was sich gegenwärtig an Veränderungen in der Friedhofkultur vollzieht. Streuwiesen, Seebestattungen und andere anonyme Begräbnisformen geben uns die Freiheit, die traditionellen, kirchlich geprägten Rituale zu durchbrechen und selbst über unseren letzten Weg zu entscheiden. Aber nehmen sie uns nicht auch ein Stück weit das Wichtigste, nämlich den Ort, an dem sich die hiesige und die andere Seite des Lebens begegnen?

Der Fehrling

Der oval geformte, nicht gerade kleine See liegt abseits lärmender Verkehrswege ganz im Süden der Kleinseenplatte. Kiefernwälder umschließen ihn von drei Seiten. Die restlichen Uferpartien umsäumt ein dichter Erlenkranz. Aus der Vogelperspektive erscheint er wie ein blinkendes Juwel inmitten der dunklen Wälder, die sich bis nach Brandenburg hinein erstrecken. Er bildet den Endpunkt einer langen Seenkette, die über Schwarzer, Vilz- und Labussee an die Havelgewässer heranreicht. Von dort gelangt man in die Elbe, zur Nordsee und in die große weite Welt.

Touristen nehmen kaum Notiz von ihm, wohl auch, weil Motorboote dort seit langem verboten sind. Mitunter entdecken Wasserwanderer die in einem Erlenbruch versteckte Bäk, jenen Zufluss, der von Süden her in den Fehrling mündet. Sie durchqueren die Seerosenfelder beiderseits der Einfahrt, umrunden den See, und da es anscheinend kein Weiterkommen gibt, sind sie rasch wieder verschwunden. Nur wenige bemerken am Nordende einen ähnlich kleinen Kanal, der aber bald in einer Sackgasse endet.

Obwohl etwas entfernt, ist der Fehrling eine Art Haussee des kleinen, vom Städtchen Mirow eingemeindeten Dorfes Starsow. Wirtschaftlich besaß er für die Bewohner keine sonderliche Bedeutung. Der fischreiche See bot ihnen zwar hinreichend Gelegenheit, als Angler, mit Kleinreusen, Aalschnüren oder anderem Verbotsgerät erfolgreich zu sein, aber die Berufsfischerei tat sich schwer mit dem entlegenen See. Früher gehörte er zu den Pachtgewässern des Mirowdorfer Fischers Otto Bestier. Später, als sich die Privatfischer im Volkseigenen Betrieb wiederfanden, übernahm der Fischereihof Mirow die Bewirtschaftung.

Die Entfernung erlaubt es den Fischern nicht, dort mehr als ein paar gelegentliche Reusen aufzustellen. Vom Mirower See bis hierher sind es etliche Kilometer, weil man die Gewässerkette um die Halbinsel Holm herum durchqueren muss, deren Endpunkt der Fehrling ist. Auch die Zugnetzfischerei, mit der man im Herbst die Jahresbilanzen aufbessert, verspricht hier nur mäßigen Erfolg. Schuld daran ist sein Profil, das den Fischen reichlich Fluchtwege bietet. Die schilfbewachsenen Uferzonen fallen zwanzig Meter tief ab, um zur Seemitte plötzlich wieder anzusteigen. Hier erstreckt sich von Nord nach Süd eine Erhebung, die an manchen Stellen bis dicht an die Wasseroberfläche heranreicht und den See in mehrere Teile zergliedert.

Früher wurde auf dem Eis des Fehrlings Schilf geerntet. Die Fischer verkauften das gebündelte Material an Baubetriebe und Gärtnereien. Reetdächer gab es in der Region hier und da, auch für Neubauten kamen diese etliche Jahrzehnte haltbaren, seit Urzeiten gebräuchlichen Dächer wieder in Mode. Einer der letzten Schilfdachdecker lebte damals im Nachbardorf Schwarz. Erhard A. war schon Rentner, aber an klaren Frosttagen als einer der ersten auf dem Eis, um sich mit Schilf für die Sommerarbeit einzudecken.

Dabei kam es eines Tages zu einem Zwischenfall, der zum Glück ohne Folgen blieb. Der Alte hatte sich wohl samt Pferdeschlitten zu früh aufs Eis gewagt, jedenfalls brach sein Pferd ein und stand bis zum Bauch im flachen Wasser. Hilfe war nötig, denn das arme Tier konnte sich nicht allein aus seiner misslichen Lage befreien. Einige Dörfler packten mit an, und das Pferd gelangte nach etlichen Mühen ans trockene Ufer. Erhard A. bedankte sich, spannte das Pferd erneut vor den Schlitten und fuhr vor den Augen seiner fassungslos staunenden Helfer über den zugefrorenen See von dannen. Weniger Glück hatte ein älteres Starsower Ehepaar geraume Zeit zuvor. Die beiden Wasmunds hatten ihren Schlitten mit Brennholz beladen und gerieten im Dämmerlicht eines Spätwinterabends auf eine Stelle mit schwachem Eis. Von niemandem bemerkt, brachen beide ein und fanden den Tod.

Der Fehrling ist ein abgeschiedener See. Keine Ortschaft, kein einzelnes Gehöft befindet sich an seinen Ufern. Einzig drei schilfgedeckte Bootshäuser verweisen auf Menschenhand. Keinen Zeltplatz gibt es, kein Bootsanleger lädt zum Verweilen ein. Hier und dort lugt eine Wiese oder ein Stück Ackerland durch den Erlensaum, lässt sich ein Traktor oder die Motorsäge eines Waldarbeiters vernehmen. Die Abgeschiedenheit tut der Natur und ihren Bewohnern gut. Orchideen gedeihen auf den Uferwiesen, Fischotter huschen übers Wintereis zu ihren Tauchlöchern, Schwäne sind ganzjährig, Kraniche vom März bis in den Oktober hier zu Hause. Im Herbst machen südwärts ziehende Wildgänse auf dem Fehrling Rast. Kehren sie im Frühjahr zurück, dann landen sie in der Abenddämmerung mit viel Geschrei auf dem Eis des häufig noch zugefrorenen Sees.

In früheren Zeiten ging es am Fehrling lebhafter zu. Archäologen und aufmerksame Bauern haben auf dem Sandhügel zwischen dem See und der Landstraße Relikte einer frühzeitlichen Besiedlung aufgespürt. Einfache Werkzeuge aus Feuerstein, Tonscherben, Reste von Gebrauchsgegenständen, Arbeits- und Jagdgerätschaften waren darunter. Auch während der mittelalterlichen Ostsiedlung, dem Einströmen deutscher Siedler und deren Vermischung mit slawischen Bewohnern, gab es dort ein Dorf namens Verling, das schon Mitte des 13. Jh. urkundliche Erwähnung fand und irgendwann danach wüst gefallen war.

Noch interessanter waren Zufallsfunde im See, die wahrscheinlich mit jener Ufersiedlung zu tun hatten. Auf dem Unterwasserberg stießen Hobbytaucher auf symmetrisch im Seegrund angeordnete, mit Schlick gefüllte Vertiefungen, in denen sich tief unten vermodertes Holz befand. Offenbar waren es Pfahlreste, die auf einige im Wasser errichtete Bauten schließen ließen. Rußgeschwärzte Feldsteine fand man ebenfalls, sicherlich die Überreste einstiger Feuerstellen. Neben Tonscherben mit Rillenmustern, Spinnwirteln sowie gekerbten bzw. durchlöcherten Steinen als Senkgewichte für den Fischfang, sorgten die Fragmente eines bronzenen Armreifs für Aufsehen, dessen Alter Fachleute auf etwa 3000 Jahre schätzten. Alle diese Funde lassen vermuten, dass es sich um eine Zuflucht für die Uferbewohner handelte. Bei Gefahr im Verzug war man hier, umgeben vom Wasser, einigermaßen sicher und konnte sich Angreifern besser zur Wehr setzen. Irgendwann brannten die Holzbauten ab, verfielen oder wurden zerstört, und die Überreste sanken hinab auf den Seegrund.

Von der Landstraße nach Schwarz führte am Siedlungsplatz Hohenfelde einst ein Feldweg hinunter zum See. Dort entstand mit der Zeit eine schöne Badestelle. Die Dörfler rodeten das Schilf und bauten eine stabile Brücke mit Badeleitern und Sprungturm. Etliche Fuhren Sand sorgten für einen trittfesten Untergrund. Am Waldsaum kam ein Umkleidehäuschen hinzu, das bei gelegentlichen Strandparties auch als Ausschank diente. Am Ufer war viel Platz für umhertollende und im Sand spielende Kinder, zum

Sonnenbaden auf grüner Wiese oder für ein Kaffeekränzchen, denn ein paar rustikale Sitzgruppen hatte man ebenfalls aufgestellt. Wem an heißen Tagen die Sonne zusetzte, der fand am Waldrand rasch ein schattiges Plätzchen.

Die Starsower hatten sich viel Mühe gegeben mit ihrer Badestelle. Die örtliche LPG und die Leute vom Fahrzeugbau halfen mit Technik und Material, unzählige freiwillige Aufbaustunden kamen hinzu. An warmen Sommertagen zog es viele Familien ans Ufer des Fehrlings, Urlauber entdeckten das schöne Fleckchen und auch aus dem entfernteren Mirow traf man Badegäste an. Hin und wieder gab es ein abendliches Strandfest mit Schwein am Spieß, Bier und Musik. Die Dörfler hatten sich ein Sommerkleinod geschaffen, auf das sie stolz sein konnten.

Mit der Zeit verebbte das rege Treiben ein wenig. An heißen Sommertagen ging es dort auch weiterhin lebhaft zu, aber der Elan der Vorjahre war spürbar abgeklungen. Erst die Nachwendezeit brachte der Badestelle das endgültige Aus. Das hatte mit den Privatisierungen zu tun, die vielerorts in der einstigen DDR für Unruhe und Verbitterung sorgten. Der Döblerhof oben an der Landstraße gelangte mitsamt den bis ans Seeufer reichenden Ländereien in den Besitz eines Altbundesbürgers. Zäune entstanden, der Weg hinunter zum Strand wurde abgesperrt, Durchgang verboten. Damit erstarb an der Badestelle jegliches Sommerleben. Die Dörfler hatten in jener Zeit andere Sorgen, um sich dagegen ernsthaft zur Wehr zu setzen. Nähert man sich heute der früheren Badebrücke vom Wasser aus, stößt man alle paar Meter auf Schilder - Privatbesitz. Betreten verboten.

Auch am Nordkanal, der Name ist unter den Dörflern wenig gebräuchlich, entwickelte sich ein lebhaftes Geschehen. Hier entstanden nach und nach etliche Bootshäuser der Starsower Angler. Es waren zunächst einfache Bauten zum Unterstellen von Booten und Zubehör. Erst später begann man, einzelne Bootshäuser für Übernachtungen und längeren Verbleib herzurichten. Ende der 60er Jahre hatten sich die Petrijünger von der Nachbargemeinde abgenabelt und ihre eigene Ortsgruppe gegründet. Chef war der LPG-Vorsitzende Richard W. Die Bootshäuser standen auf Genossenschaftsland, kein Problem, Richard regelte es. Eigentums- und Nutzungsrechte an Grund und Boden sollten erst mit der Wende neue Bedeutung erlangen.

Der Starsower Verein regte sich, wurde größer und hatte bald in jedem Haus seine Mitglieder. Mehrmals im Jahr gab es Wettkämpfe, bei denen es um beste Fänge und auch um viel Geselligkeit ging. Das Frühjahrsangeln startete mitunter am Fischsoll. Der Fischreichtum des winzigen Gewässers war zwar überschaubar, aber es besaß einen rundherum führenden Feldweg. Auf dem umkreiste Gastwirt Heiner S. das Geschehen und hielt die Petrijünger mit Bockwurst, Schluck und Bier bei Laune. Mitunter folgte dem Preisangeln eine zünftige Dorfparty. Vorab ging es dabei arbeitsteilig zu. Maria K. hatte das Einlegen der Bratwürste und Kammkoteletts in der Hand, denn mariniertes Grillgut gab es damals kaum zu kaufen. Überhaupt war Grillfleisch mitunter rar, aber wozu hatte man Vereinsleute mit entsprechenden Beziehungen? Für ausreichend Getränke sorgten umschichtig die Männer, kein Problem, daran gab es auch früher keinen Mangel. Zum Abend hin stieg Gerd B. mit seiner Gitarre ins Geschehen ein. Er hatte die musikalische Begabung vom Vater „Tuba" Friedrich geerbt, und man staunte, wie viele neue und mitunter auch leicht frivole Lieder ihm nach etlichen Schnäpsen einfielen.

Es blieb nicht aus, dass an solchen Tagen spaßige Dinge passierten. So plumpste es eines Abends gewaltig, als Karin D. mit ihren mehr als zwei Zentnern ins Wasser fiel. „Aber-Aber", ihr etwas großspuriger Mann, wollte sie zu sich ins Boot holen, und dieses Manöver geriet vollkommen aus dem Ruder. Die korpulente Frau war bereits mit einem Bein im Boot, aber der Einsteigeschwung stieß das Gefährt vom Anleger weg. Ein Bein im Boot, eins noch an Land, der Spagat wurde immer größer, gellende Schreie ertönten, bevor alles in einem tosenden Wasserschwall erstarb. Mit vereinten Kräften wurde die schniefende und heulende Frau an Land gezogen, aber kaum einem der Retter gelang es dabei, ein ernstes Gesicht zu bewahren.

Auf einer anderen Party bekamen spätabends einige der schon recht trinkfröhlichen Teilnehmer Lust auf ein kühles Bad. Das war am Nordkanal schlecht möglich, also ab zur Dorfbadestelle am Schulzensee. Nun ja, keiner hatte Badesachen dabei, und ein wenig Geplänkel zwischen Männlein und Weiblein hatte es zuvor bei Wein, Bier und lustigen Geschichten auch schon gegeben. Das wiederum bereitete Ingrid L. Sorgen, der mit Tochter und Schwiegertochter gleich zwei der badelustigen Weibsbilder gehörten. Also ordnete sie an: Baden ja, auch nackend, wenn es sein muss, aber die einen links und die anderen rechts von der Brücke. Gesagt getan, die jungen Leute stürzten sich mit Geschrei ins kühle Nass. Mutter L. bezog derweil am Kopf der Brücke Stellung, scharf darauf achtend, dass es trotz finsterer Nacht zu keinen Grenzüberschreitungen kam.

Auf dem Fehrling waren vom Frühling bis spät in den Herbst die Starsower Angler anzutreffen. Ein, zwei Boote erblickte man immer am Schilfufer des Vorholms, auf dem Barschberg in der Mitte des Sees oder in den flachen Buchten am Nord- und Südende. Wenn man den Fehrling mit seinen Eigenheiten gut kannte und auch das richtige Wetter abpasste, blieb der Erfolg kaum aus.

Einer der Erfahrensten war Fritz P. Er besaß einen alten Angelkahn, der unter den schützenden Uferbäumen des Vorholms lag. Der betagte Schuster kannte sich auch gut mit einigen unerlaubten Fangmethoden aus. An bedeckten und windigen Herbsttagen liebte er das Hechteschleppen. Darren nannte er diese einfache Methode, wozu er lediglich etwas Angelschnur und einen altertümlichen, mit einem roten Wollpüschel drapierten Blinker benötigte. Zu zweit ging es aufs Wasser. Einer ruderte die Schilfkanten entlang, während Fritz P. mit der Schnur in der Hand hinten saß. Holl an Jung, he bitt all - rief er dem Ruderer zu, wenn es mächtig ruckelte und ein Hecht auf den Köder hereinge- fallen war. Nach ein, zwei Stunden gemächlichen Entlang- ruderns lagen stets einige stattliche Hechte im Boot.

Auch über das Hechtedröhnen, das schon die früh- zeitlichen Bewohner unserer Region kannten, wusste Fritz P. bestens Bescheid. Der Spätwinter war dafür die richtige Zeit, wenn größere Hechte bereits unter dem Eis laichten und klare Sicht auf den Seegrund herrschte. Hatte man im Flachwasser einen Hecht ausgemacht, schlug man mit dem Rücken einer schwere Axt kraftvoll aufs Eis. Die Druckwel- le betäubte den Fisch für kurze Zeit. Nun hieß es, rasch ein Eisloch zu schlagen und den Hecht zu fangen, bevor er zu sich kam und das Weite suchte.

Eine andere Begebenheit sollte unter den Dörflern für Heiterkeit sorgen. Der alte Schuster warf nämlich gern Aalschnüre, und zwar am liebsten vor dem bewaldeten Hügel zwischen Badestelle und dem Nordkanal. Auf der

Anhöhe befand sich eine Zeit lang ein NVA-Sommerlager. Zum Angeln und Baden hatten sich die Soldaten einen Behelfssteg gebaut, der bis heute unter den Einheimischen Soldatenbrücke heißt. Denen war das Treiben des alten Mannes nicht entgangen, und sie hatten auch die richtigen Schlüsse daraus gezogen. Jedenfalls sackten sie sich in aller Frühe die leckeren Aale ein und banden dafür einige der unter Anglern wenig geliebten Bleie an die Haken. Später kam der Schuster nicht aus dem Wundern heraus, keine Aale, dafür handlange Plieten an den Haken. Und die mussten ja, kaum zu glauben, auch die Köderfische verspeist haben. Das Ganze wiederholte sich, bevor der Schuster Verdacht schöpfte und seine Schnüre knurrend andernorts auswarf.

Nicht jeder Starsower Angler war ein Meister seines Fachs, und einige begannen sich erst spät für den See zu interessieren. Einer der Späteinsteiger war Paul L., der bis ins Rentenalter für die LPG-Pferde zuständig gewesen war und nun bei schönem Wetter gern auf dem Fehrling saß. Auch er fing seinen Fisch, aber die großen Erfolge wollten und wollten sich nicht einstellen. Eines schönen Sommertags aber sollte es klappen. Paul hatte drei gute Aale gefangen, als sich ein zweiter Petrijünger nach seinem Fang erkundigte. Stolz berichtete Paul und zeigte seinen Setzkescher in die Höhe. Ungläubiges Staunen, das Netz war leer. Schließlich entdeckten sie ein kleines Loch im Kescher, groß genug für die Aale, um sich zurück in die Freiheit zu winden.

Ein anderer, in die Jahre gekommener Angler war Bolek G. Dem gebrechlichen alten Mann war die Angelei beschwerlich geworden, so dass er nur noch gelegentlich mit seinem Nachbarn Günter W. am Fehrling erschien. Eines Tages waren beide mit dem Boot auf dem Wasser. Bolek hielt es auf den niedrigen Sitzbrettern nicht lange aus, weshalb Günter ihm einen Küchenstuhl in den Bug gestellt hatte. Heftiger Wind kam auf, und es war ratsam, die Angelei abzubrechen. Das Boot schlingerte in den Wellen, und als der zurückrudernde Günter sich kurz umsah, erblickte er nur noch die Beine seines kopfüber im Wasser verschwindenden Begleiters. Der tauchte zum Glück sofort wieder auf und hielt sich an der Bordwand fest. Was tun, Bolek war kein kleiner und schon gar kein leichter Mann. Ihn zurück ins Boot zu holen, das war aussichtslos. Also hielt er sich an der Bugspitze fest, und Günter ruderte seinen Begleiter langsam hinüber zur Badestelle. Vor den Augen einiger staunender Urlauber gelangen dort die Landung und der glückliche Abschluss dieses missratenen Angeltags.

Zu den häufig anzutreffenden Anglern gehörte auch Karl B. Er wohnte oberhalb der Badestelle auf dem Döblerhof. Als Schweizer in den LPG-Kuhställen musste er zeitig aus den Federn und hatte zwischen Früh- und Spätschicht einiges an Zeit. Zu Hause fand er wenig Ruhe, denn dort wartete seine Angetraute auf ihn, die sich eine unglaubliche Leibesfülle zugelegt hatte und kaum mehr ohne Hilfe gehen konnte. Auch etliche seiner zehn Kinder wohnten noch im elterlichen Haus. Wollte der Schweizer seine Ruhe haben, ging er hinunter zum See und angelte. Karl war ein nicht sehr großer, schmaler Mann, der totale Kontrast zu seiner voluminösen Frau. Beim Angeln vertraute er auf größte Sicherheit, so dass seine Ausstattung stets für Heiterkeit sorgte. Die Angelruten ähnelten derben Wäschestangen, die Sehne einem Kälberstrick, und die Haken groß genug für jeden Rekordfisch. Entsprechend bescheiden blieb seine Ausbeute, aber die war ihm vermutlich Nebensache. Zum Wettkampfangeln erschien Karl verspätet, weil er morgens in den Ställen zu tun hatte. Sein Einstieg ins Geschehen löste Gelächter aus, denn Karls Angel besaß eine Riesenpose, die Wellen schlagend und mit gehörig Krach aufs Wasser schlug. Nun wussten alle, Karl war angekommen.

Die Angler begannen mit der Zeit, das Dorfgeschehen zu prägen. Flankiert wurden sie von den ebenfalls mitgliederstarken DFD-Frauen unter Leitung der Postfrau Anni V. Gab es etwas zu erledigen, Bäume pflanzen, Grünflächen mähen, Gerümpelecken beräumen, die Angler waren stets mit etlichen DFD-Frauen zur Stelle. Auch größere Vorhaben packte man an. Ein kleiner Sportplatz mit Volleyballfeld und Fußballrasen entstand hinter der Gastwirtschaft, Badestellen wurden angelegt, Wege ausgebessert, Blumenrabatten gestaltet, die alte Friedhofshalle erneuert. Das Dorf bekam ein schmuckes Aussehen. Nach der Arbeit lief man nicht auseinander, sondern saß bei einem kleinen Umtrunk beisammen und freute sich über das Geschaffene.

Zu feiern gab es vieles. Einige Zeit stellten die Starsower eine bunte Maifeier auf die Beine, die auch viele Auswärtige anlockte. Der Anglerball im Spätherbst mit Tombola und Auszeichnung der Jahressieger gehörte zu den dörflichen Höhepunkten. Überhaupt, die Tanzabende im Dorfkrug besaßen Kultcharakter, waren immer ausgebucht, und kaum einmal kam es zu den sonst auf Dorffesten üblichen Rempeleien. Musik machte die Lehrerband mit Assi Winkler, Karl Lindner und den Kluges. Das war Originalmusik dicht am Publikum, keine der heutigen DJ-Dosenkost.

Allerdings gab es auf einer der Silvesterfeiern etwas Verwirrung, als die Lehrercombo verhindert war und ein Student der Strelitzer Ingenieurschule als DJ einsprang. Der hörte auf den schönen Namen Biber, was sogleich zu folgender Begrüßung führte: Man könne ihn ruhig Biber nennen, der Name habe nichts mit dem dicken Schwanz zu tun, sondern nur mit seinen etwas zu groß geratenen Zähnen. Die einen waren pikiert, die anderen lachten, jedenfalls kam rasch Stimmung auf, und die Feier verlief bis Mitternacht im gewohnten Rahmen. Aber nach dem Prosit Neujahr spielte die Musik ohne DJ in Dauerschleife, weil Biber verschwunden war. Er tauchte abgekämpft erst am Neujahrsnachmittag wieder auf. Wie sich herausstellte, hatte Tina H. ihm schöne Augen gemacht und war mit ihm durchgebrannt. Das Geschehen danach hatte eben seine Zeit gekostet.

Zurück zum Fehrling. Ursprünglich gab es nur einen Graben vom Nordufer zum kleinen Sührling, dem eigentlichen Abschluss der Seenkette. Ein Teil davon ist später zum fünf Meter breiten Nordkanal erweitert worden. Das hatte mit der Ziegelei zu tun, die es früher auf dem Pelsterhof gab, jenem ersten Gehöft rechterseits an der Landstraße nach Schwarz. Den Ton für die Rohlinge gewann man links des heutigen Weges hinunter zu den Bootshäusern. Bis in die 60er Jahre sah man die mit Wasser und Unrat gefüllten Grubenreste, bevor sie die örtliche LPG mit Erdreich auffüllte, planierte und Acker daraus machte. Die gebrannten Ziegel kamen hinunter zum Nordkanal, wo man sie auf Schuten verlud und übers Wasser abtransportierte.

Das alles ist lange her. Etliche Jahrzehnte ruhte das Wasser, der Kanal wuchs zu, verschlammte und war mit der Zeit kaum mehr passierbar. Bei Niedrigwasser hatten es die Boote schwer, hinaus auf den See zu gelangen. Herbert K. brachte schließlich Anfang der 80er Jahre die Sache mit dem Kanal in Gang. Als Grabenräumer lag er seinem Chef so lange in den Ohren, bis eine Schute samt Bagger erschien. Bald darauf war der Kanal wieder ausreichend tief. Den Aushub im Erlenbruch überdeckte nach kurzer Zeit üppiges Grün. Herbert wohnt nun schon lange auf dem Dorffriedhof, wie so viele der Angler aus früherer Zeit. Der Kanal, den die Bootshausleute heute wie selbstverständlich

nutzen, bleibt eine ständige Erinnerung an ihn.

Was ist anders geworden, seit jenen Zeiten, als am Fehrling und auch oben im Dorf ein reges Treiben herrschte? Das Leben selbst hat sich verändert, und das nicht nur zum Guten. Der Starsower Angelverein ging ein, und mit ihm erstarb das Leben dort unten am See. Viele befürchteten in den Nachwendejahren, dass ihren Bootshäusern auf dem nun wieder zum Pelsterhof gehörenden Uferstreifen Ungemach oder zumindest hohe Pachtforderungen drohten. Das erwies sich als unbegründet. Der Sohn des in den 50er Jahren gen Westen gezogenen Altbauern wollte in der alten Heimat neue Wurzeln schlagen und ansonsten seine Ruhe haben. Er ließ den Bootshausbesitzern am Nordkanal ihren Frieden und errichtete mit einigen Verwandten an Stelle aufgegebener Plätze eine eigene kleine Bootshaussiedlung.

Inzwischen sind die Altbundesleute die häufigsten Gäste dort am See. Einheimischen begegnet man nur noch selten. Den alten Anglern setzt die Gicht zu, oder sie sind verstorben. Nachwuchs gibt es kaum, auch weil viele der jüngeren Leute abgewandert sind. Etliche Bootshäuser beiderseits der kleinen Pelster-Kolonie sind verwaist, verfallen oder gehen erkennbar diesem Schicksal entgegen.

Auch oben in Starsow haben sich die Zeiten geändert. Das einst lebendige Dorf hat weit mehr als die Hälfte seiner Einwohner verloren. Dorfkrug, Konsum und Bäckerei, alle Zentren des früheren dörflichen Lebens, der täglichen Begegnungen und sozialen Kontakte gibt es nicht mehr. Heute ist der Friedhof zum bevorzugten Treffpunkt geworden. Die Dorfstraße ist so verwaist, dass man oft keine Menschenseele erblickt. Die verbliebenen Alt-Starsower haben sich tief in ihre Häuser zurückgezogen. Einige müssen jeden Euro umdrehen, um mit knappem Einkommen über die Runden zu kommen. Es reicht recht und schlecht für das Lebensnotwendige, mehr ist nicht drin. Andere haben es besser getroffen. Neue Möbel, aufpolierte Häuser, ein, zwei Autos auf dem Hof, hin und wieder schöne Reisen, aber leben sie damit besser, sind sie glücklicher als zuvor?

Geblieben sind vorwiegend die älteren Leute. Hier und dort sind ein paar Auswärtige hinzugezogen, häufig Jungrentner, die sich in der naturbelassenen Wald- und Seenlandschaft einen schönen Lebensabend versprechen. Etliche Häuser stehen seit Jahren leer, Symbole einer Zeit, die für das kleine Dorf nicht allzu viel Gutes verspricht.

Schwälbchen Lisa

Es geschah an einem Frühsommertag. Beim Spaziergang auf der Dorfstraße stießen wir auf die Trümmer eines Schwalbennests. Es handelte sich zweifellos um eines jener kunstfertig aus Lehm und Vogelspeichel gefertigten, an Mauern oder Balken geklebten Nester, wie man sie auf den Dörfern häufig antraf. Durch was auch immer, es hatte sich vom Dachüberstand eines Hauses gelöst und lag nun vor uns auf der Erde. Zwei nackte, tote Jungschwalben waren in den Überresten auszumachen, aber ein drittes winziges Lebewesen rührte sich und streckte den kleinen Schnabel in die Höhe. Es war völlig hilflos, umherstreunende Katzen hätten leichtes Spiel mit ihm gehabt. Die Schwälbchen mussten erst vor kurzem geschlüpft sein. Was tun? Unsere beiden kleinen Mädchen nahmen den Jungvogel behutsam auf, wärmten ihn und nahmen ihn mit nach Hause.

In der Küche erhielt der Neuankömmling seinen Platz. Ein Schuhkarton fand sich, ein wärmendes Polster ebenfalls. Alle paar Augenblicke kamen die Mädchen, um nach dem Schwälbchen zu sehen. Auch einen Namen hatten sie schon gefunden, Lisa sollte es heißen. Scheu und verängstigt drückte es sich in die Ecken seiner neuen Behausung. Sie reichten ihm Haferflocken und ein Wasserschälchen, mussten aber enttäuscht feststellen, dass nichts von alledem angerührt wurde. Was tun? Was und wie fressen gerade erst geschlüpfte Babyschwalben? Eine Lösung musste her, andernfalls würde Lisa verhungern.

In den Dörfern Mecklenburgs gab es damals viele dieser eleganten und sehr wendigen blauschwarz-weiß gefiederten Zugvögel mit den typisch gegabelten Schwänzen.

Sie kamen im Frühjahr aus ihren Winterquartieren in Afrika und blieben bis in den Frühherbst. An ruhigen Tagen sammelten sie sich dann auf den Strom- und Telegrafenleitungen, um bald darauf wieder auf die Reise gen Süden zu gehen. Ihre Nahrung bestand aus Fluginsekten, was sie zu Freunden der Bauern machte und zudem erklärte, weshalb sie ihre Nester mit Vorliebe in Viehställen bauten. Auch über das Wetter und seine Änderungen konnten sie Auskunft geben. Lag über uns ein Hochdruckgebiet, stiegen die Insektenschwärme mit der warmen Luft in die Höhe. Die Schwalben folgten ihnen, und ihre Flughöhe signalisierte anhaltendes Schönwetter. Segelten die Vögel dagegen tief über dem Erdboden, weil sich auch ihre Speisekammer auf Normalhöhe befand, war tiefer Luftdruck mit Regen im Anmarsch. Heute gilt ihr Bestand durch vielerlei menschliche Einflüsse als bedroht.

Den Schwalben hatten wir bei ihrem Treiben schon gelegentlich zugeschaut. Auch in unserem Hofstall nisteten einige der standorttreuen Vögel. Sie fütterten ihren Nachwuchs mit dem, was sie selbst erbeuteten und fraßen. Insekten für Lisa, ja, das musste die Lösung sein. Ein paar Fliegen waren schnell eingefangen, aber Lisa zeigte uns die kalte Schulter. Sie hatte das eigenständige Fressen ja noch gar nicht erlernt. Behutsam öffneten wir ihren Schnabel und füllten ihn mit einer Fliege. Sogleich schluckte das Vöglein die Nahrung gierig hinunter. Auch einige weitere Fliegen verschwanden auf diese Weise. Unsere Mädchen strahlten, endlich hatten sie für Lisa den Weg ins Leben gefunden.

Das gleiche Schauspiel vollzog sich nun an jedem der Folgetage: Fliegen fangen, Lisa mit Hilfe einer Pinzette füttern, und das alle paar Stunden. Nach kurzer Zeit hatten sich Kinder und Lisa so sehr aneinander gewöhnt, dass der kleine Vogel die Mädchen bereits mit weit geöffnetem Schnabel erwartete. Das Zwangsfüttern und das gelegentliche Tränken auf gleichem Wege hatten sich erledigt.

Mit der täglich größer werdenden Fliegenmahlzeit veränderte sich auch das Aussehen unseres kleinen Gastes. Der zarte, nackte Körper wuchs und kräftigte sich, ein weicher Flaum umhüllte ihn, und bald schon zeigten sich erste kleine Federnsprösslinge. Man konnte fast zuschauen, wie das Vogelkind sich auf den Weg machte, erwachsen zu werden. Von Tag zu Tag wurde das Federkleid üppiger und dichter. Lisa hatte inzwischen jegliche Scheu verloren, hüpfte und marschierte in ihrem Schuhkarton auf und ab, ließ sich ohne Angst aufnehmen und auf dem Finger umhertragen. Nicht mehr lange, dann würde sie wohl die ersten Flugversuche unternehmen.

Um ihr den Start ins Erwachsensein zu ebnen, platzierten wir einen hölzernen Kochlöffel quer über ihre Behausung. Und richtig, einige Tage später hatte sie erstmals auf dem schlanken Stiel Platz genommen. Sie schaute sich munter in der Küche um, verfolgte interessiert, was wir Menschen dort trieben und wartete auf die nächste Fliegenmahlzeit. Die Mädchen fanden es lustig, mit Kochlöffel samt Schwalbe in der Wohnung umherzugehen. Lisa fand offenbar ebenfalls Gefallen daran und gebrauchte bereits geschickt ihre Flügel, um die Balance zu halten. Dann war es soweit. Eines schönen Morgens saß das Vöglein weder in seiner Behausung noch auf dem Kochlöffel. Lisa war erstmals einige Meter weit geflogen und hatte ganz oben auf dem Küchenschrank Platz genommen. Nun gab es kein Halten mehr. Mit jeder Stunde häuften sich die Flüge. Nur zum Fressen kehrte sie auf ihren Kochlöffel zurück.

Wir wussten, dass nun der Abschied von unserer gefiederten kleinen Freundin nahte. Ihr Zuhause war die Natur, Lisa sollte ja in das freie, ungebundene Leben ihrer Artgenossen zurückkehren. Große Traurigkeit herrschte, als wir sie mit ihrer vertrauten Behausung draußen auf die Terrasse stellten. Lisa sollte selbst entscheiden, wann sie uns verlassen wollte. Eine ganze Weile beobachtete sie das Geschehen um sich herum, die Sonne, das Gewisper der Blätter im Wind, die Vogelstimmen in den Bäumen. Plötzlich breitete sie ihre kleinen Flügel aus, drehte ein, zwei Runden über unseren Köpfen und war verschwunden. Schweren Herzens räumten die Mädchen das Vogelquartier von der Terrasse. Eine Episode mit einem liebgewonnenen Tier war zu Ende gegangen. Oder doch noch nicht?

Der Abend war bereits angebrochen. Wir kamen mit den Mädchen vom Badesee zurück, als uns klägliche Vogellaute empfingen. Lisa saß wie ein Häuflein Unglück hoch oben auf dem First und wusste offenbar nicht weiter. Ich kletterte auf den Dachboden, öffnete eine Luke und streckte die Hand hinaus. Sofort kam das Schwälbchen angeflogen und setzte sich in meine Hand. Gerettet, geborgen, von Wärme umfangen, das mögen in dem Moment vielleicht ihre Empfindungen gewesen sein.

Aber es gab auch eine andere, näherliegende Erklärung. Lisa hatte einfach unglaublichen Hunger. Schwalbeneltern ernähren ihren Nachwuchs nach dem Verlassen des Nests noch eine Weile, und so lagen die Dinge offenbar auch hier. Unser Vöglein konnte nun zwar fliegen, aber für die selbständige Futtersuche reichten die Kräfte und die Erfahrungen wohl noch nicht aus. Mit glänzenden Augen richteten die Mädchen Lisas Küchenquartier erneut her, glücklich darüber, dass die Zeit mit ihrer liebgewonnenen Gefährtin doch noch eine Fortsetzung fand. Lisa ließ sich verwöhnen und vertilgte unzählige Fliegen. Auch an den folgenden Tagen fühlte sie sich wohl im Haus, flatterte hierhin und dorthin, ließ sich von den Mädchen umsorgen und ignorierte das offenstehende Küchenfenster.

Dann kam der Tag des endgültigen Abschieds. Wir hatten ihre Wohnstätte erneut hinaus auf die Terrasse gebracht. Lisa flog davon, landete aber bald darauf wieder auf ihrem vertrauten Kochlöffel. Die Fliegenmahlzeiten waren zu verlockend. Dann wurden die Ausflüge länger, bis schließlich die Heimkehr ausblieb. Lisa hatte in die Natur zurückgefunden. Fortan beobachteten wir aufmerksam die Schwalben in unserer Nähe. Das ist Lisa, riefen die Mädchen, wenn einer der wendigen Vögel uns im Flug fast streifte. Noch Jahre später glaubten wir, dass uns eine der heimkehrenden Frühlingsschwalben besonders nahe kam, gerade so, als ob Lisa uns auf ihre Weise begrüßen wollte.

Landregen

So nennt man bei uns und anderswo den lang an-
haltenden, nicht allzu starken, in seiner Intensität stets
gleichbleibenden Regen. Er kann etliche Stunden, mitunter
auch Tage andauern. Wenn't Blosen rägnt, rägnt' noch dree
Dooch, wussten die alten Leute. Mehr als ein Sommergewit-
ter, dessen Wassermassen das Erdreich überfordern, an der
Oberfläche ablaufen oder sich in riesigen Pfützen sammelt,
ist der Landregen gut für die Natur. Er gibt dem Boden ausreichend Zeit, all das Wasser aufzunehmen, das ebenmäßig
herabregnet. Der Boden wird durchfeuchtet, die Pflanzen
gedeihen, und was ihre Wurzeln nicht aufnehmen können,
versickert in tiefere Erdschichten. Dort füllt der Regen das
Grundwasser auf, ein ewiger Kreislauf der Natur.

Die eintönig-grauen Regentage werden gemeinhin
als bedrückend und öde empfunden. Aber sind sie es wirklich, immer und zu jeder Zeit? Gewiss, mitunter kommen
sie zur Unzeit, aber oft genug sind sie für die Natur und
die Menschen, die von ihr leben, ein wahrer Segen. Groß-
städtern, die ihr Brot im Supermarkt kaufen und nicht lange nach dem Woher fragen, sind Regentage eher lästig. Sie
erschweren den Weg zur Arbeit, vermiesen den Feierabend
oder gar einen ganzen Urlaubstag, zwingen die Menschen,
in ihren Wohnungen zu bleiben und schlagen vielen aufs
Gemüt. Da freut man sich auf jeden Schönwettertag mit seinen heiteren Seiten des Lebens. Das alles kann man verstehen. Geradezu abartig ist dagegen der Jubel mancher TV-
Moderatoren, mit dem sie nach wochenlanger Trockenheit
im Frühstücksfernsehen einen erneut wolkenlosen Himmel
verkünden. Toll, ein herrlicher Tag mit ganz viel Sonne er-

wartet uns! Dabei müsste doch selbst dem Dümmsten ein Licht aufgehen, dass ein Schönwetterhimmel über einem ausgedörrten Land kein Glücksfall sein kann.

Dörfler leben in täglicher Nähe zur Natur und sehen die Dinge mit etwas anderen Augen. Sie begrüßen einen Regentag nach langer Frühjahrstrockenheit wie eine Erlösung. Die Saaten auf den Feldern, die vielleicht schon erste Dürreschäden aufweisen, können sich erholen. Das Grün auf den Wiesen und an den Straßenrändern, das in der Trockenheit grau und fahl zu sprießen begonnen hat, bekommt eine frische Farbe. Der Staub verschwindet, die Luft wird klar und rein, prall gefüllt mit würzigem Frühjahrsduft. Es ist, als atmeten die Pflanzen und Tiere und mit ihnen die Menschen befreit auf. Ja, nun kann es für die Natur doch noch ein normales, vielleicht sogar ein gutes Jahr werden.

Wassich Wääder, stellten die alten Bauern einst an einem Mairegentag zufrieden fest, denn in der Wachstumsphase des Getreides ließ der Regen die Aussicht auf eine gute Ernte ansteigen. Der Boden legte Reserven an, und die Pflanzen waren besser vorbereitet auf die Trockenzeiten, die der Sommer häufig ins Land brachte. Mitunter konnte es auch zu viel werden mit dem Frühjahrsnass. War der Winter schneereich und das Tauwetter noch im Gange, verwandelte allzu viel Regen die Äcker in tiefen Morast. Die Frühjahrsbestellung verspätete sich, ebenso die Arbeit in den Gärten. Das Wasser in den Seen stand so hoch, dass Brücken und Stege überflutet wurden und manche Angler Mühe hatten, ihre Kähne aus den Bootshäusern zu bugsieren. Es ist sogar vorgekommen, dass der Pegel des Lärzer Kanals über das obere Schleusentor hinaus anstieg. Dann bestaunten die Mirowdorfer den rauschenden Wasserfall, der sich über das geschlossene Tor hinweg in die Schleusenkammer ergoss.

Wie sind die Schulkinder in früheren Zeiten mit Regentagen umgegangen? Sauwetter, hieß es am Morgen, bevor es zur Schule ging. Niemand freute sich über den Landregen, die Einsicht der Erwachsenen lag den Kindern allzu fern. Regenschirme für Schüler gab es kaum, auch Ölzeug und andere regenfeste Kleidung waren rar. Autos besaßen die wenigsten Familien, und wenn, niemand wäre auf die Idee gekommen, seine Kinder frühmorgens zur Schule zu kutschieren. Also raus in den Regen und schnellstens im Trab zur Schule. Im Klassenzimmer kamen die Jacken und Mäntel an die Kleiderhaken, die sich an einer Längsseite des Raumes befanden. Hier hatten sie bis zum Schulschluss Zeit zu trocknen. War der Sommer noch ein Stück weit entfernt, half ihnen der Kachelofen dabei. Die Feuchtigkeit der Regenkleidung, das prasselnde Kohlenfeuer, die ölgetränkten Holzdielen, all das mischte sich zu jenem Klassenzimmergeruch, den man zeitlebens in Erinnerung behält.

Nach der Schule gelang es dem Regen kaum mehr, die Kinderstimmung zu trüben. Hausaufgaben hatten Zeit bis zum Abend, draußen warteten schon die Freunde. Es gab so viel Schönes, die Zeit gemeinsam zu verbringen. In den Scheunen und auf Stallböden konnte man Verstecke spielen, von hohen Balken ins Stroh springen oder andere Mutproben machen. Oder man saß beisammen und lauschte der eintönigen Melodie des Regens, fühlte sich im Trockenen geborgen, erzählte Geschichten oder besprach die nächsten Vorhaben. Mädchen und Jungen waren häufig gemeinsam unterwegs. Man witzelte übereinander und hatte Spaß daran. Lachsalven halfen, Brücken zu bauen und

Nähe zu schaffen. Das andere Geschlecht steckte voller Geheimnisse, die noch zu entdecken waren. Vielleicht begann gerade in solchen Stunden die erste, noch kindlich-unschuldige Liebelei, die kaum mehr war als der Austausch bedeutungsvoller Blicke. Mitunter vergaßen die Kinder in solchen Regenstunden die Zeit, und erst die anbrechende Dunkelheit setzte dem Ganzen ein Ende.

Irgendwann endete die Zeit des Ströpens, der Scheunen und des Höhlenbauens. Nun zählte man sich schon zu den Großen, begann Karten zu spielen und sprach über das andere Geschlecht mit Kennermine. Erste Zigaretten und ein heimlich stibitztes Bier wurden ausprobiert und zunächst gar nicht so toll gefunden. Das eigene Zuhause mieden an Regentagen auch die Heranwachsenden gern, denn hier konnten einem elterliche Aufträge drohen.

Wat denn enen sien Uhl, is denn annern sien Nachtigall, das wusste schon Fritz Reuter mit Blick auf das Sommerwetter zu berichten. Und tatsächlich, ein Regentag im

August konnte ein Segen für die dürstende Natur sein, gleichzeitig aber ein Graus für jene Bauern, die mitten in der Getreideernte steckten. Er bedeutete Zeitverlust, zusätzliche Arbeit und auch Qualitätseinbußen, wenn der Regen anhielt. Vor dem Aufkommen der Mähdrescher wurde das Getreide mit Sensen oder Mähbindern gemäht und anschließend zum Durchtrocknen in Hocken gesetzt. Nach einem Regentag mussten die durchnässten Hocken eingerissen werden, damit Sonne und Wind ihr Werk besser vollenden konnten. Danach setzte man die Hocken neu. Das Getreide musste richtig trocken sein, ansonsten würde es in den Scheunen schimmeln und faulen. Wenn es hart kam, war diese zeitraubende Mehrarbeit mehrmals zu wiederholen. Es gab schlimme Regenjahre, in denen die Getreidekörner durch die fortdauernde Nässe bereits in den Ähren wieder auszutreiben begannen, ein Schaden, der nur durch sofortiges Ausdreschen und Verschroten des angekeimten Korns zu Viehfutter zu begrenzen war.

In der Erntezeit wurden Kinder überall gebraucht. Mit neun, zehn Jahren sah man sie beim Aufhocken des Getreides oder in den Scheunen, um die Garben bis in die entlegensten Ecken zu bugsieren. Regentage unterbrachen diese mit Pflichten angefüllte Kinderzeit. Gewiss, sie registrierten die sorgenvollen Erwachsenenblicke, aber es überwog die heimliche Freude über die unverhoffte Pause. Die Feldarbeit ruhte, und nun konnten auch die Bauernkinder einige Ferienfreuden genießen. An solchen Tagen waren die kleinen Angler unterwegs, zu denen auch ich gehörte. Bis heute ist es so, dass ich am liebsten an Regentagen auf dem Wasser bin. Wenn in der Kinderzeit besonders schlimmes Wetter aufzog, habe ich mich mit einem Buch in eine entlegene Ecke verkrochen, den Regen aufs Dach prasseln lassen und eine spannende Geschichte gelesen.

Mit dem Herbst begannen die kürzeren Tage des Jahresausklangs. Nebel, Regen und die ersten Stürme kamen ins Land. Das Novembergrau hüllte die Landschaft in ein diffuses Zwielicht, das bereits am Nachmittag in die Abenddämmerung überzugehen schien. Auch auf den Bauernhöfen ging es nun etwas gemächlicher zu. Die Feldarbeit war mit Kartoffel- und Rübenernte, mit dem Pflügen und dem Ausbringen der Wintersaaten erledigt. Das gleichmäßige Rauschen des Landregens ließ manchenorts Melancholie aufkommen. Die alten Leute saßen am Fenster, schauten in den grauen Regentag und erinnerten sich vielleicht an die lichten Zeiten ihres langen Lebens.

Auch die Kinder blieben dann gern im Haus. Das prasselnde Feuer in den Stubenöfen verströmte wohlige Wärme. Vielleicht schmorten auch schon erste Bratäpfel duftend in der Ofenröhre. Hin und wieder ging ihr Blick hinaus in den Regentag, denn es sollte kälter werden. Und richtig, gegen Abend mischten sich erste Schneeflocken in das eintönige Novembergrau. Sie wurden jubelnd begrüßt, auch wenn sie nur flüchtige Vorboten des nahenden Winters waren. Entstand daraus gar ein dichter Flockenwirbel, legte sich binnen kurzem eine dünne Schneedecke über das Land. Auch wenn sie bald wieder verschwunden war, es reichte für einen Schneemann im Garten oder eine freundschaftliche Schneeballschlacht mit den Nachbarskindern. Nun konnten bald die Schlitten und Skier hervorgeholt wurden, und die Weihnachtszeit begann.

Wege übers Land

So hieß ein legendärer Film des DDR-Fernsehens aus den 60er Jahren, dem Manfred Krug, Ursula Karusseit, Armin Mueller-Stahl, Angelica Domröse und andere gehörig Gewicht verliehen hatten. Hier aber geht es um die vielen Landwege, die unsere Gegend einst durchkreuzten. Sie verbanden Dörfer, führten hinaus in die Feldmark und Wälder, oder sie verkürzten einfach den Weg von einem Ort zum anderen und fanden dafür ihre eigenen Verläufe. Meistens besaßen sie Gabelungen oder verzweigten sich, so dass auf diese Weise immer neue Zielpunkte entstanden.

Bis in die 50er Jahre besaßen nur Lärz, Retzow und Granzow eine feste Straßenanbindung zur nächstgelegenen Kleinstadt Mirow. Alle anderen Dörfer rundherum erreichte man nur über zerfurchte Landwege, auf denen nach einem Gewitterguss riesige Pfützen standen. Wenn das Frühjahrs-Tauwetter einsetzte, oder bei herbstlichem Landregen, wurden sie mitunter sogar unpassierbar. Dann musste man auf die angrenzenden Ackerstreifen ausweichen. Auf diese Weise entstanden mit der Zeit parallele Wegstrecken, die als Ausweichstellen immer wieder in Gebrauch kamen.

Viele Landwege sind mit den Jahren verschwunden. Die Dörfer erhielten gepflasterte und später bitumierte Straßen. Andere Wege gerieten in Vergessenheit, Gras wuchs in den Fahrspuren, und die Natur nahm sich zurück, was Menschenhand ihr einst entrissen hatte. Alle zusammen, die verschwundenen wie die gebliebenen Landwege haben viel zu erzählen über die Gegend und über die Menschen, die auf ihnen unterwegs waren.

Die Starsower Dorfstraße bestand bis in die 60er Jahre hinein aus festgefahrenem Sand. Im Sommer staubte es bei Trockenheit in die Fenster hinein, und an Regentagen war man am besten in Gummistiefeln unterwegs. Erst als die örtliche LPG von der stärkeren der Nachbargemeinde übernommen worden war, erhielten auch die Starsower ihre bitumierte Dorfstraße. Dafür hatte der umtriebige Vorsitzende Wilfried H. gesorgt, der zusätzlich zur Landwirtschaft allerlei Nebengewerbe installiert hatte. Solcherart Beweglichkeit war nicht überall gern gesehen, passte sie doch schlecht in das starre Korsett der Direktiven, Pläne und Kennziffern. Daher geriet der Vorsitzende mit den Oberen in Konflikt und sogar für einige Zeit ins Gefängnis.

Aber die Dörfler besaßen nun ihre eigene feste Straße. Nur die Ruh mit ihren wenigen Häusern blieb weiterhin Sandweg. Der Bitumen war an trockenen Sommertagen auf die Dorfstraße aufgetragen worden, ganz ohne Tragschicht und anderes aufwändiges Drumherum. Und sie hält bis heute tadellos, trotz der Traktoren und Forstfahrzeuge, die gelegentlich durchs Dorf rollen. An den letzten Häusern zum Mirower Holm hin endete damals die neue Straßenherrlichkeit. So ist es bis heute geblieben. Ab hier regiert wieder der alte Sandweg, wenngleich nun Splitt die schlimmsten Unebenheiten glättet. Schon kurz hinter dem Dorf gabelt er sich, und nach rechts gelangt man über karge Sandäcker in die Kiefernwälder des Vorholms.

Früher war das ein ausgedehnter Hochwald. Jetzt begleiten Schonungen und Stangenholzbestände den Weg, hier und dort auch einzelne Birken und Jungeichen. Der Vorholm erstreckt sich bis zur schmalen Landbrücke zwischen Schwarzer und Zotzensee. Zuvor aber führt ein Abzweig nach rechts hinunter zum Fehrling, dort ein Stück weit entlang des idyllischen Seeufers, überquert auf einer Holzbrücke die Bäk und endet im Nachbardorf Schwarz.

Der Hauptweg führt zum Forsthof Holm. Linkerhand bleibt der Wald zurück und gibt den Blick frei auf den großen Zotzensee. Das Forsthaus zwischen Ufer und Weg ist mit seiner schönen Fachwerkscheune Anfang des 20. Jh. gebaut worden. Bis dahin wohnte der Förster im einige Kilometer entfernten Starsow. Es war einsam hier draußen, aber man lebte inmitten der herrlich unberührten Natur und hatte die Arbeit direkt vor der Tür. Zur Aufbesserung der kargen Entlohnung besaß der Förster ein begrenztes Fischereirecht. Auch eine kleine Landwirtschaft gehörte zum Hof. Mit der Zeit kamen am Ufer ein paar Ferienhäuser hinzu, so dass es heute etwas lebhafter dort zugeht.

Einer der letzten Holmförster war Walter M., ein gutmütiger, nicht mehr ganz junger Mann, der den Dörflern Holz zuwies, das sie sich im Winter für ihre Stubenöfen schlagen konnten. Auch bei kleinen Waldfreveln drückte er ein Auge zu. Mich erwischte er einmal im Vorholm, als ich im Jungholz dabei war, einige Kiefernstangen für mein Bootshaus zu schlagen. Lot dat Holt mol nich to lang lingn, riet er mir, stieg zurück auf sein Moped und fuhr davon.

Gleich hinter dem Forsthof verschwindet der Weg in den Mischwäldern des Mirower Holms. Die unbewohnte, etwa tausend Hektar große Halbinsel ist mit ihren Buchen- und Eichenbeständen eines der schönsten Naturziele Südmecklenburgs. Hierher, fernab der nächsten Dörfer, flohen Anfang Mai 1945 viele Einheimische aus Furcht vor der Roten Armee. Heute sind die malerisch bewaldeten Uferzonen, die an verschiedenen Stellen steil ins Wasser abfallen, beliebte Touristenziele. Camper, Radler und Wanderer sind gern hier unterwegs. Die verzweigten Waldwege führen zu kleinen Zeltplätzen, und in den verschwiegenen Buchten machen Wasserwanderer für einige Zeit Rast.

Der Holm wird von einer malerischen Seenkette umschlossen. Sie beginnt im Osten mit Zotzensee und Peetscher Mössen. Daran schließen sich im Süden Vilz-, Adler- und Zethnersee an. Im Westen vollenden der Schwarzer und zum Schluss der Fehrlingsee die Umkreisung der Halbinsel. Genau genommen handelte es sich früher sogar um eine Insel, denn gleich hinter dem Forsthof durchschnitt ein Fließ die Landbrücke zwischen Schwarzer und Zotzensee. Sein letztes Stück zum Zotzensee hin ist inzwischen verlandet und kaum noch auszumachen. Was kaum jemand weiß, verborgen hinter Weidengestrüpp und dichtem Erlenwald macht das Fließ Halt in einem kleinen Waldsee. Das ist der Kliedsee, kaum hundert Meter im Durchmesser, aber dennoch interessant für Angler.

Ich wohnte bereits einige Zeit in Starsow, als ich den See entdeckte. Im Sommer bin ich gern frühmorgens dort unterwegs gewesen. Bis ans Ufer erstreckte sich schwer zugängliches Sumpfland. Die Angeln im Wasser, die Stille des Waldes, Dunstschwaden über dem spiegelglatten See, die ersten, durch die Baumwipfel brechenden Sonnenstrahlen, das Erwachen der Vogelwelt, alles das war Natur pur und bleibt mir für immer in Erinnerung. Einige Jahre nach der Wende ist das gesamte Areal bis an den Hauptweg heran unter Naturschutz gestellt worden. Es handelt sich offenbar um eines der Verlandungsmoore. die es zu schützen gilt. Schade, selbst das Betreten ist heute verboten.

Wer dem Landweg aus Starsow heraus an der ersten Gabelung nach links folgt, der gelangt nach einem knappen

Waldkilometer zur Schweinebrücke. Dem seit langem nicht mehr ausgebesserten Weg sieht man an, dass hier nur noch selten ein Fahrzeug unterwegs ist. Bäume und Gestrüpp reichen bis an die Fahrspur heran, die unter einer dichten Grasnarbe nur noch mühsam auszumachen ist.

Das war früher anders. Solange Autos, Traktoren und Pferdefuhrwerke die Brücke passierten, herrschte auf dem Sandweg ein reger Verkehr. Einheimischen wie Urlaubern war er eine naturschöne Alternative zur festen Straße, die über die Schleusenbrücke nach Westen führte. Wer Zeit und ein Auge für die Landschaft mitbrachte, der wählte gern diesen Weg „hinnerrüm", wie ihn die Dörfler nannten. Die Holzbrücke wurde in den 90er Jahren erneuert. Seitdem ist sie schmal und nur noch für Fußgänger oder Radwanderer passierbar. Sie überquert die Müritz-Havel-Wasserstraße an ihrer engsten Stelle. In alten und neueren Landkarten heißt sie Hohe Brücke, aber für die Einheimischen bleibt sie die Schweins- oder mehr noch die Schweinebrücke.

Wie nachzulesen ist, gab es sie schon im Mittelalter. Mirower Ackerbürger trieben einst ihre Tiere über die Brücke in die Holmwälder. Damals war die Waldmast, bei der Schweine sich unter den Eichen und Buchen selbst ihr Futter suchten, gang und gäbe. Später überquerte die alte Poststraße von Neustrelitz über Mirow nach Wittstock und weiter nach Hamburg hier die Gewässerkette. Auf dem Platz des heutigen Bauernhofs ließ das herzogliche Amt Mirow im 18. Jh. eine Zollschranke errichten, weil Reisende und Händler gern den verschwiegenen Weg einschlugen, um sich die Mirower Zollstelle am Seestern zu ersparen.

Vor der Erneuerung besaß die Schweinebrücke eine breitere Fahrspur und einen stabilen Belag aus Holzbohlen. Die beiden in die Uferböschung eingebauten Widerlager aus gebrannten Ziegeln ließen nur eine schmale Durchfahrt frei, so dass Lastkähne und Ausflugsdampfer an dieser Stelle gehörig aufpassen mussten. Auf beiden Seiten führte eine Aufschüttung hinauf auf die Brücke, um eine ausreichende Durchfahrtshöhe für den Schiffsverkehr zu schaffen. Die Auffahrten waren sogar gepflastert, um Schäden durch Verkehr oder Regengüsse zu verhindern.

Beiderseits zeigten Warnschilder eine maximale Belastung von fünf Tonnen an. Das hinderte weder schwere Forstfahrzeuge noch Traktoren mit beladenen Anhängern, die Holzbrücke zu passieren. Sogar Vierzigtonnen-Panzer der Roten Armee sollen über die Brücke gedonnert sein. Sie hat es klaglos hingenommen. Ein Spaßvogel meinte damals, das alles sei für die betagte Brücke viel zu schnell gegangen. Bevor sie auf das Riesengewicht reagieren konnte, seien die „Freunde" schon darüber hinweg gewesen.

Überhaupt hatten Fahrzeuge der Roten Armee gelegentlich Schwierigkeiten mit den Wegen. Viele der Älteren erinnern sich, wie in einer Augustnacht 1968 gleich drei Panzer auf der Mirower Schleusenbrücke durchs Geländer krachten, von denen einer im Kanal und einer rechts davon auf den Schienen des Bootstrailers landete. Der dritte hing zwischen Brücke und Schleusentor in der Luft. Anderntags verfolgten tausende Schaulustige die Bergung der Kolosse. Schlecht erging es auch einem SPW, der wohl auf Schnapstour unterwegs war und einer Streife zu entkommen suchte. Vermutlich kannte der Fahrer den Schleichweg über Starsow zur Schweinebrücke nur vom Hörensagen. Jedenfalls bog der Muckerbus, wie er unter NVA-Wehrdienstlern hieß, in der Dunkelheit zu früh nach links ab und verfehlte den richtigen Weg durchs Dorf. So kurvte er hinter den Hausgärten geradewegs hinunter in die Pechgraben-wiesen, wo er rasch bis zur Hälfte im Morast verschwand. Die Bergungsaktion war anderntags erst erfolgreich, als die Rote Armee mit schwerer Technik anrückte.

Die in Sachen Alkohol, Besoldung und anderem kurz gehaltenen Rotarmisten fanden dennoch Wege, zu Geld zu kommen. Der Handel mit Benzin, Kofferradios, Goldringen, Uhren und militärischer Ausrüstung florierte bis zum letzten Tag. Gelegentlich nahm man auch die Brechstange zur Hand. So zeigte sich der Dorfkonsum in Zempow nach mehrmaligen Einbrüchen vergittert wie ein Hochsicherheitstrakt. Hier hatten die Durstigen sogar mit einem Laster rückwärts fahrend das Schaufenster einge-drückt, um anschließend die Schnapsregale leerzuräumen.

Außer gelegentlichen Alkoholdelikten blieb Kri-minelles von Rotarmisten aber die Ausnahme. Kurz nach Kriegsende war das gewiss noch anders, wie Ältere erzähl-ten. Später hatten die einfachen, unter strengster Bewa-chung in den Militärobjekten gehalten Soldaten kaum mehr Gelegenheit, mit Einheimischen in Kontakt zu kommen. Aufregung brach aus und blieb auch der Zivilbevölkerung nicht ganz verborgen, wenn ein Soldat mitsamt Waffen de-sertiert war. Gelang es den Suchtrupps, ihn aufzustöbern, wurde er mitunter einfach zusammengeschossen.

Zurück zur Schweinebrücke. Hier hatte vor langer Zeit mein alter Freund Herbert K. mit seinen Grabenräu-mern zu tun. Dabei stießen sie auf einen umfangreichen Münzschatz. Den Prägungen nach mussten die Münzen in den Wirren des Dreißigjährigen Krieges vergraben worden sein, als Landsknechte plündernd durch unsere Gegend zogen. Die Besitzer sind damals vermutlich ums Leben gekommen oder waren Hals über Kopf geflohen. Jedenfalls geriet die Sache in Vergessenheit, bis ein Zufall Jahrhunderte später die Münzen ans Tageslicht brachte.

Direkt unterhalb der Brücke liegt nach Mirow zu der Ferienhof Hohe Brücke. Auch diesen Wohnplatz gibt es schon seit Jahrhunderten. Die einstige Zollstation gehörte später dem Mirower Fischer Dinse. Mitte der 30er Jahre kaufte es der Granzower Freischulze Willi Reinke, weil die Nazis sein Heimatdorf als Bombenabwurfplatz der Erprobungsstelle Rechlin plattmachen wollten. Einige Zeit nach der Wende wurde das idyllische Anwesen verkauft und zu einem Ferienhof gemacht. Mit der Abgeschiedenheit und Ruhe könnte es dort aber bald vorbei sein, denn unweit davon soll künftig die Mirower Umgehungsstraße verlaufen.

Dieses seit über zwanzig Jahren auf der Stelle tretende Vorhaben läuft von Beginn an auf der falschen Spur. Von der B 198 kurz vor Mirow kommend, soll die Straße in weitem Bogen südwärts um Mirow herum führen und unweit der Schweinebrücke die Wasserstraße überqueren. Von dort geht es hinter den Starsower Dorfgärten unter Querung zweier weiterer Straßen und des Lärzer Kanals zurück zur B 198 oberhalb von Mirowdorf. Das Ganze entwickelt sich mit ca. zehn Kilometern Länge, zwei Wasserhindernissen und etlichen Straßenüberquerungen zu einem klassischen Beispiel für behördlich-öffentliche Geldverschwendung. Dabei müsste ein Blick auf die Landkarte genügen, um eine nördliche Ortsumgehung zu favorisieren. Etliche Kilometer weniger Straßenbau, eine Wasserquerung statt zwei, kaum Ortschaftsnähe mit all den sattsam bekannten und berechtigten Bürgerprotesten, ganz viel eingespartes Geld, all das wäre möglich gewesen. Gewiss sind Außenstehenden nicht alle Planungsdetails und Beweggründe bekannt. Aber auch hier gilt offenbar die Devise, der Unsinn muss durch, koste es was es wolle.

Nochmals zurück zur Schweinebrücke. Nach wenigen Schritten weist eine erneute Weggabelung geradeaus nach Mirow. Man erreicht die Stadt gewissermaßen durch die Hintertür, über den Peetscher Weg oder die Rheinsberger Straße. Auf dem Ilsenberg, der flachen Anhöhe vor der Bahnlinie, stand bis ins 20. Jh. hinein eine Windmühle. Zuvor aber passiert man den Weinberg. An diesem nach Süden offenen Abhang ließ die Mirower Johanniterkomturei schon im Mittelalter Wein anbauen. Allerdings fand dessen Qualität wenig Begeisterung, denn die Ordensbrüder sprachen stets von saurem Mirowschen Wein. An gleicher Stelle befand sich später ein weitläufiger Obstgarten, von dem noch einige traurige Baumreste zu sehen sind. Bei Eis und Schnee war der Weinberg früher ein beliebtes Ski- und Rodelareal. In der sonst flachen Gegend besaß er für Einheimische fast schon alpinen Charakter.

Von Nord nach Süd führt ein Hohlweg durch den Weinberg. Hier ereigneten sich 1945 in den letzten Kriegsstunden nochmals verlustreiche Kämpfe. Die Wehrmacht war hinter die Müritz-Havel-Wasserstraße zurückgegangen und versuchte von dort aus, das Vordringen der Roten Armee aufzuhalten. Dazu hatte 8,8 cm-Flak auf dem Mühlenhügel zwischen Starsow und Mirow Stellung bezogen. Als T-34 Panzer durch den Hohlweg zur Schweinebrücke vorrückten, um an dieser Engstelle die Wasserstraße zu überqueren, wurden sie in direktem Richten unter Beschuss genommen. Einige der ausgebrannten Panzer lagen noch lange nach Kriegsende auf dem Weinberg, bevor man sie irgendwann beseitigte. Die gefallenen Rotarmisten gehörten wahrscheinlich zu denen, die auf dem Mirower Soldaten-friedhof ihre letzte Ruhe gefunden haben.

An der Weggabelung hinter dem Ferienhof Hohe Brücke führt ein Sandweg über die Felder nach Peetsch, früher ein gern genutzter Schleichweg der Peetscher Dorfjugend. Ihr Ziel war der Starsower Dorftanz, auf dem in den 60er und 70er Jahren immer einiges los war. Die Peetscher Sandhasen, wie sie unter den Starsowern freundschaftlich hießen, gehörten dort zu den Stammgästen. Nun war es schon damals so, dass Alkohol auf öffentlichen Straßen unter Strafe stand, und das galt mehr als heute auch für Radfahrer. Deshalb kamen die Peetscher über die Schweinebrücke, ließen es im Starsower Dorfkrug ordentlich krachen und radelten auf gleichem Wege zurück. Je nach Promillestand konnte das dauern, aber selbst ein Sturz war auf den Sandwegen kaum ein Problem. Die Sache ging so lange gut, bis die Polizei davon Wind bekam. Eines Nachts lauerte sie den heimkehrenden Peetschern an der Schweinebrücke auf und hatte mit etlichen Partygängern gleich einen ordentlichen Fang gemacht. Die Strafen waren mit sechshundert Mark nach damaligen Verhältnissen horrende, für viele ein voller Monatslohn. Hinzu kam der Alkoholtest im nächsten Krankenhaus. Am preiswertesten kam Fritz R. davon, der sich nach der Namensfeststellung einfach aus dem Staub gemacht hatte. Auch „Musiker" bezahlte die volle Strafe, ersparte sich aber die Kosten für den Alkoholcheck.

Sandwege gab und gibt es auch in Mirowdorf reichlich. Genau genommen begann einer davon früher bereits mitten im Ort, dort, wo sich der Mühlendamm links zur Schleuse und rechts in die Retzower Straße hinein gabelte. Letztere besaß nämlich zwei parallele Fahrbahnen, eine gewölbt-kopfsteingepflasterte und daneben eine aus Sand. Den Sommerweg nutzten Pferdefuhrwerke und die Dorfkühe auf ihrem täglichen Gang zu den Weiden. Auch die Kinder liebten es, im Sommer barfuß durch den warmen Sand zu laufen. Das Kopfsteinpflaster blieb den wenigen Autos vorbehalten, die damals unterwegs waren.

Ziemlich am Ortsausgang, dort, wo der Stumpf der jahrhundertealten Dorfeiche zu sehen ist, zweigt rechts ein unscheinbarer Seitenweg ab. Er verläuft zwischen den Gehöften hinunter zur Halbinsel Buchholz, die von Schulzensee, Klön und Mirower See umschlossen wird. Hier verliert er sich in den Wiesen, die im Frühjahr oder nach tagelangem Herbstregen teils unter Wasser stehen und gern von allerlei Wasservögeln aufgesucht werden. Der Name Buchholz erinnert daran, dass es auf den trockenen Arealen einst einen Buchen- und Eichenwald gab, den die Dörfler zur Waldmast nutzten. In früheren Zeiten verlief der Weg zwischen dem Lemkeschen Garten und einer steilen Böschung, was ihn wie einen Hohlweg aussehen ließ. Dort wuchsen Brombeeren und Himbeeren, deren wildfruchtiges Aroma man zeitlebens in Erinnerung behält. Heute ist dieses Wegstück zugewuchert und kaum mehr auszumachen. Die wenigen Angler und Wanderer haben sich hinunter zum Buchholz längst ein neues oberhalb der Böschung ausgetreten.

In den Buchholzwiesen stößt man auf einen eigenartigen, in dieser flachen und eher sumpfigen Landschaft fremd anmutenden Hügel. Er überragt das feuchte Umland um etliche Meter. Seine Flanken waren das einzige Teilstück der Halbinsel, auf dem früher Ackerbau möglich war. So ähnlich sahen die vorchristlichen Grabhügel aus, unter denen im Norden Europas Clanführer oder verdienstvolle Krieger samt ihren Waffen bestattet worden waren. Warum nicht auch hier? Aber wahrscheinlicher waren es die Winde, die in unserer Sandgegend den Hügel in Jahrtausenden zusammengetragen haben. So gesehen ist er Teil jener Kette von Sandhügeln, die im Westen mit den Eierbergen beginnt und hinter dem Schulzensee ihre Fortsetzung findet.

Gegenüber dem Buchholzabzweig verlässt ein zweiter Sandweg die Retzower Straße. Er führt am Wald entlang und durch die Felder nach Westen. Dort endet er am Lärzer Kanal und im Strom, jenem Waldgebiet, das bis ans Lärzer Flugplatzgelände heranreicht. Hier befindet sich eine der Ablagen mit Aushub aus der Zeit des Kanalbaus. Ebenso wie der Wald hinter der Retzower Straße, ist auch der Strom in der warmen Jahreszeit eine ergiebige Pilzregion.

Für Einheimische hieß er seit jeher Panzerweg. Die tiefen Löcher und Furchen rührten von den unzähligen Stahlkolossen her, die hier bis in die Nachwendezeit unterwegs waren und „normalen" Fahrzeugen kaum eine Chance ließen. Wenn in der Ferne Panzergedröhn anschwoll, dann stand den Anwohnern eine unruhige Nacht bevor. Eine ganze Division wurde mitunter am Stück verlegt, und alle diese Ungeheuer verursachten einen Höllenlärm, furchten den Weg immer tiefer aus und drehten mit heulenden Motoren auf die Dorfstraße ein. Anschließend donnerten sie hinunter zur Schleusenbrücke und dahinter die Lärzer Chaussee hinauf, um schließlich in Richtung Krümmel zu verschwinden. Das alles war Teil einer Panzerroute der Roten Armee, die auf dem riesigen Übungsgelände bei Adamsdorf begann und in der Wittstocker Heide endete. Es grenzte an ein Wunder, dass auf den Straßen mit Ausnahme des Schleusenunfalls und einer eingefahrenen Hausecke in all den Jahren keine größeren Schäden aufgetreten sind.

Ein Stück außerhalb des Dorfes verlassen zwei weitere Sandwege die Straße. Ein erster führt rechts am Rand eines Kiefernwäldchens entlang zur Klön, jener schönen, von Erlen umsäumten Ausbuchtung des Mirower Sees. Dort gab es zwischen Seeufer und Waldrand schon seit langem einen naturbelassenen Zeltplatz. An der Klön hatten die Dorfkühe seit ewigen Zeiten ihren Abenddurst gestillt und auf diese Weise einen trittfesten, bewuchsfreien Untergrund geschaffen. Ein Teil davon war zur Badestelle geworden, aber linkerhand kamen abends die Kühe weiterhin den Abhang hinunter und stiegen bis zum Bauch ins Wasser. Heute undenkbar, niemand außer ein paar ängstliche Großstadturlauber störte sich daran. Es war das normale, das alltägliche Dorfleben, das ebenso wie die Wälder und Seen zu unserem Landstrich gehörte.

Den Sandweg ist seit langem abgesperrt und verwaist. Einst nutzten ihn die Camper auf ihrem Weg zum Zeltplatz. Hier fühlten sie schon den kühlen Hauch des Sees, das Rauschen der Wälder, den Sommergeruch von Moosen, Pilzen und reifenden Getreidefeldern. Jetzt endlich hatten sie es geschafft, der Urlaub mit all seinen entspannten Freuden konnte beginnen. Für die Einheimischen war der Weg entlang der Kiefernwaldung nicht die erste Wahl. Sie kamen auf Fahrrädern zur Klön, und die hatten es schwer in dem zuckersandigen Grund. Möllersand nannten sie den hellen und staubtrockenen Sand, der in der Mittagssonne ordentlich heiß wurde und wie feines Mehl zwischen den nackten Zehen hindurch rann. Die Radfahrer nutzten lieber ein Stück weiter hinauf einen zweiten Weg zum Seeufer. Er lag im Waldschatten und war recht fest, so dass man bis hinunter ans Wasser radeln konnte. Dort unten währte das bunte Treiben von Urlaubern und Einheimischen nur einige Sommermonate lang. Den Rest des Jahres war es an der Klön einsam und still.

Von der einstigen Idylle ist heute kaum mehr etwas zu verspüren. Hässliche Blechskulpturen als Waldameisen säumen den Weg hinunter zum Wasser. Der breite Uferstreifen, den einst die durstigen Kühe frei gehalten haben, ist bis auf kleine Reste mit Schilf bewachsen. Auf dem weiten Platz zwischen Waldrand und See, wo einst das Sommerleben pulsierte, haben sich diverse Holzhütten und Blechbuden, Zelte für allerlei eingelagertes Gerät, wahllos aufgestellten Warn- und Infotafeln, Holzstapel und Gestelle zur Bootsablage breitgemacht.

In all dem planlosen Durcheinander stehen einige Holzskulpturen, die für sich genommen recht schön sind, hier aber das beklemmende Gefühl der Enge nur noch verstärken. Mitten hindurch führt ein breiter Fahrweg, den offenbar auch Busse nutzen dürfen. Man fragt sich, wer hier überhaupt noch Platz für einen naturnahen Urlaub finden soll. Ja, Landschaftsidylle erblickt das Auge auch heute noch. Dafür muss man jedoch den Blick heben und weit hinaus auf den schönen, waldumsäumten See schauen.

Auf Höhe der Jugendherberge zweigt in einer scharfen Linkskurve der Leppiner Weg von der Landstraße ab und führt schnurgerade durch die Felder zum fernen Waldrand. Sein Name erinnert an das gleichnamige, in den 30er Jahren zerbombte Dorf. Früher war der Weg mit Löchern übersät, die mehr von schweren Forstfahrzeugen als von den Pferdegespannen der Bauern herrührten. An Erntetagen mussten die mitunter tückisch wassergefüllten Mulden geschickt umfahren werden. Geriet ein Wagenrad zu sehr in eines der Löcher, konnte schnell das ganze Getreidefuder umkippen. Heute zeigt sich der Weg in einem besseren Zustand, zumindest bis zur Niemannslust am Ufer des Granzower Möschen. Dahinter wird der Weg schlechter, weniger befahren, bis er sich schließlich im Wald verliert.

Die Feldmark beiderseits des Weges hat ihr Antlitz mit der Zeit sehr verändert. Linkerhand gegenüber der Jugendherberge, wo heute Ackerland zu sehen ist, erstreckte sich früher die Kuhweide des Mirowdorfer Weidevereins. Dahinter folgten einige weitere Wiesengrundstücke. Dann erst begannen die Felder der Lemkes, Augustins und Mewes, die nach hinten hin wie ein Keil in den Wald hineinreichten. Rechts vom Weg lagen, so weit das Auge reichte, die Ackerstreifen der kleineren und größeren Mirowdorfer Höfe. Zur Niederung am Granzower Kanal hin fielen sie etwas ab, so dass ihr Ende vom Weg aus nicht auszumachen war.

Inzwischen sind die alten Grenzen überpflügt worden. Weites, nur von Meliorationsgräben durchbrochenes Ackerland erstreckt sich beiderseits des Leppiner Wegs. Wo einst Roggen und Kartoffeln geerntet wurden, beginnt jetzt hinter den Niemannslust-Häusern bereits der Wald. Kaum findet man all jene vertrauten Plätze aus Kindertagen wieder. Doch, einige der alten Kopfweiden am Weg haben die Zeiten überdauert. Damals waren sie allesamt große, stolze Bäume, die sorgfältig beschnitten wurden. Korbmacher schätzten die biegsamen Jahresruten und fertigten daraus allerlei Behältnisse. Hier und dort erkennt man noch ihre kläglichen Reste, oft nur morsche Baumhaufen oder hohle Stümpfe, aber Jahr für Jahr sammeln sie all ihre Kraft und treiben neue Zweige hinaus in die Frühlingssonne.

Die Niemannslust, jener Wohnplatz zwischen Weg und Granzower Möschen, hat stets Bewohner erlebt, denen

Einsamkeit gefiel. Die beiden Häuser wurden vor langer Zeit Forstarbeitern gebaut. Vielleicht haben auch Fischer dort gewohnt. Nach dem Krieg ließen sich die Brüder Wilhelm und Hugo S. hier nieder, die in der Bodenreform zu etwas Land gekommen waren und nun einen Bauernhof betrieben. Wilhelm ging später in den Westen, und Hugo blieb mit seiner Frau allein dort zurück.

Die Niemannslust war im Winter oft tagelang von der Außenwelt abgeschnitten. Niemand besaß dort ein Auto, und einen Winterdienst mit Schneepflügen gab es noch nicht. Hugo S., ein kleiner Mann mit Bartstoppeln, stets in Gummistiefeln, Joppe und Arbeitskleidung unterwegs, bekam man nur zu Gesicht, wenn er im Dorf Besorgungen machte. Dann baumelten am Lenker seines alten Fahrrads stets eine abgeschabte Einkaufstasche und eine Milchkanne. Seine Frau kam in den 50er Jahren durch den Biss einer tollwütigen Katze zu Tode. Fortan hauste Hugo allein auf dem Hof, fand aber bald wieder Gefallen am Leben. Jedenfalls bekam eine Kotzower Frau zwei Kinder von ihm. Hugo rieb sich die Hände, denn nach damaligem Recht blieben dem Rentner Alimentezahlungen erspart.

Später wohnte der Schriftsteller Joachim W. einige Jahre in der Niemannslust. Danach fanden zwei Mirower Familien Gefallen an der Einsamkeit und der schönen Natur, die beide bis heute dort leben. Gegenüber, auf der anderen Seite des Sees, geht es unterdessen lebhafter zu. Dort befindet sich der Ferienpark Granzow, der wächst und wächst und jedes Jahr mehr Urlauber in die Gegend entlang der alten Müritz-Havel-Wasserstraße bringt.

Hat man die Niemannslust passiert, erreicht der Leppiner Weg wenig später die Kotzower und bald darauf die Leppiner Heide. Das ausgedehnte Waldgebiet reicht, hier und dort unterbrochen von Äckern und Wiesen, bis ans Ostufer der Müritz heran. Ein Großteil dieser Region wurde Mitte der 30er Jahre zum Sperrgebiet erklärt, als die Luftwaffen-Erprobungsstelle Rechlin beiderseits der Wasserstraße einen Bombenabwurfsplatz installierte.

Etliche Dörfer wurden damals umgesiedelt und die verlassenen Wohnplätze zerbombt. Westlich der Wasserstraße verschwanden auf diese Weise die Dörfer Leppin und Klopzow sowie das zum Gut Retzow gehörende Vorwerk Roggentin. Von den einstigen Höfen sind nur noch einige wenige Mauerreste oder hier und dort ein alter Obstbaum zu erkennen. Das ganze riesige Übungsgelände wurde damals von der Luftwaffe intensiv beschossen und zerbombt. Noch Jahrzehnte später stieß man in der Kotzower Heide beim Blaubeeren- oder Pilzesuchen auf kleinere und größere Granaten und Bomben, deren betonähnliches Aussehen Übungszwecke vermuten ließ.

Das Abwurfgelände reichte über die Seenkette hinaus. Auch östlich davon mussten einige Dörfer den Plänen der Militärs weichen. Um eine kurze Verbindung von der Rechliner Zentrale nach Osten zu schaffen, bauten Wehrmachtspioniere eine Holzbrücke über den Kotzower See, die von den Einheimischen prompt den Namen Pionierbrücke erhielt. In den Nachkriegsjahrzehnten sah man von der Brücke noch etliche Holzpfähle. Gleich daneben befand sich ein schöner Naturbadestrand, der auf Grund der Entfernung zur nächsten Ortschaft wenig überlaufen war. Heute ist das Areal um die einstige Pionierbrücke verwildert und von Buschwerk überzogen. Bei ruhigem Wetter kann man unter der Wasseroberfläche hier und dort noch einige Reste der einstigen Gründungspfähle entdecken.

Alles hat seine Zeit, auch die vielen Wege, die unsere Region durchqueren. Einige sind verschwunden, neue kamen hinzu. Alle zusammen berichten sie uns vom Auf und Ab des Lebens, das man bei genauem Hinsehen in ihren Sandspuren erkennen kann.

Von der Postkutsche zur Eisenbahn

Das Land Mecklenburg-Strelitz, eines der kleinsten in vornationalstaatlicher Zeit, lag still und wenig beachtet am Rand des Zeitgeschehens. Otto von Bismarck wird der Spruch nachgesagt, dass der Weltuntergang hier oben fünfzig Jahre später erfolgen werde als anderswo. Der Landstrich besaß zwar eine herrliche Natur, war aber wirtschaftlich und politisch kaum von Gewicht. Die Winzigkeit nahm Fritz Reuter in seiner Dörchläuchting-Geschichte auf die Schippe, als er dem Strelitzer Herzog Adolf Friedrich IV. bescheinigte, für das Bereisen seines Landes nur einen einzigen Tag zu benötigen. Ja, bis zur Mitte des 19. Jh. war nicht allzu viel passiert in diesem Landstrich, in dem das feudale Ständesystem fortbestand und große Güter neben einigen Bauerndörfern das wirtschaftliche Rückgrat bildeten.

Innerhalb des Großherzogtums nahm die Mirower Gegend einen nochmals abgelegeneren Platz ein. Zwar zeugten Johanniterkirche, Schlösser und Fürstengruft von einstig höherer Bedeutung, auch gab es später das Seminar für die Ausbildung von Landschullehrern, aber der Marktflecken ruhte nach einer kurzen Aufwallung des Volkszorns in den Revolutionstagen von 1848 weiter still vor sich hin.

Entsprechend einfach und der Zeit angepasst gestalteten sich die Kontakte zur Residenzstadt Neustrelitz und in den Rest des Landes. Auf unbefestigten Straßen hielten Pferdegespanne die Verbindung aufrecht. Das war schwierig genug, denn in den ausgefahrenen Radspuren standen oft riesige Pfützen. Nach der Schneeschmelze und im herbstlichen Landregen wurden manche Wege unpassierbar, während in der Sommerhitze feiner Sand Pferden und

Wagenrädern das Leben schwer machte. So entstanden hier und dort gleich mehrere Fahrspuren nebeneinander, die man abwechselnd, je nach Beschaffenheit nutzte.

Dabei gab es für den Verkehr auch schon in vorindustrieller Zeit eine gewisse Arbeitsteilung. Größere Frachten übernahmen Fuhrleute, die es in fast jedem Ort gab. Personen und auch Pakete beförderten Fuhrposten. Den Transport im regionalen Bereich erledigten je nach Entfernung Reit- oder Fußposten. Zur Einfachheit fasste man die Transport- und Verteilzuständigkeiten in dem Begriff Post zusammen. Auch in Mirow gab es mehrere Landbriefträger, die sich mit den eintreffenden Postsachen auf den Weg in den Ort und die umliegenden Dörfer machten.

Mirow lag fernab großer Städte und Verkehrswege. Entsprechend weitmaschig gestaltete sich deren Netz. Für sonderlich viel Mobilität gab es ohnehin kaum Bedarf, denn die einfachen Leute lebten weitgehend autark und verließen das heimatliche Weichbild nur höchst selten. Dennoch gab es im Großherzoglichen Staatskalender bereits einen jährlichen Postkutschen-Fahrplan. Die Mirower Poststation befand sich bis 1945 in der Mühlenstraße rechts neben der Gärtnerei Rühe. Wie so viele Gebäude in dieser einstigen Hauptgeschäftsstraße, fiel auch die Post am 1. Mai 1945 den letzten sinnlosen Kämpfen zum Opfer. Wenige Meter weiter zur Mühlenbrücke hin befand sich die Ausspannstation. Hier wurde gewechselt, denn der Zeitplan ließ sich nur mit ausgeruhten Pferden einhalten. Die alten Mirower werden sich an das flache, später recht baufällige Gebäude erinnern, in dem bis in die 60er Jahre die Altstoffannahme erfolgte.

Zu Beginn des 19. Jh. durchquerten nur einige wenige Poststraßen Mecklenburg-Strelitz. Die bedeutendsten aus Rostock und Stralsund führten über Neustrelitz weiter nach Berlin. Jeden Morgen hielt zu festgesetzter Zeit je eine Postkutsche auf dem Weg nach Süden bzw. Norden in der Residenzstadt. Die Poststraßen waren die wichtigsten Verkehrswege, die zumeist größere Städte miteinander verbanden. Auf ihnen erfolgte neben dem Personen- und Postverkehr auch ein Teil des Gütertransports. Daneben gab es ein deutlich engmaschigeres Netz an Frachtstraßen, die in den Seehäfen und größeren Städten begannen und sich, je nach Zielorten, immer weiter über das Land verzweigten. Als letztes verbanden Landwege die Ortschaften und selbst kleinste Wohnplätze miteinander. Deren Verlauf hatten sich die Leute selbst geschaffen, indem sie stets nach den kürzesten und einfachsten Wegstrecken suchten.

Obwohl es in Mecklenburg-Strelitz bereits seit Anfang des 18. Jh. ein herzogliches Straßenamt gab, das sich um den Zustand der Verkehrswege kümmern sollte, waren die Straßen oft in einem erbärmlichen Zustand. Die Poststraßen wurden noch dürftig mit öffentlichen Mitteln instandgehalten, aber die Frachtstraßen überließ man weitgehend ihrem Schicksal. So wurden Reisen und Gütertransporte häufig zu einem abenteuerlichen Lotteriespiel.

Auf alten Landkarten ist zu erkennen, dass eine der wichtigen Poststraßen durch die Kleinseenplatte führte. Sie verlief von Neustrelitz über Wesenberg nach Mirow, wo sie sich in zwei parallele Stränge mit dem Endziel Hamburg aufteilte. Der nördliche gelangte über Krümmel, Buchholz und die Dasselfurt auf preußisches Gebiet, der etwas südlichere Strang über Starsow und Buschhof in die Prignitzstadt Wittstock. Dessen Teilstück westlich von Mirow nannten die Einheimischen Wittstocker Landstraße, von der einiges im Starsower Umfeld noch zu erkennen ist. Zuvor hatte sie mit der Müritz-Havel-Wasserstraße ein schwieriges Hindernis zu überwinden. Ältere Quellen lassen vermuten, dass sie über die Schweinebrücke südlich von Mirow verlief, wo sich die schmalste Stelle der Gewässerkette befand. Anschließend führte sie durch den Vorholm, passierte das Straßendorf Starsow und drehte wenig später nach Westen in Richtung preußischer Grenze. Auf dem Sandacker hinter dem Dorf findet man auf alten Karten eine Art Poststelle, vielleicht als Zustieg für die umliegenden Dörfer gedacht oder als Ausspannung zum Wechseln der Pferde.

Die Straße mag später oder vielleicht auch gleichzeitig durch Mirow verlaufen sein, denn schon die Johanniter bauten eine Holzbrücke über den ursprünglichen Mühlenfließ. Vermutlich sind beide Übergänge lange Zeit parallel genutzt worden, denn sowohl am Mühlendamm als auch an der Schweinebrücke gab es früher eine Zollstation. Zwischen Neustrelitz und Mirow folgt die heutige B 198 im Wesentlichen dem Verlauf der alten Poststraße.

Mehrere regionale Straßen verbanden Mirow mit den weiteren Orten der Umgebung. Eine davon zweigte östlich des Marktfleckens von der Poststraße ab, durchquerte an Leussow vorbei die Wälder und endete schließlich über Zwenzow und Userin in Neustrelitz. Ein Stück dieser alten Landstraße ist linkerhand der B 198 noch erkennbar, kurz bevor diese den Wald in Richtung Zirtow erreicht. Eine der lokalen Anbindungen war der Bierweg. Sein Name hat mit der alten Brauerei auf der Schlossinsel zu tun, die es dort schon in der Johanniterzeit gegeben hat. Das Mirower Bier besaß einen guten Ruf und sicherte den Ordensbrüdern stetige Einkünfte. Mirows Bierzeit endete erst vor einhundert Jahren, als die auswärtige Brauereikonkurrenz zu groß wurde und dem einheimischen Bier den Garaus machte.

Nach Norden hin kam man auf unbefestigten Straßen über Retzow und Vipperow nach Röbel und östlich der Seenkette über Speck nach Waren. An letztere erinnert die Rudolf-Breitscheid-Straße, die früher Warener und später Amtsstraße hieß. Ihr heutiger Name kam erst nach 1945 in Gebrauch. Auch nach Rheinsberg führte eine Landstraße. Auf ihr war im 18. Jh. Preußens Kronprinz und späterer König Friedrich II. unterwegs, wenn er bisweilen die „Mirokesen", seine arme Verwandtschaft auf der Mirower Schlossinsel besuchte. Diese Straße passierte Peetsch und die Fleether Mühle, bevor sie preußisches Gebiet erreichte. Die Rheinsberger Straße in Mirow begann einst schon am Markt inmitten der Stadt. Später ließen sich einige Töpfer dort nieder und machten daraus die Töpferstraße. Heute trägt nur noch das letzte, zum Bahnübergang führende Teilstück den ursprünglichen Namen.

Im zweiten Drittel des 19. Jh. kam Bewegung in die althergebrachten Verkehrswege. Die Ausläufer der Industriellen Revolution erreichten mit ihren Dampfmaschinen und der einsetzenden Produktion von Massengütern auch den Süden Mecklenburgs. Die Verarbeitung von Holz und Agrarerzeugnissen erlebte einen Aufschwung, Baumaterial wurde allerorts benötigt, und der Bedarf an Rohstoffen stieg sprunghaft an. Die wirtschaftliche Entwicklung beförderte den Handel, und viele der zuvor an die Scholle gebundenen Landarbeiter strömten seit dem Wegfall der Leibeigenschaft 1820 in die neuen Produktionsstätten.
Neue Wasserwege für den kostengünstigen Transport von Massengütern entstanden. Kanäle und Schleusen schufen neue, überregionale Verbindungen. Der Kammerkanal schloss die Residenzstadt Neustrelitz an die Havel-

seen an, und auf der Müritz-Havel-Wasserstraße war es nun möglich, Hamburg nach Norden sowie die Berliner Gewässer nach Süden hin zu erreichen. Bald gehörten Lastensegler zum gewohnten Bild unserer Seenlandschaft. Bei fehlendem Wind traten Ruderknechte in Aktion, oder es musste mit langen Bootshaken gestakt werden.

Rasch zeigte sich, dass die unbefestigten und witterungsanfälligen Landstraßen den anschwellenden Warenströmen und der zunehmenden Mobilität der Menschen nicht gewachsen waren. Deshalb begann man in den 40er Jahren des 19. Jh. mit ersten Befestigungsarbeiten. Kunststraßen nannten die Leute die gepflasterten oder mit Schotter versehenen Straßen, die zunächst größere Städte verbanden. Später kam dafür die Bezeichnung Chaussee auf.

Um das Jahr 1871 waren die wichtigsten Straßenverbindungen in Mecklenburg-Strelitz schon befestigt. Neben Material aus Steinbrüchen nutzte man von den Äckern gesammelte Feldsteine, welche die Bauern seit ewigen Zeiten an den Feldrainen abgelagert hatten. Nach und nach folgten auch die meisten der regionalen Landstraßen, ein Prozess, der sich bis in die Mitte des 20. Jh. erstreckte.

Der Straßenbau kostete viel Geld, und so musste die Finanzierung anteilig geregelt werden. Die Landesregierung bezuschusste jeden Kilometer mit einigen tausend Mark, und auch Anlieger und künftige Nutznießer bat man je nach Größe ihres Grundbesitzes zur Kasse. Schließlich wurde auf den Hauptstraßen ein Chausseegeld erhoben. Die Kassierung oblag einem Wärter, der außerdem für die Instandhaltung seines Streckenabschnitts zu sorgen hatte. Eines der früheren Chausseehäuser, die als Dienst- und Wohngebäude des Chausseewärters fungierten, findet man noch an der B 198 zwischen Neustrelitz und Groß Trebbow.

Auch in Zirtow gab es früher eine Chausseegeldstelle

Nach heutigen Maßstäben waren die neuen Straßen Holperpisten, aber für damalige Verhältniss stellten sie einen enormen Fortschritt dar. Um Geld zu sparen, reichte die Straßenbreite gerade für ein Fahrzeug. Zum Überholen oder bei Gegenverkehr musste man in eine zweite Fahrspur aus Sand ausweichen. Den Sommerweg, wie er in unserer Gegend hieß, gab es entlang der Straße nach Retzow und an anderen Chausseen noch bis in die 50er, 60er Jahre. Er verschwand erst mit der Verbreiterung der regionalen Straßen im Zuge des anschwellenden Autoverkehrs.

Irgendwann begann man, Schwarzdecken über die Pflasterstraßen zu ziehen. Als Bindemittel diente Teer, der aber bei Sommerhitze so weich wurde, dass schwere Fuhrwerke Radspuren hinterließen. Mitunter blieb der Teer sogar an den Schuhsohlen kleben. Nun war Schluss mit der Holperei, aber diese Erneuerungen dauerten viele Jahre. Vom Krieg und seinen Langzeitfolgen unterbrochen, erhielten die letzten gepflasterten Landstraßen erst vor wenigen Jahrzehnten eine Schwarzdecke, wobei inzwischen ein besser haltbares Bitumenmaterial Verwendung fand.

Mit dem Aufkommen der Eisenbahnen begann in den 30er Jahren des 19. Jh. ein neues Verkehrszeitalter. Die technische Grundlage bildete die Weiterentwicklung der Dampfmaschine etliche Jahrzehnte zuvor, mit der man nun, auf Schienenstränge gestellt, Personen oder auch schwere Lasten transportieren konnte. 1835 wurde zwischen Nürnberg und Fürth die erste deutsche Eisenbahnlinie eröffnet. Damit begann eine stürmische Entwicklung, in deren Ergebnis Deutschland mit einem stetig dichter werdenden Streckennetz überzogen wurde.

Wie anderswo auch, geriet Mecklenburg-Strelitz in Sachen Eisenbahnen der Zeit ein wenig hinterher. Die geringe Einwohnerzahl, das Fehlen industrieller Zentren, die wirtschaftliche Zurückgebliebenheit ließen derart Neues zunächst wenig dringlich erscheinen. Neustrelitz erhielt erst 1877 mit der Nordbahn von Berlin nach Stralsund einen Bahnanschluss. Etwa zur gleichen Zeit kam eine Ost-West-Verbindung von Stettin nach Hannover ins Gespräch, die über Neustrelitz und Mirow verlaufen sollte. Daraus wurde zwar nichts, aber die Idee einer regionalen Bahnverbindung hatte inzwischen viele Anhänger gefunden.

1880 entstand ein „Komitee zum Bau einer Eisenbahn Neustrelitz-Wesenberg-Mirow", dem etliche Honoratioren der Region angehörten. Auch der großherzogliche Hof begleitete die Pläne wohlwollend, war ihm doch klar, dass bessere Verkehrswege und wirtschaftlicher Aufschwung mehr herrschaftliche Einkünfte bedeuteten. Weitere Jahre vergingen, bis es konkret wurde. Aus dem Komitee bildete sich 1887 eine Aktiengesellschaft, in deren Regie die Trassierung, Vermessungen und andere Vorarbeiten begannen. Dabei erwies sich der Grundstückserwerb als besonders schwierig. Während der Landesherr großherzogliche Flächen kostenlos überließ, wollten andere Grundeigentümer mit dem Vorhaben einen maximalen Reibach machen.

Dennoch kamen die Dinge nun in Bewegung. Im März 1889 erteilte die Landesregierung der Aktiengesellschaft die Konzession zum Bau und Betrieb der Bahnlinie, und im Mai 1889 konnten die Arbeiten beginnen. Nach einjähriger Bauzeit wurde am 19. Mai 1890 der offizielle Bahnbetrieb auf der Strecke Neustrelitz-Wesenberg-Mirow aufgenommen. Dabei hatte sich die Fertigstellung sogar noch um einiges verzögert, weil im Winter die gerade erst fertiggestellte Brücke über den Kammerkanal eingestürzt war.

Die Pläne der Eisenbahnbefürworter gingen aber weiter. Sie wollten einen Anschluss an das preußische Eisenbahnnetz, also eine Ost-West-Verbindung von Neustrelitz bis nach Wittstock. Auch auf preußischer Seite bestand dafür Interesse. Das Vorhaben wurde 1894 in einem Staatsvertrag beschlossen, so dass nun beide Seiten auf ihren Territorien den Bau in Angriff nahmen. Der mecklenburgische Teilabschnitt von Mirow bis zur Landesgrenze hinter Buschhof war im April 1895 nach einjähriger Bauzeit fertiggestellt. Auch die Preußen kamen zügig voran, so dass die Züge nun von Neustrelitz bis Wittstock durchrollen konnten.

Als letztes Teilstück wurde Ende 1917 die etwa zehn Kilometer lange Bahnlinie nach Rechlin-Ellerholz in Angriff genommen. Das geschah auf Anweisung der kaiserlichen Armeeführung, denn an der Müritz sollte eine „Flieger-Versuchs- und Lehranstalt" entstehen. Der Erste Weltkrieg hatte die militärische Bedeutung des Flugzeugs unter Beweis gestellt, und die Militärs wollten Nutzen daraus ziehen. Die Strecke zweigte hinter dem Mirowdorfer Ortsausgang von der Wittstocker Bahnlinie ab, war aber bis zum Kriegsende 1918 erst teilweise fertiggestellt. Danach entfiel zunächst der militärische Hintergrund, denn laut Versailler Vertrag war der Reichswehr eine eigene Luftwaffe untersagt. Dennoch gab es nachhaltige zivile Bestrebungen, die Strecke zu vollenden. Im Juni 1923 war es soweit, und der erste Zug von Mirow nach Rechlin konnte auf die Reise gehen.

Ziemlich in Vergessenheit geraten ist ein Abzweig, der vom Mirower Bahnhof über die Feldmark bis in die Region östlich von Granzow führte. Hier war bereits in den Kriegsjahren mit dem Anlegen eines Flugfelds und dem Bau von Hallen für die kaiserliche Luftwaffe begonnen worden. Der Versailler Vertrag machte auch diesem Vorhaben ein Ende. Nachkriegspläne, auf dem bereits erschlossenen Areal eine Maschinenfabrik zu errichten, kamen nicht zur Ausführung. Die ganze Sache schlief ein, lediglich Segelflieger nutzten das Flugfeld noch eine Zeit lang. Die Bahnlinie wurde Mitte der 20er Jahre demontiert und das Material für den Bau der Neustrelitzer Hafenbahn verwendet.

Die Wittstocker Bahnlinie betrieb bis zur Landesgrenze die Neustrelitz-Wesenberg-Mirower Eisenbahn AG mit Sitz in Wesenberg und später in Neustrelitz. Sie fusionierte 1894 mit einer auf der Strecke Blankensee-Strasburg tätigen AG. So entstand die Mecklenburgische Friedrich-Wilhelm-Eisenbahn-Gesellschaft (MFWE), die nun über das gesamte regionale Streckennetz des Großherzogtums verfügte. 1894 beschäftigte die Gesellschaft siebzig Eisenbahner, Arbeiter und Handwerker, 1914 schon um die einhundert mehr. Die Verwaltung bestand aus fünf Personen, wobei man Rechts- und Steuersachen Externen überließ.

An den Strecken waren etliche neue Bahnhöfe entstanden. Neustrelitz erhielt mit dem Südbahnhof eigens für die MFWE einen zweiten Standort, von dem bereits damals ein Fußgängertunnel hinüber zum Hauptbahnhof führte. Der Mirower Bahnhof besaß nach seiner Fertigstellung 1890 einen Bahnsteig aus Stein und Beton sowie ein Empfangsgebäude aus rotem Backstein mit Dienst- und Warteräumen, einer Bahnhofswirtschaft und zwei Wohnungen. Neben dem Hauptstrang gab es mehrere Nebengleise, ein Signal- und Stellwerk sowie eine neuzeitliche „Morse- und Telephonanlage". Ein Wasserkran zum Befüllen von Dampflokomotiven und ein Steinkohlendepot waren ebenfalls vorhanden. Die Reparaturwerkstatt, vermutlich in dem

später als Turnhalle genutzten Lokschuppen, arbeitete nur
kurze Zeit, weil später alle entsprechenden Einrichtungen
der MFWE in Neustrelitz konzentriert wurden. Auf dem
Mirower Bahnhof arbeiteten mit dem Stationsvorsteher
und einem Stationswärter lediglich zwei Festangestellte.

Zwischen Neustrelitz und Wittstock verkehrten in
beiden Richtungen sechs Züge pro Tag, ein Aufkommen,
das sich bis zum Ersten Weltkrieg kaum veränderte. Die
vorgeschriebene Höchstgeschwindigkeit betrug vierzig Kilometer pro Stunde. Dabei gab es zunächst nur gemischte
Züge aus Personen- und Güterwaggons. Erst in späterer
Zeit brachte man beide Zugtypen gesondert auf den Weg.
In Mirow kaufte man Fahrkarten zu Haltepunkten entlang
der Strecke und auch solche für Umsteigezüge. Ermäßigte
Monatskarten für Schüler und Arbeiter gab es ebenso wie
die bei Ausflüglern beliebten Sonntagsrückfahrkarten.

Von Beginn an achtete die Bahngesellschaft auf die Belange der örtlichen Wirtschaft, deren Aufträge man zur Finanzierung des Unternehmens brauchte. Eine Rampe neben dem Bahnhofsgebäude ermöglichte das bequeme Be- und Entladen von Gütern. Das Gleis dorthin bediente zugleich ein Sägewerk und später den örtlichen Kohlehandel. Die Brennereigenossenschaft und die Dampfmühle am Bahnhof bekamen ebenfalls ein gemeinsames Anschlussgleis. Im Sommer 1890 folgte ein deutlich längeres Nebengleis zum Mirower Kanal. In zeitgenössischen Beschreibungen als Hafenbahn Mirow ausgewiesen, führte es vom Bahnhof hinunter zur Wasserstraße und endete südlich der heutigen Mühlenbrücke. Dort hatte man bereits zuvor unter Regie des Mirower Amtszimmermeisters Hustaedt einen Stichkanal angelegt, dessen Reste noch gut erkennbar sind. Mit einigem Stolz vermeldete man damals, der Marktflecken Mirow besäße eine Flotte aus zwei Dampfschiffen und mehreren Elbkähnen. Somit konnten Be- und Entladungen zwischen Schiff und Eisenbahn direkt am Wasser erfolgen. Ein großer Nutznießer war auch das Dampfsägewerk am Endpunkt des Bahngleises.

Der Weiterbau der Strecke nach Wittstock drohte den Schiffsverkehr auf der Müritz-Havel-Wasserstraße zu behindern. Die Durchfahrtshöhe der Eisenbahnbrücke reichte für die damals gängigen Lastensegler nicht aus. Aber die Bahngesellschaft wusste Rat und installierte auf jeder Seite der Brücke einen Kran, mit dessen Hilfe die Schiffsmasten umgelegt und wieder aufgerichtet werden konnten.

Das Aufkommen der Eisenbahn war für die Bewohner ländlicher Gebiete eine große Neuigkeit. Die Bahnhöfe avancierten zu beliebten Ausflugszielen, wo man die

Dampfzüge aus nächster Nähe bestaunte. Die Leute genossen die Bahnhofsatmosphäre aus einlaufenden, in weißen Dampf gehüllten und mit lautem Bremsen zum Stillstand kommenden Zügen, die sich wenig später mit Fauchen und Zischen wieder in Bewegung setzten. Vom Besucherstrom profitierten auch die Bahnhofswirtschaften, wo neben Reisenden auch viele der Neugierigen gern einkehrten. Selbst die Bahngesellschaft zog aus dem Andrang Gewinn, denn Nichtreisende mussten Bahnsteigkarten lösen, wollten sie das geschäftige Treiben aus der Nähe betrachten.

Der Bahnbetrieb brachte frischen Wind nach Mirow. Die Wirtschaft profitierte von den neuen Transportmöglichkeiten, kleinere Betriebe, neue Berufe und Verdienstmöglichkeiten entstanden, und wer es eilig hatte, kam nun schneller ans Ziel. Eine Bahnfahrt blieb aber für die „kleinen Leute" noch lange Zeit etwas Besonderes. Dabei lag der Mirower Bahnhof zunächst außerhalb des Ortes, aber seine Nähe galt als attraktiv und erzeugte schon bald eine rege Bautätigkeit. Gut betuchte Mirower ließen sich schmucke Villen entlang der schnell wachsenden Bahnhofstraße errichten, die bis heute ihr Antlitz prägen. Allerdings blieb sie noch lange Zeit ein Sandweg. Erst die 20er Jahre brachten ihr einen festen Straßenbelag und beidseitige Bürgersteige.

Hier und dort spürte man jedoch auch Ablehnung und kritische Stimmen gegenüber der Eisenbahn. Die Fuhrleute, Postkutscher und auch die Gastwirtschaften an den Landstraßen fürchteten um ihre Geschäfte. Vereinzelt kam es sogar zu Anschlägen auf die neue Bahnlinie. Selbst die Post erkannte nicht sogleich, welch große Möglichkeiten ihr die Bahn erschloss. Auf der Strecke von Neustrelitz nach Mirow war mit der Eröffnung der Eisenbahnlinie das Zeitalter der Postkuschen zu Ende gegangen. Die Landbriefträger richteten sich nun auf ihren Wegen in die umliegenden Dörfer nach den Ankunftszeiten der Züge.

Mit der Zeit gehörten Zugverkehr und Bahnhofsbetrieb zum Alltag des 1919 zur Stadt aufgestiegenen Ortes. Die Fahrpläne erlebten keine allzu großen Änderungen, bis in den 30er Jahren die Nazis an die Macht kamen und mit ihren Kriegsvorbereitungen Ernst machten. Nun gelangte die im Herbst 1918 ins Leben gerufene und zwischenzeitlich wieder demontierte Luftwaffen-Erprobungsstelle Rechlin zu neuer Bedeutung. Sie wurde massiv ausgebaut, beschäftigte Tausende Menschen und benötigte Eisenbahntransporte in bislang ungekanntem Ausmaß. Werktags pendelten nun bis zu zehn Personenzüge zwischen Rechlin und Neustrelitz. In Mirow waren mit der Paulussiedlung und dem Wohngebiet in Richtung Granzow zwei neue Stadtteile entstanden, in denen vorrangig Beschäftigte der Rechliner Erprobungsstelle wohnten.

Auch der Güterverkehr stieg enorm an, vor allem aus militärischen Gründen. Die Rechliner Gleise wurden einen Kilometer weit in die Erprobungsstelle hinein verlängert. Auf dem Mirower Bahnhof tat sich ebenfalls einiges. Der stärkere Zugverkehr machte eine Modernisierung der technischen Anlagen erforderlich. Zugleich wurde 1934 das alte Stationsgebäude abgerissen und durch einen größeren Neubau ersetzt. Dienst- und Gepäckräume, ein modernes Stellwerk, der Fahrkartenschalter, ein größerer Warteraum und die Bahnhofswirtschaft mit zwei Gasträumen fanden Platz im Erdgeschoss. Im Ober- und Dachgeschoss gab es mehrere Dienstwohnungen. Das Stationsgebäude hat seither kaum Veränderungen erlebt. Heute fristet es am Rand eines spärlichen Bahnbetriebs ein kümmerliches Dasein.

Der Krieg brachte das Ende der Friedrich-Wilhelm-Bahn. Verstaatlicht, wurde sie 1941 der Deutschen Reichsbahn angegliedert. Alles hatte sich nun den Kriegserfordernissen zu beugen. Als die Müritz-Havel-Wasserstraße 1945 zur letzten Verteidigungslinie wurde, sollte auch die Eisenbahnbrücke gesprengt werden. Das gelang zum Glück nur schlecht, so dass die Züge bald wieder rollen konnten.

In den Nachkriegsjahren erlebte die Bahnlinie eine neue Blütezeit. Bis zu zehn Abfahrten gab es werktags, wobei die Personenzüge teils nach Wittstock und Wittenberge, teils nach Rechlin weiterfuhren. Lange noch waren Vorkriegswaggons in Betrieb, und auch die Dampfloks verschwanden erst in den 70er Jahren allmählich von den Gleisen. Die Morgen- und Abendzüge waren voll besetzt mit Schülern und Beschäftigten aus den Betrieben der Umgebung und den Kreisverwaltungen. Auch die Mirower Bahnhofswirtschaft hatte gut zu tun, denn neben den Reisenden kehrten Bauern von der Viehaufkaufstelle nebenan und Arbeiter aus den umliegenden Betrieben gern dort ein. Im vorderen Schankraum saß man auf blanken Holzstühlen, und niemand rümpfte die Nase, wenn jemand in Arbeitssachen dort ein, zwei Bier trank. Den hinteren, etwas vornehmer ausgestatteten Raum öffnete man nur zu besonderen Anlässen.

Nach der Wende ging es mit der Eisenbahn stetig bergab. Das Auto lief ihr den Rang ab, befeuert durch eine verfehlte, einseitig auf die Straße setzende Strukturpolitik. Das betraf auch den Güterverkehr, dessen Technologie auf dem Vorkriegsstand stehengeblieben war. Ihn lösten unzählige Trucks ab, die fortan Autobahnen und Straßen verstopften. Immer weniger Reisende sollten immer höhere

145

Fahrpreise bezahlen, das konnte nicht gut gehen. Etliche der größeren regionalen Betriebe machten dicht, so dass auch der Berufsverkehr einschlief. Wo einst vollbesetzte Züge unterwegs waren, reichte nun ein einziger Triebwagen. Um das Jahr 2012 stand sogar die Schließung der Bahnlinie Neustrelitz-Mirow zur Diskussion, konnte aber mit Blick auf den Tourismus gerade noch abgewendet werden.

Dafür ereilte das Schließungsschicksal die weiterführende Wittstocker Strecke. Nach gut einhundert Jahren Eisenbahngeschichte fuhr hier im Jahr 2000 der letzte Zug. Inzwischen sind die Gleise und Signalanlagen verschwunden. Nur der Bahndamm lässt noch den einstigen Verlauf erkennen. Damit ist Mirow zum Sackbahnhof einer kleinen Nebenstrecke geworden, auf der Reisende an manchen Tagen an fünf Fingern abzuzählen sind.

Das Rechliner Teilstück erlebte nach 1945 ein administratives Hin und Her. Gleich nach Kriegsende erfolgte die Demontage als Teil der Reparationsleistungen. Das war ein großer Fehler, wie die Rote Armee bald feststellte, denn nun hing die Versorgung ihrer Rechliner Militärobjekte und des Flugplatzes Lärz in der Luft. So musste die Bahnlinie schnellstens wieder aufgebaut werden und ging im März 1951 mit der Endstation Rechlin Nord erneut in Betrieb.

Zu den militärischen Gründen kamen wirtschaftliche. Auf dem Gelände der einstigen Erprobungsstelle war mit der Schiffswerft Rechlin einer der größten regionalen Betriebe entstanden, der enorme Transportleistungen und auch einen funktionierenden Berufsverkehr benötigte. Ab 1963 konnten die mehr als tausend Werftmitarbeiter sogar kostenlos die zwischen Neustrelitz und Rechlin pendelnden Züge nutzen. 1967 übernahmen Busse den Personenverkehr nach Mirow, deren Fahrpläne mit denen der Züge

Mirow-Neustrelitz abgestimmt waren. Für den Güterverkehr kam in der Nachwendezeit das Aus. Inzwischen ist ein Fahrradweg auf dem einstigen Bahndamm entstanden, auf dem Touristen wie Einheimische gern unterwegs sind.

Versucht man, ein Fazit zu ziehen, dann gehört die regionale Eisenbahn im Süden Mecklenburgs zu den Verlierern der Nachwendezeit. Ihr Schicksal war und ist dabei Teil eines großen, gesamtnationalen Kahlschlags, dem in den letzten Jahrzehnten Tausende von Streckenkilometern und Dutzende Bahnlinien zum Opfer gefallen sind. Privatisierungsbestrebungen, Börsenpläne, verbunden mit dem Kaputtsparen ganzer Geschäftsbereiche und die Bemühungen, als Global Player international Fuß zu fassen, das waren die Treiber dieser fatalen Entwicklung, händereibend orchestriert und begleitet von der allmächtigen Autolobby. Angesichts dieser verstellten, oder besser gesagt, entstellten Blickrichtung geriet das eigentliche Kerngeschäft, nämlich den Güter- und Personentransport kostengünstig und zeitgemäß sicherzustellen, schnell zur lästigen Nebensache. Inzwischen dämmert es manch politisch Verantwortlichem, dass hier etwas gewaltig aus dem Ruder gelaufen ist, dass der stetig anschwellende Straßenverkehr kaum mehr zu beherrschende Probleme mit sich bringt. Und schon tauchen erste Pläne auf, einige der zugewachsenen oder demontierten Bahnlinien wieder in Betrieb zu nehmen. Wer weiß, vielleicht erlebt ja auch die einstige Friedrich-Wilhelm-Bahn eine Renaissance und mit ihr der Bahnhof Mirow. Zu wünschen wäre es der Stadt und vor allem der herrlichen Natur. Denn dass Züge, zumal elektrisch betriebene, viel umweltfreundlicher unterwegs sind als die Blechlawinen auf unseren Straßen, daran kann es keinen Zweifel geben.

Der Schulzensee

So heißen seit ewigen Zeiten etliche der kleineren Seen im ländlichen Mecklenburg oder Brandenburg. Sie bieten Kindern Badespaß und herrliches Schlittschuheis, sie liefern Anwohnern rasch ein paar Plötzen und Barsche fürs Abendessen und den Angelprofis manch fetten Aal. Allein in der Mirower Gegend gibt es fünf, sechs solcher Gewässer. Ihr Name weist auf einstige Dorfschulzen hin, die in den Bauerndörfern als eine Art Oberhaupt fungierten und den verlängerten Arm der Obrigkeit darstellten.

Die Wurzeln der Schulzen reichen bis ins Mittelalter zurück. Ursprünglich hatten sie ihren Besitz vom Grundherrn als Lehen erhalten, die größer waren als normale Bauernstellen. Da das Amt vererbt wurde, blieb es über viele Generationen in den Händen der gleichen Familie. Für ihre Dienste wurden sie mit einer zusätzlichen „Ungemachhufe", verminderten Pachten und Abgaben entlohnt, weshalb sie oft Freischulzen hießen.

Das alles galt auch für Mirowdorf. Dieser westlich des gleichnamigen Sees gelegene Teil der heutigen Stadt war vor einhundert Jahren noch ein eigenständiges Bauerndorf. Zum Schulzenhof gegenüber der Gaststätte Ex gehörten sechsundneunzig Hektar Äcker, Wiesen, Wald und auch der kleine Schulzensee. Mit der Enteignung im Zuge der Bodenreform fielen die Ländereien nach 1945 verschiedenen Dörflern, Geflüchteten und Vertriebenen zu. Der See befindet sich seither in staatlichem Besitz und wird als Pachtgewässer vom Mirower Fischereihof bewirtschaftet.

Der sieben Hektar große, oval geformte See liegt rechterhand hinter den letzten Hausgärten der Retzower

Straße. Am Nordende führt eine schmale Bäk in die Klön, jener Ausbuchtung des Mirower Sees, an dessen Ende die Jugendherberge liegt. Sie ist gerade breit genug für ein Ruderboot und führt durch ein Erlendickicht, in dem nachts unzählige Glühwürmchen leuchten. Die Klöneinfahrt liegt versteckt hinter einem breiten Seerosenfeld. Dieses kleine Geheimnis kennen nur Einheimische und einige ortskundige Urlauber, so dass der Schulzensee kaum von den sommerlichen Touristenströmen berührt wird. Selbst um die Mittagszeit herrscht in der Durchfahrt ein schattiges Halbdunkel. Das Dickicht bildet über dem kaum zwei Meter breiten Fließ ein dichtes Laubdach und lässt einen glauben, im Amazonas-Urwald unterwegs zu sein. Den südlichen Teil des Schulzensees umgeben Wiesen, während nach Norden und Osten hin dichter Erlenwald die Ufer säumt.

Als unsere Familie Mitte der 50er Jahre zurück in die Retzower Straße kam, wurde der See zu meinem ersten und wichtigsten Angelrevier. Hinter dem Hof fiel das Gelände leicht ab, und zweihundert Meter entfernt sah man bereits seine Wellen blinken. Unsere Kinderangeln hatten nichts mit den heutig hochtechnisierten Gerätschaften zu tun. Ruten aus Kiefernschonungen, ein Stück Schnur, Posen aus Baumrinde oder Gänsefedern, plattgeklopfte Bleistücke als Beschwerung, das wars. Den Verlust eines kostbaren Angelhakens nahm man nicht einfach hin. Man stieg ins Wasser, auch an hundekalten Frühlings- oder Herbsttagen, um einen im Schilf festsitzenden Haken zu lösen.

Unten am Schulzensee gab es nur wenige frei zugängliche Angelstellen. Die größte lag am gegenseitigen Ufer, wo die weidenden Kühe und Pferde ins Wasser stiegen, um ihren Durst zu stillen. Sie hatten den sanft abfallenden Seegrund festgetreten und kaum Bewuchs aufkommen lassen. Was kaum jemand nutzte, hier konnte man ungehindert von Schlamm und Wasserpflanzen prima baden. Vielleicht war der Platz den Dörflern zu einsam oder zu weit entfernt, vielleicht störte auch der tiefe, von Kühen zertrampelte Uferstreifen. Die Kinder zogen ohnehin die Klön vor, wo sich das Sommerleben regte und Bekanntschaften mit Gleichaltrigen von anderswo lockten.

Eine der wenigen, die man an der entlegenen Badestelle antraf, war unsere Mutter. Sie stand in der Mitte eines harten Lebens, als sie Tag für Tag frühmorgens dort hinunterging. Als Lehrerstochter, die mit kaum zwanzig in eine angestammte Bauernfamilie hineingekommen war, hatte sie es nicht leicht gehabt. Durch Krieg und Gefangenschaft bekam sie unseren Vater jahrelang kaum zu Gesicht. Dann folgten Enteignung und Neuanfang. Zug um Zug entstand eine neue Bauernwirtschaft, erst als Provisorium

150

im Fischergang, dann dauerhaft auf dem alten Henninghof am Ende der Retzower Straße. Wie es bäuerliche Sitte war, gab es dort eine klare Aufgabenteilung, in der Mutter für Haus, Küche und Kinder, für den Garten und das Federvieh zuständig war. Das tägliche Melken besorgten die Eltern gemeinsam. Es war ein hartes und dennoch erfülltes Leben, in dem Urlaub und freie Wochenenden nicht vorkamen. Der Übergang zur Genossenschaft brachte neue Unwägbarkeiten in ihr bäuerliches Leben.

Mitten in dieser Umbruchzeit verstarb mein Vater mit gerade einmal fünfzig Jahren. Unsere zehn Jahre jüngere Mutter stand mit fünf Kindern plötzlich allein im Leben. Sie fand Arbeit und auch Unterstützung in der Genossenschaft, in der sie zunächst als Köchin und später in der Kälberaufzucht tätig war. Zwei Zimmer vermietete sie an Feriengäste, was zusätzliche Einnahmen, aber auch mehr Arbeit einbrachte. Das alles hat sie geprägt, aber niemals hart werden lassen. So wurde ihr der morgendliche Gang hinunter zum Schulzensee zu einer Oase der Ruhe, des Alleinseins, gewiss auch verbunden mit vielen Gedanken an gelebte, verflossene Zeiten. Das kühle Bad erfrischte, die Stille des zu neuem Leben erwachenden Sees legte sich wie Balsam auf ihre durch viele Prüfungen gehärtete Seele.

Etliche Jahre zuvor erlebte ich als Knirps genau dort meine ersten Angelversuche. Ich wählte die freie Uferstelle, weil hier scheinbar keine Gefahr für meinen kostbaren Angelhaken bestand. Ja, ich hatte nur einen, ganze Batterien von Ersatzhaken gehörten noch nicht zu unserer Ausstattung. Dennoch passierte es, dass ein Haken verloren ging. Welch ein Glück, Opa Henning, der Alteigentümer unseres Hofes, sah meinen Kummer und schenkte mir einen neuen.

Der Platz an der Kuhtränke besaß weitere Vorteile. Die Kühe rührten den Seegrund auf, legten Nährstoffe frei und lockten Fische herbei. Außerdem gab es dort einige frei im Wasser stehende Erlenstümpfe. Von denen reichten unsere Kinderangeln weiter hinaus ins tiefere Wasser, wo wir natürlich die größten Fische vermuteten.

Der Schulzensee blieb über lange Zeit mein Haussee. Ich war in zwei Minuten dort und konnte auch zwischendurch schnell einmal dorthin verschwinden. Stieß sich meine Angelei an unerledigten Pflichten oder verpasste ich die Mittagszeit, dann pfiff mein Vater auf zwei Fingern. Dieses Signal, das ich unter vielen herauskannte, galt es sofort zu befolgen. Mit der Zeit war mir der See so sehr vertraut, das ich ihn je nach Wetter und Jahreszeit „lesen" konnte.

Das brachte mir auch später manch prächtige Fischausbeute ein. Der Aalreichtum des Schulzensees war bemerkenswert. Karpfen, Schleie, Hechte, gute Barsche und sogar hin und wieder ein Zander gingen neben dem vielen Weißfisch an die Angel. Zu den aufregendsten Begebenheiten zählte der Fang eines großen Karpfens. Ich saß auf Aal an, als meine mit Krebsfleisch bestückte Angel plötzlich in Bewegung geriet. Der Fisch nahm mir fast alle Schnur von der Rolle, bevor ich ihn ganz allmählich ans Ufer heranbrachte. Ich stand schon bis zum Bauch im Wasser, denn mir fehlte ein Kescher, und durch den Schilfgürtel hätte ich den Karpfen kaum bringen können. Zum Glück bemerkte ein Angler am anderen Ufer meinen Kampf und kam mir mit seinem Kescher zur Hilfe. Da lag er nun im Gras, mein toller Rekordfisch von knapp zwanzig Pfund Lebendgewicht.

Zu den Anglern, die hier gelegentlich anzutreffen waren, zählten Offiziere der Roten Armee. Anders als einfache Soldaten, durften sie die Militärzonen verlassen. Einem von ihnen half ich eines Tages selbst mit einem Angelhaken aus. Er bedankte sich auf seine Weise, indem er Sonntag für Sonntag eine kunstvoll auf Weidenzweige gezogene Fischtraube an unsere Haustür hängte. Ihre Vorlieben unterschieden sich deutlich von unseren. Aus verschiedenen Weißfischen kochten sie mitunter gleich am Angelplatz eine leckere, scharf gewürzte Fischsuppe. Am meisten freuten sie sich über grätenreiche Bleie. Von uns wenig geliebt, wurden sie in den Offiziersquartieren luftgetrocknet und als Knabberzeug zum Wodka verspeist. Egal, woher sie kamen, unter Einheimischen hießen sie ohne Unterschied Russen. Auch mit Bezeichnungen wie Sluschek, Aljoscha, Karl-Heinz oder auch Muschkoten, wenn es um die einfachen Soldaten ging, wusste jedermann umzugehen. Einen gutmütigen, leicht ironischen Unterton besaß die Bezeichnung „Freunde", eine Anspielung auf den offiziellen Sprachgebrauch in den DDR-Medien. Die Bezeichnung Iwan kam wenig vor. Sie klang zu sehr nach Ostfeldzug der Wehrmacht und besaß einen rassistisch durchscheinenden Klang, den die meisten nicht für gut befanden.

Einer der wenigen mit eigenem Boot war Lehrer Jahnke. Der weißhaarige ältere Herr wohnte in der Villa Ida am Waldrand. Opa Jahnke, wie er bei den Schülern hieß, war die Gutmütigkeit in Person. Ihm fehlte auch die laute Stimme, um sich gegen Rüpeleien und Schülerstreiche zur Wehr zu setzen. In seinen Chemiestunden ging es mitunter über Tische und Bänke. Nachmittags saß er gern in seinem Kahn auf dem Schulzensee und erholte sich von den Ärgernissen des Schulalltags. Obwohl er meine Rolle bei derben Streichen gut kannte, war er niemals nachtragend. Das wiederum machte mir gelegentlich ein schlechtes Gewissen. Wie auch immer, wir hatten mit der Angelei ein nie versiegendes Thema. Bald schon durfte ich seinen alten Holzkahn nutzen, wenn er ihn nicht selbst brauchte. Das fühlte sich für mich Halbwüchsigen an wie ein Ritterschlag. Jetzt standen mir selbst die verborgensten Ecken des Sees offen, die man vom Ufer aus niemals erreichte.

Die tiefsten Stellen des Schulzensees lagen bei sechs Metern, was ihn auch in harten Wintern einigermaßen vor dem Ausfrieren schützte. Nur im Jahrhundertwinter 1963, als das Eis einen Meter dick war und monatelang die Gewässer erstarren ließ, gerieten auch die Fische in meinem Haussee in Schwierigkeiten. Der Sauerstoffmangel trieb sie ins Schilfdickicht am Buchholzufer, das selbst bei stärkstem Frost nicht zufror. Das lag an mehreren Quellen im Erlengehölz der Halbinsel, die allesamt in den Schulzensee mündeten und deren rostbraune Ränder offenbar von Raseneisenerz stammten. Dort wimmelte es nun von Fischen, denen der Sauerstoffmangel schon zugesetzt hatte. Ganz vorn am Ufer, im wenige Zentimeter tiefen Wasser schlängelten sich große und kleinere Aale, auf die wir spätabends mit Taschenlampen und Fischspeeren Jagd machten. Das geschah natürlich heimlich, denn der See war inzwischen zum Intensivgewässer erklärt und somit für Angler tabu geworden. Fischräuberei stand ohnehin unter Strafe.

Die Eigenheiten des winterlichen Schulzensees konnten Uneingeweihten bedrohlich werden. Zu seinen Tücken zählte ein kleines rundes Loch im Eis vor eben jener Schilfkante des Buchholz-Erlenwalds, das niemals zufror. Wir kannten den gefährlichen Bereich und mieden ihn, aber einem kurz zuvor zugezogenen Schuljungen wurde er zum Verhängnis. Er hatte sich mit einigen Gleichaltrigen zum

Schlittschuhlaufen verabredet, war wohl etwas zu früh erschienen und drehte allein eine Runde um den See. An besagtem Eisloch verschwand er im Wasser und wurde erst Stunden später entdeckt. Nach Auskunft der Ärzte ist er an einem sofortigen Herzstillstand gestorben. So war ihm zumindest ein qualvolles Ertrinken erspart geblieben.

Bis heute ist der Schulzensee das stille, nur von ein paar Anglern und Naturfreunden aufgesuchte Gewässer geblieben. Vielleicht ist es an seinen Ufern noch etwas einsamer geworden. Der Erlengürtel hält ihn inzwischen vollständig umschlossen, die Feuerwehrbrücke und die kleinen Angelstege aus früherer Zeit sind verschwunden. Das Schilf hat sich die wenigen vormals freien Stellen zurückerobert. Auf dem Buchholz weiden sommers kaum mehr Kühe, die an ihren Tränken kleine, festgetretene Badestellen hinterlassen. Auch die Dörfler scheinen das Interesse an ihrem See ein Stück weit verloren zu haben, wenngleich die schönen neuen Häuser am Ende der Retzower Straße näher ans Ufer herangerückt sind. Offenbar hält das heutige Leben so viel mehr an Abwechslung und wohl auch an Pflichten und Sorgen bereit, dass sie dem See weniger Beachtung schenken. Nur ab und zu entdeckt ein Urlauber mit seinem Kanu das kleine Fließ zum Schulzensee, blickt erstaunt auf das verträumt in der Sonne liegende Gewässer und ist bald darauf wieder verschwunden.

Beiderseits der Wasserstraße

Das Wald- und Seenland von der Müritz bis in den Norden Brandenburgs hinein haben wir den Eiszeiten, vor allem der letzten, der Weichseleiszeit zu verdanken. Zur näheren Betrachtung lohnt sich ein kleiner Ausflug in die Erdgeschichte. Aus den fast fünf Milliarden Jahren, die unser Planet auf dem Buckel hat, sind für uns die letzten dreißig Millionen Jahre von Interesse. Seitdem nämlich befinden wir uns im känozoischen Eiszeitalter, einer jener zuvor bereits mehrfach aufgetretenen, Jahrmillionen währenden Kaltzeiten, in denen mindestens einer der beiden Erdpole vereist war. Von der letzten, bis heute andauernden Kaltzeit bemerken wir zum Glück nicht viel, weil es immer wieder darin eingelagerte Zwischenwarmzeiten gegeben hat. Die letzte, das Holozän, setzte vor ca. 12 000 Jahren ein, vertrieb die Eiszeitkälte aus Mitteleuropa und machte unser heutiges, zumeist wohltemperiertes Leben erst möglich.

Die Weichseleiszeit war der vorerst letzte Eisvorstoß aus Skandinavien, der es bis zu uns geschafft hat. Genauer gesagt, gab es damals gleich mehrere dieser Eisschübe, denen jeweils wärmere Perioden mit zurückweichendem Eis folgten. Einer der letzten Eisvorstöße erreichte zwischen 15 000 und 12 000 v. Chr. noch den Süden Mecklenburgs. Ihm und dem anschließenden Holozän haben wir die dortige Wald- und Seenlandschaft zu verdanken. Erdgeschichtlich gesehen ist unsere schöne Gegend somit gerade erst vor wenigen Augenblicken entstanden.

Welche Kräfte waren es, die unsere Landschaft so nachhaltig modelliert haben? Da war zunächst der aus Norden vordringende Eispanzer, der Unmassen von Gestein und anderes Sediment mit sich führte. Als die mächtigen Gletscher infolge der einsetzenden Zwischenwarmzeit abtauten und nach Norden zurückwichen, hinterließen sie auf der geschwungenen Linie ihres weitesten Vordringens die typischen Kennzeichen einer Eisrandlage. Dazu gehörten die auffälligen, aber nicht durchgängig vorhandenen Endmoränenlandschaften, deren Hügelketten aus verschiedenen Sedimenten bestanden, die das Eis mitgebracht und bei seinem Abschmelzen zurückgelassen hatte.

Das Schmelzwasser schwemmte Unmengen feinerer Sedimente aus und lagerte sie vor der Eisstillstandslinie ab. Sander aus Kies und Schwemmsand entstanden, die wenig fruchtbare Böden abgaben. Auf ihnen wuchsen später vor allem Kieferwälder. Das ist die typische Bodenkrume unserer heutigen Kleinseenplatte. Diese Prozesse verliefen jedoch nicht linear, und so gab es in den Sand- und Kiesflächen immer wieder auch Einschlüsse von Geschiebemergel. Daraus entstanden mit der Zeit fruchtbare Böden, auf denen sich u. a. Eichen- und Buchenwälder ansiedelten.

Auch bei der Entstehung unserer Gewässer waren Eis und Schmelzwasser maßgebliche Akteure. Bereits unter den hunderte Meter starken Gletschern hatte sich Schmelzwasser gebildet, das beim Abfließen Eistunnel bildete und tiefe Rinnen ins Erdreich grub. Als das Eis verschwunden war, blieben diese glazialen Rinnen übrig und füllten sich teils mit Sedimenten, teils mit Wasser. So entstanden zahlreiche Rinnenseen und ganze Seenketten, die eine beachtliche Tiefe erreichen konnten. Der Feldberger Schmale Luzin ist einer dieser typischen Rinnenseen. Auch unsere von der Müritz über den Mirower See bis in die Havelgewässer reichende Seenkette ist gewiss auf diese Weise entstanden.

Beim Rückzug der Gletscher hat sich das Eis in vielen der Mulden und Bodensenken noch wesentlich länger halten können. Dieses Toteis wurde von Sedimenten überdeckt, die wie eine Isolierschicht wirkten und das Abtauen verzögerten. Nach und nach war auch dieses Resteis verschwunden, die Deckschicht aus Sedimenten sank herab und, soweit wasserundurchlässiges Material im Spiel war, füllten sich die Vertiefungen mit Schmelz- und Regenwasser. Viele unserer Seen sind auf diese Weise entstanden. Auch die zahlreichen kleinen Waldseen und Sölle haben ihren Ursprung in allmählich abgetauten Toteisblöcken.

Auf welchem Wege auch immer, als das Eis endgültig aus unserer Region verschwunden war, hatte es eine von Gewässern durchzogene Landschaft hinterlassen. Viele der Seen besaßen natürliche Verbindungen, aber ein geschlossenes Gewässersystem mit Anschlüssen über die Region hinaus gab es noch nicht. Landbrücken standen dem ebenso im Wege wie die unterschiedliche Höhenlage einzelner Gewässer. Das sollte sich erst in späterer Zeit mit dem Bau von Schleusen und Kanälen ändern.

In den folgenden Jahrtausenden lebten germanische und ab dem sechsten, siebten Jahrhundert slawische Stämme in unserer Gegend. Letztere waren allmählich eingewandert, nachdem die germanische Bevölkerung im Zuge der Völkerwanderung das Gebiet großenteils verlassen hatte. Waren es zunächst nomadisierende Jäger und Sammler, die das Land durchstreiften und dem Wild nachstellten, kamen später Ackerbau und Viehzucht in Gebrauch. Die Menschen wurden nun sesshaft, machten sich die Gaben der Natur aber weiterhin nutzbar.

Das Holz aus den Wäldern fand als Bau- und Brennmaterial Verwendung, Wildbret bereicherte die Speisezet-

tel und auch mit dem Fischen kannte man sich bereits gut
aus. Auf dem Wasser war man in einfachen, mit Teer ab-
gedichteten Holzbooten unterwegs. Holzteer kannte man
bereits recht früh. Insgesamt blieben die Menschen in ihrer
unmittelbaren Umgebung und versorgten sich weitgehend
autark mit allem Notwendigen. Auf regionalen Märkten
und von umherziehenden Händlern bekamen sie all das,
was sie nicht selbst herstellen oder vom örtlichen Hand-
werk beziehen konnten.

Erst mit der westelbischen Einwanderung und dem
Aufkommen entsprechender Techniken erhielt das Wasser
etwa seit dem 13. Jh. eine größere wirtschaftliche Bedeutung. Inzwischen hatte sich eine feudale Klassengesellschaft etabliert, in der weltliche wie kirchliche Herrschaften
als große Grundbesitzer ein vitales Interesse zeigten, aus
der Entwicklung des Landes Nutzen zu ziehen. Der Wa-
rentransport auf dem Wasser gewann ebenso an Bedeutung
wie seine Nutzung zum Betreiben von Mühlen. In späterer
Zeit waren es die industrielle Entwicklung und die Waren-
ströme aus Holz, Baustoffen und Agrarprodukten, die für
Veränderungen auf unseren Wasserstraßen sorgten. Sie alle
können uns einiges über die wirtschaftlichen und auch politischen Entwicklungen im Wandel der Zeiten berichten.
Die Müritz-Havel-Seenkette ist dafür ein gutes Beispiel. Sie begann ursprünglich im Caarpsee und führte über
Woterfitz-, Leppin- und den beiden Kotzower Seen sowie
dem Granzower Möschen in den Mirower See. In ihrer Weiterführung über Zotzensee und Peetscher Mössen reichte
sie bis zum Vilzsee, um sich von dort nach Westen und
Norden um den Mirower Holm herum fortzusetzen. Die
Verbindung zwischen den Seen stellten natürliche Was-

serläufe her, die zumeist schmal, flach und nur mit Booten passierbar waren. Bis ins 19. Jh. gab es zur Müritz und weiter zur Elde noch keine schiffbare Verbindung. Auch vom Vilzsee nach Südosten versperrten Landbrücken den Weg in die Havelseen. Die heutigen Kanäle und Schleusen wurden erst im 19. Jh. gebaut. Aber dazu später mehr.

Vor der Ostexpansion und der Ankunft deutscher Siedler lebten hier die slawischen Redarier. Zahlreiche der heutigen Ortsnamen mit den Endungen -ow, -itz oder -in erinnern daran. Es war eine kriegerische Zeit mit immer wiederkehrenden Raub- und Eroberungszügen. Deshalb gab es im Umfeld slawischer Siedlungen befestigte Rückzugsorte auf Inseln oder in anderem schwer zugänglichen Gelände, die man bei Gefahr aufsuchte. Das konnten hölzerne Burgen oder auch einfache Erdwälle sein, von denen heute nur noch wenig zu finden ist. Entlang der Müritz-Havel-Wasserstraße gab es mehrere dieser slawischen Burgwälle, so etwa zwischen Müritzufer und Caarpsee. Auf einer Insel in einem der heutigen Boeker Fischteiche sind seine Umrisse noch gut zu erkennen. Andere slawische Befestigungen hat man auf der Insel Schulzenwerder bei Babke, südwestlich von Lärz, bei Neu Gaarz und auf einer Halbinsel südlich von Ahrensberg nachgewiesen. Auch die kleine Insel im Granzower Möschen könnte ein solcher Fluchtort gewesen sein. Durch die Ostexpansion wurde die slawische Bevölkerung allmählich nach Osten abgedrängt, oder sie verschmolz mit den einwandernden deutschen Siedlern.

Im Verlauf des 13. Jh. lassen sich erste Wassermühlen in unserer Region nachweisen. Kurz nach dem Eintreffen der Johanniter 1226 gab es eine solche bereits am Mirower See. Ursprünglich besaß der See zweihundert Meter westlich der heutigen Brücke einen natürlichen Abfluss. Dort schüttete man einen Damm durch das unwegsam-sumpfige Terrain, für den zuunterst einige Lagen Baumstämme eingebracht wurden. Damit staute man den See für den Betrieb einer Wassermühle an. Der Name Mühlendamm hat hier seine Wurzeln, ebenso die früher gebräuchlichen Bezeichnungen Mühlbach oder Mühlenfließ. Die Wassermühle verschwand erst mit der Schiffbarmachung der Wasserstraße in der ersten Hälfte des 19. Jh., als der Stau beseitigt, der Mühlbach großenteils aufgefüllt und der heutige Kanal nach Süden angelegt wurde.

Mit dem Mühlendamm entstand der weithin einzige Übergang an der viele Kilometer langen Müritz-Havel-Gewässerkette. Die Ordensbrüder nutzten ihn, um zu ihren Besitzungen westlich des Sees zu gelangen, Heereszüge und Händler fanden diesen Weg, so dass sich mit der Zeit gleich mehrere Verkehrsstränge hier trafen. Das versprach beständige Einnahmen, weshalb dort unten auf dem Platz des heutigen Seesterns bald eine Zollstation entstand.

Um das Jahr 1270 fand die Fleether Mühle südlich von Mirow urkundliche Erwähnung, als sie in den Besitz der Johanniterkomturei gelangte. Sie nutzte den Höhenunterschied zwischen Vilz- und Rätzsee für ihren Betrieb, zunächst als Getreidemühle. Erst gegen Ende des 18. Jh. wurde ein zweites Mühlrad eingebaut, so dass nun auch ein Sägewerk hinzu kam. Rund um die Mühle, die für etliche Dörfer in der Umgebung tätig war, entstand mit der Zeit ein Gutshof mit Scheunen und Stallungen, so dass Mühlbetrieb und Landwirtschaft an einem Platz stattfanden.

Auch im Norden der Müritz-Havel-Seenkette entstanden Wassermühlen. Die Boeker Mühle, damals ebenfalls im Besitz der Mirower Ordensbrüder, fand 1270 schriftliche

Erwähnung, als der Landesherr Nikolaus von Werle einen Graben von der Müritz zur Mühle anlegen ließ. Ihr Standort an der engsten Stelle zwischen Müritz und dem vier Meter tiefer gelegenen Caarpsee erlaubte es, das enorme Gefälle zum Antrieb des Mühlrads zu nutzen. Die Lage war so gut, dass man einige Jahrhunderte später mit der Bolter Mühle etwas weiter südlich eine zweite Anlage errichtete.

Beide Mühlen erzeugten jedoch erheblichen Zwist, denn sie lagen genau auf der Wasserscheide zwischen der nach Norden entwässernden Müritz und den nach Süden ablaufenden Havelgewässern. War ihr Durchlauf zu groß, behinderten niedrige Pegelstände die Schifffahrt auf der Elde und den Betrieb der dortigen Wassermühlen. Gelangte zu wenig Wasser hinunter, ertönten ähnliche Klagen entlang der Müritz-Havel-Wasserstraße. Beide Mühlen, die lange Zeit gemeinsam in Betrieb waren, besaßen somit eine wichtige Regulierungsfunktion. In einer Konvention zwischen Mecklenburg-Schwerin und Preußen, der sich auch Mecklenburg-Strelitz anschloss, wurde schließlich gegen Ende des 18. Jh. der Wasserdurchlauf vertraglich geregelt.

Anfang des 19. Jh. stellte die Boeker Mühle ihren Betrieb ein. Elderegulierungen hatten zu einer erheblichen Absenkung des Müritzpegels geführt und den Mühlgraben austrocknen lassen. Als Ersatz errichtete man später eine Holländer-Windmühle, die bis etwa 1920 in Betrieb war und deren Reste man erst in den 70er Jahren beseitigte. Nun gelangte nur noch über die Bolter Mühle Wasser hinunter zur Havel. Ein zusätzliches Wehr sollte die gewünschten Wasserstände besser regulieren. Ende des 19. Jh. erhielt die zum Gut Retzow gehörende Mühle eine umfassende Erneuerung und Erweiterung. Ein neuer Mühlgraben, der oberhalb der inzwischen erbauten Schleuse vom Bolter Kanal abzweigte und unterhalb der Mühle wieder in den Kanal einmündete, versorgte sie mit ausreichend Wasser. Neben der Getreidemühle war nun auch ein Sägewerk hinzugekommen. Der Mühlbetrieb kam schließlich Anfang des 20. Jh. ganz zum Erliegen. Um im Besitz der Wasserrechte zu bleiben, verhinderte die Schweriner Landesregierung einen Verkauf der Mühle an Preußen und erwarb sie selbst. Die alten Mühlenwerke und Maschinen wurden herausgenommen und gesondert verkauft. Ein großer Teil der Gebäude fiel anschließend den Abrissbirnen zum Opfer.

Heute sind nur noch das Haupthaus und das Ende des 19. Jh. errichtete Getriebehaus zu sehen. Einige Anlagen samt Mühlrad und Zulauf wurden in den letzten Jahren wieder instand gesetzt und dienen heute touristischen Zwecken. Unterhalb der Mühle sind etliche Fischteiche angelegt worden, die weiterhin in Betrieb sind. Vielerlei Wasservögel sind dort zu besichtigen. Die Bolter Wassermühle ist ein beliebter Haltepunkt für Wasserwanderer, die auf der Alten Fahrt unterwegs sind. Auch viele Ausflügler, die sich auf dem Weg zum Müritzufer oder in den gleichnamigen Nationalpark befinden, legen hier gern eine Rast ein.

Im Norden der Müritz-Havel-Wasserstraße etablierte sich in früheren Zeiten mit der Glasherstellung ein weiterer vorindustrieller Wirtschaftszweig. Die Glasmacher kamen einst vor allem aus Westfalen in unsere Region, waren für etliche Jahre an einem Ort tätig und zogen anschließend weiter. Die ersten Glasmacher tauchten schon im 13. Jh. in Mecklenburg auf, aber der eigentliche Zustrom begann erst nach dem Dreißigjährigen Krieg. Meistens schlossen sie einen Vertrag mit den Grundeigentümern, der beiden Seiten Vorteile brachte. Da sie für ihre Brennöfen viel Holz benötigten, verpflichteten sich die Glasmacher, die infolge des Krieges zum Teil brachliegenden und verbuschten Äcker zu beräumen und Waldflächen fein säuberlich zu roden, damit sie wieder beackert werden konnten. Ein Stück Land zur Eigenversorgung wurde ihnen ebenfalls überlassen.

Um das Jahr 1700 gab es solche Glashütten auch in der Boeker Gegend. Das dortige Gut warf auf den kargen Böden wenig Ertrag ab, so dass der Eigentümer die Glasproduktion auf eigene Rechnung betrieb und die zugewanderten Glasmacher für ihre Arbeit entlohnte. Zwei kleinere Brennöfen aus Ziegeln befanden sich in den Wäldern außerhalb des Dorfes. Holz gab es dort genug, Quarzsand und Kalk als zwei der wichtigsten Grundstoffe ebenfalls. Die Pottasche gewannen die Glasmacher durch das Auslaugen der Asche aus den Stubenöfen der Einwohner. Nur einige Zusatzstoffe für die Fertigung verschiedener Glassorten und Farbgebungen mussten zugekauft werden. Fehlte es an Aufträgen, betätigten sich die Glasmacher auch als Ofenbauer. Von einer weiteren Glashütte in den Wäldern nördlich von Zartwitz war bereits 1669 die Rede. Vermutlich war das eine der beiden Boeker Anlagen, von der sich später der Name des Wohnplatzes Zartwitzer Hütte ableitete.

Die Glasmacherei an den heißen Brennöfen war eine schweißtreibende und schwere Arbeit, weshalb die Verträge mit den Grundeigentümern häufig auch die kostenlose Bereitstellung von ausreichend Bier enthielten. Vom Holzeinschlag bis zum Verkauf der Glasartikel ging es arbeitsteilig zu, so dass eine Brennerei oft mehrere Dutzend Beschäftigte umfasste. Meistens gehörten sie zu einer Großfamilie, waren allesamt miteinander verwandt oder verschwägert. Die Glasbrennerei betrieben sie vom Frühjahr bis zum Spätherbst. Den Winter nutzten sie für Reparaturen und zum

Holzeinschlag für die nächste Saison.

Die Glaszeit in der Boeker Region ging irgendwann zu Ende. Die Zartwitzer Glashütte fand um 1790 letztmalig Erwähnung. Vielleicht hatte der Gutseigentümer die Verträge wegen des enormen Holzverbrauchs auslaufen lassen. Möglich ist auch, dass die Konkurrenz der im 19. Jh. aufkommenden industriellen Glasproduktion der Grund dafür war. Allerdings gab es im Nachbardorf Speck noch bis in die Mitte des 19. Jh. eine tätige Glashütte.

Die Herstellung von Holzteer kannte man schon in der Slawenzeit Mecklenburgs, auch entlang der Müritz-Havel-Seenkette. Archäologische Funde aus jener Zeit sind rar, weil es sich um sehr einfache, ebenerdige und kleine Mailer handelte, die lediglich zur Eigenversorgung dienten. Eine der frühesten Produktionsstätten ist in der Peetscher Gegend nachgewiesen worden. Holzteer war bis ins 19. Jh. hinein ein wichtiger Stoff, der zum Abdichten der Boote und Imprägnieren von Fischernetzen, als Klebe-, Konservierungs- und Isoliermittel Verwendung fand. Auch zum Kurieren von Menschen- und Tierkrankheiten nutzte man Beimischungen aus Holzteer. Bei dreihundert und mehr Grad Hitze gewann man ihn aus dem Verschwelen von Holz unter Luftabschluss, woraus zum einen Holzteer, zum anderen Holzkohle entstand. Häufig war Holzkohle mit ihrem hohen Brennwert das Hauptprodukt, aber der Teer fand ebenfalls vielfache Verwendung. Er wurde in gesonderten, unter dem Mailer befindlichen Behältnissen aufgefangen. Wollte man ihn weiter reinigen und verfeinern, wurde er nochmals aufgekocht, wodurch Pech entstand. Bei der Verschwelung des Holzes bildete sich außerdem Holzessig, der als fäulnishemmender Holzanstrich, zum Imprägnieren von Tauen und Netzen sowie zur Behandlung kranker Tiere Verwendung fand.

Erst in späterer Zeit kamen mehr und größere Mailer in Gebrauch, die für den Weiterverkauf produzierten. Solche Anlagen entstanden wegen des hohen Holzverbrauchs inmitten der Wälder, so bei Strasen, Canow, Drosedow und Peetsch. Um die Mailer herum siedelten sich die Köhler und anderes Volk an. Daraus entstanden neue Wohnplätze, deren Ursprung man an den Ortsnamen ablesen kann. Ein solcher Platz war in unserer Gegend der Schillersdorfer Teerofen am Großen Kotzower See. Der Hauptort mit den umliegenden Wäldern gehörte seit Ende des 13. Jh. den Mirower Ordensbrüdern. Der Teerofen fand um das Jahr 1700 erstmals Erwähnung. Bis zur Mitte des 19. Jh. wurde dort Holzteer gewonnen. Danach war die Konkurrenz der inzwischen mit Steinkohle arbeitenden industriellen Massenproduktion zu stark, so dass die Mailer stillgelegt wurden.

Im ersten Drittel des 19. Jh. wuchs das Bestreben, eine schiffbare Verbindung von der Elde über die Müritz bis zu den Havelseen und weiter nach Berlin zu schaffen. Mit der aufkommenden Industriellen Revolution wuchs der Transport von Massengütern stetig an. Auch die Landesherren beider Großherzogtümer Mecklenburgs erhofften sich von einer neuen Wasserstraße unter Nutzung der natürlichen Seenkette zusätzliche Einnahmequellen. Bereits zuvor hatte man an der Elde etliche Wehre beseitigt, die den Schiffsverkehr behinderten. Das führte zu einer Absenkung des Müritzpegels um zwei Meter, wodurch der See deutlich an Fläche verlor. Einige Gewässer im heutigen Müritz-Nationalpark, die bis dahin zur Müritz gehörten, waren nun durch eine Landbrücke vom Hauptgewässer getrennt.

Mit dem fünf Kilometer langen Bolter Kanal vom Müritz-Ostufer zum Caarpsee wurde in den 30er Jahren des 19. Jh. die fehlende Verbindung hinüber zu den nach Süden führenden Gewässern hergestellt. Für den Kanalbau nutzte man die Trasse des Mühlfließes. Gleichzeitig entstand die Bolter Schleuse, die den Höhenunterschied zwischen Müritz und der Seenkette ausgleichen sollte. Die Schleusenkammer aus gebrannten Ziegeln, nach heutigen Maßstäben recht schmal und nicht sehr lang, wurde an den Enden durch jeweils zwei Stemmtore verschlossen. Neben Booten konnte sie Lastkähne mittlerer Größe aufnehmen. Die neue Schleuse sorgte nun auch für die Regulierung der Wasserstände zwischen beiden Gewässersystemen. Gleichzeitig entstand der Junkerkanal zwischen Caarp- und Woterfitzsee. Auch hier war zuvor ein Fließ vorhanden, das nun schiffbar gemacht wurde.

Vom Mirower See zum Zotzensee musste ebenfalls eine schiffbare Verbindung gebaut werden, denn der schon erwähnten Mühlbach war dazu kaum geeignet. So entstand der heutige Kanal, der weiter westlich den See verließ und erst hinter der Eisenbahnbrücke in das ursprüngliche Fließbett einschwenkte. Dieser Punkt mit einem Rest des abzweigenden Mühlbachs ist heute noch gut zu erkennen. Ende des 19. Jh. hieß es beim Bau der Bahnstrecke nach Wittstock, die Eisenbahnbrücke überquere den Mirower Bach. Das war die ortsübliche Bezeichnung, obwohl es sich bei der Überbrückung schon um den neuen Kanal handelte.

Anfang des 20. Jh. entstand im Boeker Ortsteil Zartwitz eine Ziegelei, deren Erzeugnisse man ebenfalls über die Müritz-Havel-Wasserstraße verschiffte. Um die Verladung direkt am Fabrikgelände vornehmen zu können, wurde vom Ostufer der Wotzerfitz ein Stichkanal angelegt.

Die Mecklenburgische Dach- und Falzziegelfabrik Zartwitz arbeitete jedoch nur kurze Zeit. Mitte der 30er Jahre musste auch dieser Ort geräumt werden.

Bolter Kanal und Schleuse waren etwa einhundert Jahre in Betrieb. Dann wurde die Wasserstraße gesperrt, weil sie der Erprobungsstelle Rechlin im Weg war. Ende des Ersten Weltkriegs gegründet, erlangte sie für die Kriegsvorbereitung der Nazis eine zentrale Bedeutung. Hier wurden nun die Militärflugzeuge aller deutschen Hersteller auf ihre Kriegstauglichkeit getestet. Dazu richtete man vom Müritzufer bis über die Wasserstraße hinweg ein riesiges Übungsgelände ein. Etliche Dörfer mussten diesen Plänen weichen, deren Bewohner sich anderswo eine neue Bleibe zu suchen hatten. Die meisten der freigezogenen Ortschaften wurden durch Bomben und Bordwaffen dem Erdboden gleichgemacht. Einige Gebiete sind heute noch munitionsverseucht. Betreten bei Lebensgefahr verboten, heißt es dort.

Als Ersatz für die mitten durch das Testgebiet verlaufende Wasserstraße wurde 1935-36 ein neuer, knapp zehn Kilometer langer Kanal ausgehoben, der vom südlichen Müritzufer über Sumpf- und Ragunsee nach Mirow führte und südlich der Kleinstadt wieder in die alte Wasserstraße einmündete. Zum Ende hin übernahm eine neue Schleuse die Aufgabe, den Höhenunterschied zwischen den Müritzgewässern und der Kleinseenplatte auszugleichen. Die Mirower Schleuse wurde mit ihren markanten Hubtoren rasch zu einem Wahrzeichen der Stadt. Einheimische und Urlauber machen gern Halt auf der dicht am unteren Schleusentor vorbeiführenden Straßenbrücke. Sie verfolgen den regen Boots- und Schiffsverkehr und amüsieren sich über die unbeholfenen Ein- und Ausfahrtmanöver so mancher Freizeitkapitäne. Leichte Boote müssen nicht auf die Schleusenzeiten warten. Für sie gibt es einen auf Schienen laufenden Trailer, mit dem das Übersetzen zwischen Ober- und Unterwasser per Muskelkraft erledigt werden kann.

Nach Kriegsende konnte man die alte Müritz-Havel-Wasserstraße zwar wieder passieren, aber die Bolter Schleuse stellte bald darauf ihren Betrieb endgültig ein. Zuvor hatte sie für kurze Zeit die Mirower Schleuse ersetzt, die noch in den letzten Kriegsstunden beschädigt worden war. Mitte der 50er Jahre verschwand die Bolter Schleuse gänzlich, als man die Stemmtore abmontierte und das Schleusenbecken mit Schutt und Erdreich verfüllte. Somit blieb der Mirower Kanal als einzige schiffbare Verbindung übrig.
Seither ist die Alte Fahrt, die historische Müritz-Havel-Wasserstraße, den vielen Wasserwanderern vorbehalten, die im Süden Mecklenburgs unterwegs sind. Nach der Einstellung des Schiffsverkehrs haben sich in den Flachzonen der beiden Kotzower Seen und anderswo rie-

sige Seerosenfelder angesiedelt, die ihresgleichen suchen. Die Uferstrecken sind dicht bewaldet und strahlen eine große Ruhe aus. Nur wenige kleine Ortschaften begegnen den Touristen auf ihrem Weg entlang der Seenkette. Geradezu märchenhaft sind die Passagen durch die alten Kanalstrecken. Unter dem Laubdach der mit ihren Kronen bis in die Gewässermitte reichenden Bäume wähnt man sich in einem tropischen Urwald. Mit Kanus gelangen die Wasserwanderer auch heute noch in die Müritz, wenn ihnen das Umtragen der Boote an der einstigen Bolter Schleuse nicht zu anstrengend erscheint.

Unterwegs lohnt sich ein gelegentlicher Landgang. Pilze und Beeren gib es überall reichlich in den Uferwäldern. Waldlichtungen eignen sich bestens für eine ausgiebige Rast, und rasch findet sich eine seichte Uferstelle für ein kühles Bad. Lohnenswert ist ein Abstecher ins Arboretum Erbsland, einen Kilometer vom Ostufer des Großen Kotzower Sees entfernt. Das botanische Kleinod umfasst sieben Hektar fruchtbaren Bodens inmitten karger Sanderflächen. Einst hatten Bauern der Umgebung dort Erbsen angebaut, woraus der Name entstand. In den 80er Jahren des 19. Jh. hatte der Mirower Forstmeister Friedrich Scharenberg dort vierzig Baumsorten aus verschiedenen Kontinenten ausgepflanzt, um ihr Gedeihen unter den klimatischen Bedingungen Norddeutschlands zu erkunden. Viele der Bäume haben die Zeit seither gut überstanden, so dass man dort eine in Deutschland wohl einmalige Artenvielfalt antrifft. Das Arboretum Erbsland ist damit eine der ältesten forstwirtschaftlichen Versuchsflächen unseres Landes.

Die größte und bekannteste Attraktion entlang der alten Müritz-Havel-Wasserstraße ist ohne Zweifel der Müritz-Nationalpark. Er ist der größte Deutschlands und besteht aus zwei Teilen, getrennt durch eine schmale, beiderseits von Neustrelitz verlaufende Landbrücke. Der kleinere nordöstliche Teil umfasst das hügelige Wald- und Seengebiet rund um Serrahn mit einem Altbuchenbestand, der zum Weltnaturerbe zählt. Der größere erstreckt sich mit seinen ca. 260 qkm entlang des Müritz-Ostufers und von dort weit hinein in das kaum bewohnte Hinterland.

Es ist eine Wald-, Seen- und Heidelandschaft von ursprünglicher Schönheit, die in vergangenen Zeiten häufigen Wandlungen unterworfen war. Eine der größten Veränderungen des Landschaftsbilds verursachte die Absenkung des Müritz-Wasserstands zum Ende des 18. Jh. Weite bis dahin überflutete Gebiete im Osten fielen dadurch trocken und ließen einzelne Seen sowie ausgedehnte Feucht- und Moorgebiete entstehen. In der Folgezeit gab es wiederholte Versuche, durch Trockenlegungen eine landwirtschaftliche Nutzung zu ermöglichen. Kanäle und Gräben wurden gezogen, Weideflächen für die Rinderzucht entstanden, ausgedehnte Birkenwälder siedelten sich an. Im 19. Jh. kam es auf den kargen, für den Ackerbau kaum nutzbaren Sanderflächen zur Anpflanzung ausgedehnter Kiefernwälder, die bis heute Teile des Nationalparks prägen. Seit den 90er Jahren wird versucht, durch eine Wiedervernässung der einstigen Feucht- und Moorgebiete die ursprüngliche Landschaft wiederherzustellen.

Allzu oft wird die Geschichte des Nationalparks auf die Zeit nach 1990 verkürzt, wodurch der Eindruck entsteht, dass in dieser Region zuvor ausschließlich Naturfrevel und Missbrauch durch DDR-Staatsjagden regiert hätten. Das Gegenteil ist der Fall. Die Bemühungen um den Schutz der Natur sind viel älter, und auch die Jägerei als Privileg der

171

Herrschenden und Mächtigen haben nicht erst die DDR-Oberen erfunden. Aber der Reihe nach.

Die Geschichte des Serrahner Teils reicht bis ins 18. Jh. zurück. Damals wurde es Jagdgebiet des herzoglichen Neustrelitzer Hofes, anschließend erweitert und zum Wildpark ausgebaut. Das Interesse an der idyllischen und wildreichen Region ließ auch später kaum nach. Bei den Nazis stand das Serrahner Gebiet ebenfalls hoch im Kurs, wurde vom Reichsforstmeister Hermann Göring auf mehr als dreitausend Hektar vergrößert und zum Jagdrevier erster Klasse erhoben. Bereits wenige Jahre nach der DDR-Gründung erhielt das Areal den Rang eines Naturschutzgebietes. 1953 nahm eine biologische Forschungsstation ihre Arbeit auf, und die Wälder drumherum erhielten den Status eines Wildforschungsgebiets. Der langjährige Förster Hubert Weber hatte mit seiner Familie großen Anteil an der Durchsetzung vieler Schutzmaßnahmen. In den 80er Jahren sicherte sich die DDR-Führung in der Region ein privilegiertes Jagdgebiet unter Einschluss der Serrahner Wälder.

Hier wie andernorts waren die Staatsjagden ein moralischer Supergau, der den DDR-Oberen im Ansehen der Bevölkerung immensen Schaden einbrachte. Sie, die angetreten waren, den Unterschied zwischen unten und oben in der Gesellschaft abzubauen, genehmigten sich nun ähnliche Privilegien wie die Herrschenden zuvor. Wasser predigen und Wein saufen, das konnte nicht gutgehen. Die Kluft zwischen der politischen Führung und großen Teilen der Bevölkerung ist nicht zuletzt durch die unsäglichen Staatsjagden größer und größer geworden.

Das Nationalparkgebiet östlich der Müritz war seit jeher spärlich besiedelt. Nach Osten erstreckten sich die im 19. Jh. aufgeforsteten Kiefernwälder. Zur Müritz hin dominierten Seen, Feucht- und Moorgebiete. In den 1920er Jahren erwarb der Architekt und Industrielle Dr. Kurt Herrmann dort große Gebiete, die bald neuntausend Hektar umfassten. In Speck ließ er sich ein komfortables Jagdschloss einrichten. Göring, Goebbels und andere Nazigrößen gingen bei ihm ein und aus. Unter Naturschutzvorwänden und mit Hilfe seiner Gönner gelang es ihm, sein Jagdgebiet weitgehend von äußeren Einflüssen freizuhalten.

Dennoch gewann auch in der Müritzregion die Sorge um den Erhalt der Natur an Boden. In Waren bildete sich ein Naturschutzverein, und 1931 wurde rund um ein altes Bauerngehöft das zweihundertsiebzig Hektar große Naturschutzgebiet Müritzhof ausgewiesen. Das alles war eng mit dem Namen des Wareners Karl Bartel verbunden. Er bewirkte auch, dass die Kreisverwaltung seiner Heimatstadt 1949 das geschützte Areal stark erweiterte. Das 1954 gegründete Naturschutzgebiet „Ostufer der Müritz" wurde mit seinen fünftausend Hektar das größte von über neunhundert in der DDR. Gleichzeitig begann mit der Naturschutz-Lehrstätte Müritzhof die weltweit erste Einrichtung dieser Art zu arbeiten. Bis 1989 wurden hier fast zwölftausend ehrenamtliche Naturschutzhelfer aus- und weitergebildet, die zum Rückgrat des Naturschutzes in der DDR wurden. Während der Ausbildung erhielten die Teilnehmer von ihren Arbeitsstätten eine bezahlte Freistellung. Aber auch hier am Müritz-Ostufer machte das Streben der DDR-Oberen nach feudal anmutenden Jagdrevieren nicht Halt. Das Naturschutzgebiet wurde in den 70er Jahren kurzerhand in ein größeres Wildforschungsgebiet integriert, das fortan dem Ministerratsvorsitzenden Willi Stoph als Staatsjagd diente.

Das alles liegt nun viele Jahre zurück. Im September

1990 kam es durch das Nationalparkgesetz der letzten DDR-Regierung zur Einrichtung umfangreicher Schutzgebiete, zu denen auch das Ostufer der Müritz und die Serrahner Wälder gehörten. Mit 322 qkm Gesamtfläche ist der Müritz-Nationalpark nun der größte Deutschlands. Heute ist er ein Eldorado für See- und Fischadler, für Kraniche und viele andere Vögel auf ihren jahreszeitlichen Wanderungen, ein Schutzgebiet für die typische Flora und Fauna unserer Heimatregion. Mit dem Caarpsee und der Woterfitz gehören seither auch die nördlichen Teile der alten Müritz-Havel-Wasserstraße zum Schutzgebiet.

Dabei stoßen nicht alle Maßnahmen der Nationalparkverwaltung auf ungeteilte Zustimmung. Durch die Wiedervernässung einstiger Moore und Feuchtgebiete gingen landwirtschaftliche Nutzflächen verloren. Auch die vielen abgestorbenen Birken als Folge der Vernässung erfreuen kaum ein Auge. Einschränkungen auf Gewässern und in den Wäldern greifen in den Alltag der Bewohner ein und lösen wenig Freude aus. Dennoch, die Bewahrung der Natur steht im Mittelpunkt und ist jede Anstrengung wert. Wichtig dabei ist die Frage, woran sollten sich heutige Bemühungen orientieren, ursprüngliche Naturzustände wiederherzustellen. Ebenso wie wir Menschen und unsere Gesellschaft hat sich die Landschaft, in der wir leben, mit den Zeiten verändert. Wir werden nicht weit kommen, wenn wir uns in zielloser Nostalgie verlieren. Wichtig ist, der Zerstörung der Natur in der Jetztzeit Einhalt zu gebieten. Das allein schon wird eine Herkulesaufgabe sein.

Von Fischern und Fischen

Seit der ersten Besiedlung unserer gewässerreichen Region wird es den Fischfang gegeben haben. Er war wichtig für jene nach dem Verschwinden des Eises hier durchziehenden Menschen, die vom Wild, den Pilzen und Beeren der Wälder, von Fischen und sonstigem Wassergetier lebten. Mit dem Aufkommen von Ackerbau und Viehzucht und dem Sesshaftwerden der Menschen erweiterte sich ihr Nahrungsangebot, wurde weniger abhängig von den Zufällen und Unwägbarkeiten der Natur. Dennoch blieben die Wälder und Seen wichtige Lieferanten. Ihre Gaben waren, vielfach verbunden mit der Allmende, bis in die etablierte Feudalgesellschaft hinein der Allgemeinheit zugänglich.

Es bleibt unklar, wann sich bei uns im Zuge dörflicher und städtischer Arbeitsteilungen eine gewerbliche Fischerei herausbildete. Zunächst scheint es so, dass die Menschen den Fischfang nebenher betrieben, um ihren Speisezettel aufzubessern. Erst später wurde er zu einem speziellen, einiges an Können und Erfahrung fordernden Beruf, während in der breiten Bevölkerung das Fischen mit einfachem Gerät zum Eigenbedarf weiter Bestand hatte.

Wie der Erwerb von Müritzgewässern durch die Mirower Johanniter 1361 zeigte, hat es zu Beginn des Spätmittelalters in unserer Gegend klar geregelte Eigentumsverhältnisse und auch eine gewerbliche Fischerei gegeben. Die Seen und Fließe gehörten den Grundeigentümern, die sie zur Nutzung verpachteten. In unserem Beispiel veräußerte Fürst Bernhard von Werle die „Vipperowschen Wasser" an die Ordensbrüder mit allen daran gebundenen Einkünften und Rechten. Das schloss ausdrücklich die Pächter mit ein, welche die eigentliche Fischerei ausübten. Festgehalten war auch, wann und wieviel Fisch der nächstgelegenen Stadt Röbel zu liefern war. (Meckl. Jahrbücher, Bd. 2, S. 75 ff.)

Die Grundherren, die das Jagd- und Fischereirecht besaßen, zogen aus der Verpachtung lukrative Einkünfte. Beim Verkauf von Ländereien wurden deshalb nicht selten die Gewässer und Fischereirechte ausgenommen. Dagegen gehörte die „kleine Uferfischerei" vielerorts weiterhin zu den Allmende-Nutzungsrechten und blieb den Mitgliedern einer Dorfgemeinschaft gestattet.

Die Vergabe von Fangrechten erfolgte nicht nur an gewerbliche Fischer, sondern in begrenztem Umfang und auf klar definierten Gewässern auch an andere Personen. Das konnten Bedienstete zur Aufbesserung ihrer Bezüge sein oder andere Mitbürger, denen man auf diese Weise Leistungen vergüten wollte. So erhielten die Betreiber von Wassermühlen oft das Recht, Aalfänge einzubauen, was vielerorts zu Streit mit ansässigen Fischern führte. Auch die Dorfschulzen als Beauftragte der Obrigkeit besaßen mitunter Fischereirechte. Die in Mecklenburg und Brandenburg anzutreffenden Schulzenseen weisen darauf hin.

Einige dieser Gepflogenheiten haben sich bis in die jüngste Zeit erhalten. So besaß der im Mirower Holm ansässige Förster ein begrenztes Fischereirecht auf dem Zotzensee vor seiner Haustür. Das war wohl notwendig, denn von dem kargen Verdienst allein konnte ein Förster früher kaum leben. Die sonst übliche Landwirtschaft als Zweiterwerb musste dort winzig bleiben, denn es fehlte in dem Waldgebiet an Ackerland. Die Stadt Waren räumte früher einigen Bürgern ebenfalls ein begrenztes Fischereirecht ein, das einen Steinwurf weit vom Ufer hinaus reichte. Ähnliches ist auch aus der Wesenberger Gegend bekannt. Einige Bauern mit Äckern an der Woblitz besaßen ufernahe Fangrechte, sei es bis zur Wattiefe oder bis auf Steinwurfweite.

Der Blick in die Vergangenheit zeigt, dass Fischerei und Gewässereigentum seit jeher verschiedene Dinge waren. Die Arbeit machten Pächter, was den Eigentümern sichere Einnahmen brachte. Nur in Ausnahmen dürften Fischer selbst Gewässereigentümer gewesen sein. Die Pachtverträge galten für etliche Jahre, um Nachhaltigkeit einschließlich der Hege und den Erhalt der Bestände zu sichern. Üblich waren in der Mecklenburgischen Kleinseenplatte zwölfjährige Laufzeiten, was viel mit dem Aalfang und dem langsamen Aufwachsen dieser begehrten Fische zu tun hatte.

Wie ein Pachtvertrag mit der Stadt Wesenberg von 1905 zeigt, mussten die Fischer mitunter Verträge mit mehreren Eigentümern aushandeln. Oft ließen sich die Verpächter bevorzugte Lieferungen bestätigen. Handelte es sich dabei um Städte, wurden sogar die Marktkonditionen und die Preise für einzelne Fischarten festgeschrieben.

In der Mirower Gegend wird die Gewässerverpachtung ebenfalls Vorrang gehabt haben. Allerdings betrieb die Johanniterkomturei und später der herzogliche Hof auch eine eigene Fischerei, denn die vielen Fastenzeiten machten alles Gewässergetier unentbehrlich für die herrschaftliche Küche. Wie ein Blick auf die Bediensteten des Mirower Bauhofs aus dem Jahr 1571 zeigt, gab es dort neben Hausfischer, Wadenmeister und Wadenknecht auch noch einen „Füerböter, der auch die Fische dreht." Der Name Bauhof ist leicht irreführend, denn so nannte man damals den örtlichen Wirtschafts- und Bauernhof der Komturei.

177

Die Fischerei auf Pachtbasis gilt in der Mirower Gegend und anderswo im Wesentlichen bis heute. Allerdings hatten sich die Eigentumsverhältnisse mehrfach verändert. Die Komturei der Mirower Johanniter kam 1648 mit allen Gewässern in die Hand der mecklenburgischen Herzöge, die es 1919 an den Freistaat Mecklenburg-Strelitz verloren. Die größeren Gewässer gingen nach 1945 in Staatseigentum über, während kleinere Seen auch den Kommunen oder Privatleuten gehören konnten. Vertragspartner der privaten Fischereipächter waren nunmehr die zuständigen staatlichen Stellen bzw. die Kommunen.

Einige Fischereien teilten sich nach Kriegsende die Gewässer oberhalb und unterhalb von Mirow. Sie alle hatten 1946 vom Land Mecklenburg neue Pachtverträge erhalten. Mehrheitlich waren es Einmannbetriebe, die beim Zugnetzfischen und anderen aufwändigen Vorhaben auf zeitweilige Hilfskräfte zurückgreifen mussten.

Am Südende des Mirower Sees gab es schon lange zuvor eine Fischerei. Allerdings lagen dort an gepachtetem Ufer nur ein paar Holzkähne. Der Fischereihof nebst Verkauf befand sich im Fischergang. Die ganze Gegend sah damals anders aus. Die Stelle der heutigen Brücke nahm eine flache Drehbrücke ein. Der Mühlendamm war noch wenig aufgeschüttet, und den Fischergang erreichte man vom See her fast auf geradem Wege. Um die Wende zum 20. Jh. wird von einem Fischereihof mit ein, zwei ufernahen Holzbauten berichtet. Bis 1945 befanden sich dessen Gewässer vom Vilzsee im Süden bis zum Großen Kotzower See im Norden in der Hand des Fischereipächters Zillmann. An seine Stelle trat danach Wilhelm Dinse mit mehreren Mitarbeitern, der auch einen täglichen Fischverkauf unterhalb der Mühlenbrücke unterhielt. An den Mirower Bereich, der zeitweilig

178

auch den Rätzsee umfassen mochte, grenzten im Norden die Pachtgewässer des Zartwitzer Fischers Paul Müller. Im Süden bewirtschaftete Erich Bock den Schwarzer See sowie die angrenzenden Gewässer bis zum Vilzsee.

Neben der Fischerei Dinse gab es in Mirow einen kleineren zweiten Betrieb unterhalb der Schleuse. Otto Bestiers Bereich umfasste Kanal und Ragunsee, den Fehrling- und Sührlingsee bei Starsow und vielleicht noch ein paar weitere kleine Landseen. Das war fürs Auskommen zu wenig, so dass der Fischer in den 50er Jahren als einer der ersten in unserer Region mit der Nerzzucht begann. Ein dritter Mirower Pächter mit einigen kleineren Gewässern war Otto Egner, der aber die Selbständigkeit bald aufgab und dann als Angestellter in der Fischerei Dinse arbeitete. In der Kleinseenplatte gab es etliche weitere private Fischereien, so in Wesenberg, Ahrensberg und Canow, in Neustrelitz, Fürstensee, Rödlin und Babke. Die Müritz teilten sich die Fischer aus Vipperow, Röbel und Waren.

Das Jahr 1958 brachte den Fischern einschneidende Veränderungen, weil die zwölfjährigen Pachtverträge mit dem Land Mecklenburg ausliefen. An Landesstelle gab es inzwischen die Nordbezirke, die sich nun auch für die Fischerei zuständig zeigten. Mit der DDR war ein neuer Staat entstanden, der sich den Aufbau des Sozialismus zum Ziel setzte. Die Wirtschaft stand im Mittelpunkt der Umgestaltungen. Hier sollte Zug um Zug das private durch gesellschaftliches Eigentum ersetzt werden. Deshalb lehnten die Bezirksbehörden, auch mit Blick auf die langen Pachtlaufzeiten, neue Verträge mit privaten Fischern ab und akzeptierten nur noch Genossenschaften oder volkseigene Betriebe (VEB) als Partner. Diese staatlichen Maßnahmen bedeuteten das Ende der Privatfischer. Wollten sie ihren oft von Generation zu Generation vererbten Beruf beibehalten, mussten sie sich für einen der beiden vorgegebenen Wege entscheiden. Auch andere, zum Teil uralte Privatrechte wie das Aalfangrecht der Mühlenbetreiber wurden nicht erneuert und gegen Entschädigungszahlungen aufgelöst.

Auf den ersten Blick erstaunt es, dass sich die hiesigen Fischer für den VEB entschieden. Das lag am Geld, denn sie erhielten für ihren Privatbesitz an Booten und Fangausrüstungen eine Entschädigung. Beim genossenschaftlichen Weg gingen sie leer aus. Hier mussten sie als künftige Miteigentümer einen Inventarbeitrag entrichten, so dass es für ihre Gerätschaften keinerlei Ausgleich gab. Seit 1954 arbeitete in Wesenberg bereits eine volkseigene Fischerei, welche die Gewässer des in den Westen gegangenen Pächters Kollmorgen bewirtschaftete und zur Binnenfischerei Altenhof, später zum Prenzlauer Betrieb gehörte. Man kannte sich, und das mag den Privaten im Umkreis geholfen haben, sich für den volkseigenen Weg zu entscheiden.

So entstand im Herbst 1958 der VEB Binnenfischerei Wesenberg als eigenständige Firma. Insgesamt entschieden sich achtzig Pächter und Mitarbeiter dafür, so dass der neue Betrieb die Fischerei des gesamten Kreises Neustrelitz umfasste. In Wesenberg, Mirow, Neustrelitz, Ahrensberg, Canow, Feldberg und Carwitz bildeten sich weitgehend selbständig tätige Brigaden, die etliche tausend Hektar Gewässer bewirtschafteten. Viele der alteingesessenen Fischer arbeiteten weiter auf ihren heimischen Seen, allerdings nun nicht mehr auf eigene Rechnung. Die Brigaden blieben im Wesentlichen bis 1990 bestehen, wenngleich beträchtliche Investitionen das Antlitz der Fischerei veränderten und etliche neue Aufgaben hinzukamen.

Zunächst machte die Neustrelitzer Einkaufs- und Liefergenossenschaft Schluss, die den Fischverkauf für die vormals privaten Fischereien sowie die Beschaffung von Ausstattungen besorgt hatte. Ihre Aufgaben übernahm der neue Wesenberger Betrieb, auf dessen Gelände eine rege Bautätigkeit einsetzte. Kühl- und Gefrierräume, Werkstätten und ein Sozialtrakt für die Mitarbeiter entstanden, und auch eine Rohrweberei kam hinzu. Einen eigenen Laden aber gab es weder hier noch an anderen Standorten. Nach den staatlichen Vorgaben sollten regionale Fischgeschäfte und der Großhandel den Verkauf übernehmen.

Auch bei den Mirower Fischern, die nun zum Wesenberger Betrieb gehörten, regte es sich. Die alte Holzbaracke, bis dahin Lager für Ausrüstungen, Werkstatt und Aufenthaltsraum in einem, wurde abgerissen. Auch das auf Pfählen im Wasser stehende Hälterhaus musste weichen. An Stelle der alten Holzbauten entstand ein massives Wirtschafts- und Wohngebäude sowie ein geräumiges Bootshaus für die Fischerboote. Auf dem einstigen Bestierstandort unterhalb der Schleuse wurde eine Hechtbrüterei errichtet, die bald darauf die ganze Region mit Fischnachwuchs belieferte. Otto Bestiers kleine Nerzfarm, die einen derben Aasgeruch verbreitet und den Unmut mancher Anwohner erregt hatte, verschwand vom Kanal und erhielt an der Chaussee zwischen Zirtow und Wesenberg einen neuen, deutlich größeren Platz. Nun erfreuten ihre unverkennbaren Dunstwolken die vorbeibrausenden Autofahrer.

Die Mirower Brigade, zu der jetzt auch die Fischereien Zartwitz und Schwarz gehörten, war mit ihren sieben, acht Mitgliedern die größte des VEB Binnenfischerei Wesenberg. Ihre Leitung lag eine Zeitlang noch in den Händen des alten Pächters Wilhelm Dinse. Nach ihm übernahm für viele Jahre Friedhelm Hinze den Bereich, dem Einheimische in gutmütigem Spott den Spitznamen Pliete verpasst hatten. Sein Nachfolger wurde Uwe Hagen, der aus Ahrensberg nach Mirow kam und bis ins Rentenalter für die dortige Brigade zuständig blieb. Inzwischen hat Steffen Grafe die Leitung übernommen. Viele Jahre bildeten Karl Heinz Dinse, der Sohn des einstigen Pächters, Ulli Berg und Otto (Otti) Bestier jr. den Kern der Mirower Fischereibrigade.

Die Fischereibrgade Mirow 1976

Das beträchtliche Investitionsgeschehen erfolgte auf Grund staatlicher Planvorgaben zur besseren Fischversorgung der Bevölkerung. Zudem avancierte der Aal zu einem wichtigen Devisenbringer, so dass er zumeist auf die Reise nach Westberlin ging und auf heimischen Fischtheken kaum mehr anzutreffen war. Da sich die Erträge nicht beliebig steigern ließen, ohne die natürlichen Fischbestände zu gefährden, begann in den 60er Jahren eine stärkere Hinwendung zur Intensivzucht.

In Boek und später in Canow entstanden Fischteiche für die Karpfenzucht. Auch natürliche Gewässer wie einige der Schulzenseen oder die Woterfitz wurden dafür genutzt und erhielten den Status eines Intensivgewässers. Die Fütterung geschah vom Kahn aus, indem Getreide mit Schaufeln oder später mit selbstgebauten Automaten an markierten Plätzen ausgebracht wurde. Diese wenig effektive Methode trug einiges zur Verunreinigung der Gewässer bei.

Das alles ging nicht immer gut. Soweit es sich um heimische Spiegelkarpfen handelte, klappte es mit dem Verkauf. Schwierigkeiten bereitete der aus Fernost kommende, auf staatliche Weisung ausgesetzte Amur- oder Graskarpfen. Gerüchte über Grätigkeit und Ungenießbarkeit machten die Runde, was die Leuten auf Abstand hielt. Als Pflanzenfresser sollten Graskarpfen zudem der Verkrautung vieler Gewässer begegnen, eine Folge des vermehrten Nährstoffeintrags aus Landwirtschaft und unzureichend geklärten Abwässern. Am schlechtesten erging es den Silberkarpfen, die in der Fischverarbeitung als Lachsersatz dienen sollten. Wie auch immer, bald schon waren die Netze voll von diesen wenig geliebten fernöstlichen Karpfen, die hiesigen Fischen Konkurrenz machten und in den Geschäften Ladenhüter blieben. So landeten sie in den Garnisonsküchen der Roten Armee oder als Exportware in der Sowjetunion.

Später kam die Forellen-Intensivzucht auf. Im Plätlinsee bei Wustrow und in den Carwitzer Gewässern hielt man die Fische in offenen Netzkäfigen. Mitte der 80er Jahre folgte eine überdachte Anlage unterhalb der Strasener Schleuse, in der die Forellen in Betonrinnen aufgezogen wurden. Das natürliche Gefälle zwischen Ober- und Unterwasser sorgte dort ohne Extrakosten für einen beständigen

Durchfluss. Problematisch wurde die Sache in heißen Sommern, wenn die Wassertemperaturen über fünfundzwanzig Grad anstiegen. Dann bekamen die kaltes Wasser liebenden Forellen Probleme, und ein Massensterben drohte. Auch Infektionskrankheiten, ein Dauerthema bei jeder Art von Intensivzucht, ließen sich nicht immer vermeiden.

Mit der Entenmast übertrug der Staat den Fischern in den 60er Jahren ein weiteres Aufgabenfeld. Auch das sollte helfen, die Versorgungslage aufzubessern. In der Mirower Gegend gab es einfache Freilandgehege am Egelpohl und am Starsower Sührlingsee. Das waren umzäunte, bis ins Wasser reichende Areale mit Futtergeräten und einem Schleppdach als Unterschlupf für Schlechtwettertage. Enten lieben das Wasser, aber die Verschmutzung der Gewässer durch abertausende Tiere war beträchtlich. Unter den Füchsen sprachen sich die kaum gesicherten Entengehege rasch herum, so dass in ihrem Umfeld die Abschussquoten in die Höhe schnellten. Die Entenmast musste sich gelohnt haben, denn bald kam eine eigene Brüterei hinzu. Das alles endete aber schon in den 70er Jahren, als man staatlicherseits das Entengeschäft aus den Fischereien herauslöste und in einem überregionalen Betrieb bündelte.

Auch das Rohrschneiden brachte den Fischern zusätzliche Einkünfte. Diese uralte Tätigkeit auf winterlichen Seen fand schon in mittelalterlichen Pachtverträgen Erwähnung. Das gebündelte Rohr aus biegsamen einjährigen Halmen nutzte man als jahrzehntelang haltbare Dacheindeckung. Wenngleich Rohrdächer in den 60er Jahren kaum mehr eine Rolle spielten und die letzten Spezialisten schon recht betagt waren, gab es für das Schilfrohr weiteren Bedarf. Die Gärtnereien nutzten es als Abdeckung für ihre Frühbeete, die Bauleute fanden ebenfalls bei Putzarbeiten und anderswo Verwendung dafür.

Das Rohrschneiden war eine harte Arbeit. Bei dünnem Eis verwendete man die Schuffel, ein einfaches Gerät aus einer Schneide zwischen zwei Stangen. Zwei Fischer schoben sie über das Eis und schnitten das Schilf ab. Anschließend wurde es gebunden und ans Ufer gebracht. Später kamen schwere Rohrschneidemaschinen auf, die nur auf stärkerem Eis Verwendung fanden. Auf dem Wesenberger Betriebsgelände entstand eine Rohrweberei, die aus dem Rohmaterial verkaufsfertige Matten herstellte. Dort arbeiteten bis zu zwölf Frauen in zwei Schichten die gesamte jährliche Ernte von etwa sechzigtausend Bunden auf.

Der Klimawandel lässt grüßen, tragfähiges Eis ist inzwischen selten geworden. Allein schon deshalb begegnet man diesem alten Fischerhandwerk heute kaum mehr. Wie man hört, soll das Rohrschneiden auch der Natur schaden. Da kann man nur verständnislos den Kopf schütteln, denn das Schneiden des abgestorbenen Schilfs hält den Bestand jung und widerstandsfähig. Im Frühjahr beginnen die jungen, grünen Sprößlinge zu wachsen und geben dem Schilfgürtel bald schon seine ursprüngliche Gestalt zurück.

Früher konnte man beobachten, dass im Schilf mancher Seen unterhalb des Wasserspiegels breite Schneisen geschnitten wurden. Danach war der Bewuchs für lange Zeit verschwunden. Das mag hier und dort dem ertragreichen Aalfang gedient haben, aber das war nicht der Hauptgrund. Wurde nämlich der Schilfgürtel zu dicht, kam kein Licht mehr hinein, und die Fische verließen diesen eigentlich idealen Schutz- und Lebensraum. Mit den Schneisen gelangte wieder Helligkeit in die Gelege, Kraut wuchs an Stelle des abgestorbenen Schilfs, das wiederum Sauerstoff produzierte und unzählige Kleintiere beheimatete. Hier waren die Fische nun wieder zahlreich anzutreffen.

Die Fischerei brachte zu keiner Zeit viel Reichtum ein. Dafür sorgten schon über die Jahrhunderte hinweg die Pachtverträge der Gewässereigentümer. Auch die Fischer des Wesenberger Betriebs wurden keine reichen Leute, aber sie hatten einen sicheren Arbeitsplatz und ein für damalige Verhältnisse solides Einkommen. Die Grundvergütung betrug wenig üppige vierhundert Mark, aber obendrauf kamen acht Prozent des Erlöses aus dem Fischverkauf. Auch für die winterliche Rohrschneiderei gab es eine nach Qualität und Bundanzahl gerichtete Zusatzvergütung. Obendrein erhielt jeder Mitarbeiter ein jährliches Deputat von zweiunddreißig Kilogramm Speisefisch plus zwölf Kilogramm Aal. Mit dem Abwiegen der Deputatfische ging man recht großzügig um, so dass manche daraus ein lukratives Zusatzeinkommen erzielten. Auch die Rohrschneider machten ihre kleinen Nebengeschäfte und nutzen die Wochenenden gern für einen privaten Zusatzschnitt.

Die Wende und der Anschluss an die Altbundesrepublik brachten den Fischern tiefgreifende Veränderungen. Die Marktwirtschaft hielt Einzug und die Zeit der VEB ging zu Ende. Die zuständigen Landesbehörden gaben dem Wesenberger Betrieb ein Jahr Zeit, um sich selbst abzuschaffen. Das hieß, entweder eine Genossenschaft bürgerlichen Rechts zu gründen oder zurückzukehren zur kleinen Privatfischerei. Von den Brigaden des einstigen VEB entschieden sich die Mirower, Canower, Ahrensberger und Wesenberger für den genossenschaftlichen Weg. Das lag wohl auch an der langjährigen Erfahrung mit dem gemeinschaftlichen Arbeiten und seinen Vorteilen. In den Bereichen Neustrelitz und

Feldberg bildeten sich erneut private Fischereien.

So entstand 1991 unter Federführung des Wesenberger Fischermeisters Horst Bork die Seenfischerei Obere Havel e. G. Bork hatte 1954 als Hilfsarbeiter begonnen und 1962 seine Meisterprüfung abgelegt. Bis zur Wende leitete er im volkseigenen Betrieb die Wesenberger Brigade. Mit der Gründung der neuen Genossenschaft wurde er ihr erster Chef, eine Funktion, die er bis zu seiner Verrentung 1996 innehatte. Seine Nachfolge trat Sohn Wolfgang an. Inzwischen hat mit Enkel Martin bereits der Dritte aus der Bork-Dynastie das Genossenschaftsruder übernommen. Der mittlerweile neunzigjährige Horst Bork ist ein wandelndes Lexikon in Sachen regionaler Fischerei. Jahrzehntelang führte er Tagebuch und hat darin unzählige Fangtabellen, Erlebnisse und Begebenheiten festgehalten. Vieles von dem fand Eingang in seine Geschichtsaufzeichnungen und auch in die Seiten dieses historischen Rückblicks.

Zwölf Mitglieder und 22 Mitarbeiter begaben sich 1991 auf den Weg in die Genossenschaft. Auch jetzt blieb die Mirower Fischerei größter Teilbereich. Allerdings war der Einstieg in die Marktwirtschaft mit Schwierigkeiten gepflastert. Das Geschäft mit den Schilfmatten brach mangels Nachfrage ein. Milde Winter kamen hinzu und machten das Rohrschneiden zum Lotteriespiel. Die Aalfänge gingen in beängstigendem Maße zurück. Der Brotfisch der Fischer litt unter den Räubereien immer größerer Kormoranschwärme und einer Nematodenseuche, die vor allem unter den Spitzkopfaalen grassierte. Bald gingen weniger als fünf Prozent der Vorwende-Aalfänge in die Netze. Als Nachteil erwies sich auch die unmittelbare Nähe zum 1990 gegründeten Müritz-Nationalpark. Fünfhundert Hektar der ursprünglichen VEB-Gewässerfläche wurden in den Nationalpark eingegliedert und konnten nicht mehr bewirtschaftet werden. So blieben den Fischern etwa 5500 Hektar Pachtfläche, um den schwierigen und für alle neuen Weg in die Marktwirtschaft zu beschreiten.

Vor allem aber musste nun der Fischverkauf in eigener Regie organisiert werden. In der DDR hatte das der Handel besorgt, die Fischer waren damals lediglich für den Fang zuständig. Nun galt es, eigene Strukturen aufzubauen, die beträchtliche Investitionen erforderten. Innerhalb kurzer Zeit wurde ein Direktvertrieb ins Leben gerufen, um den kostspieligen Zwischenhandel zu umgehen und größere Erträge für die Genossenschaft zu erwirtschaften.

So wurde am Mirower Standort das Wohn- und Wirtschaftsgebäude um einen geräumigen Fischverkauf mit sehr ansprechendem Imbiss- und Sanitärbereich erweitert. Zum Wasser hin entstand eine einladende, mit viel Grün gestaltete Außenfläche, deren Sitzgruppen zum Verweilen einluden. Etliche Anlegestellen für Sportboote kamen hinzu. Den Mirower Fischereihof unterhalb der Mühlenbrücke entdeckten bald die vielen Wasserwanderer für sich, die unterwegs auf der Alten Fahrt gern dort Halt machten und sich den frisch zubereiteten Fisch schmecken ließen. Ähnliche, auf den Tourismus ausgerichtete Anlagen entstanden auch in Wesenberg, Ahrensberg und Canow.

Nun ging es nicht mehr allein um den Verkauf von fangfrischem Fisch. Die Urlauber waren auf einen Imbiss aus, den sie sofort verzehren oder mit auf die Reise nehmen konnten. Dafür entstand in Wesenberg eine Fischräucherei, Fischbrötchen wurden zum Verkaufsschlager, andere Verarbeitungsvarianten kamen hinzu, und auch Bratfisch mit hausgemachtem Kartoffelsalat erschien in den Angeboten.

Ein Teil des Winterfangs wurde filetiert und eingefroren, um in der sommerlichen Hochsaison über die Fischtheken zu gehen. Sogar ein eigener Verkaufswagen rollte eine Zeitlang durch die Gegend, der nicht nur Einheimischen den Fisch bis an die Haustür brachte, sondern auch die Campingplätze der Kleinseenplatte ansteuerte.

Um die Angebote noch lukrativer zu machen, kam Fisch aus ferneren Regionen hinzu. Nun gab es neben den einheimischen auch mancherlei Meeresfische zu kaufen. Aus Osteuropa bezog man Wels, Zander und Aal, wenn die eigenen Fänge nicht ausreichten. Der Verkaufserlös muss sich trotz der Beschaffung gelohnt haben. Ähnlich wie der Wels, kam zugekaufter Aal später auch aus Fischfarmen.

Direktverkauf und Tourismus stießen anfangs auf manchen Stolperstein. Die zahlreichen Hygienevorschriften erwiesen sich für die eher hemdsärmligen Fischer als echte Bürokratiemonster. Hygieneverantwortliche der Ämter waren bald häufige und wenig gern gesehene Besucher in den neuen Verkaufseinrichtungen. So manches Bußgeld musste gezahlt werden, bis alle Bedingungen einigermaßen den amtlichen Vorgaben entsprachen.

Aber die Fischer hatten den Tourismus schnell als Zukunftschance erkannt, der viel Geld in die Kassen brachte. Nun wurden zu hunderten Urlauberangelkarten in verschiedenen Preisklassen verkauft. In Canow und anderswo richtete man spezielle Angelteiche ein, die vor allem wenig erfahrene Urlauber anlocken sollten. Die einheimischen wie auswärtigen Angler, denen man früher nicht immer freundschaftlich begegnet war, erkannte man nun als wichtigen Faktor, um in der Marktwirtschaft bestehen zu können.

Intensivgewässer waren inzwischen vielerorts nicht mehr zeitgemäß und stießen sich mit ihren Schadstoffen an

189

schärfer eingefordertem Umweltschutz. So kam eine nachhaltigere Fischerei ebenfalls dem Tourismus entgegen. Die Wasserwanderer fühlten sich wohl auf den Gewässern der Kleinseenplatte und kehrten gern bei den Fischern ein. Auf dem Fischereihof Ahrensberg und anderswo entstanden in malerischer Umgebung genossenschaftseigene Ferienwohnungen, die sich bald großer Beliebtheit erfreuten.

Ein wichtiges Geschäftsfeld erschlossen sich die Fischer mit den Vereinsgewässern der Angler. Dort sollte der Fisch immer beißen, und folglich war ein regelmäßiger Jungfischbesatz zwingend notwendig. Was die Angler suchten, das konnte die Genossenschaft aus ihren Fischbrütereien liefern. Der Verkauf von Satzfischen an Vereine in ganz Deutschland florierte und brachte gute Zahlen in die Bilanzen der Genossenschaft.

So sehr sich Besitzverhältnisse und Organisationsformen veränderten, so beständig erwiesen sich über die Zeiten hinweg grundlegende Fangtechniken. Frühmittelalterliche Quellen bezeugen die Verwendung von Reusen, Stellnetzen, Aalkörben, Angelhaken und Fischspeeren. Ältere Zeugnisse sind weniger häufig, weil die Gerätschaften meist aus vergänglichem organischem Material bestanden. Durchlöcherte Steine als Senker für Stellnetze, wie sie etwa auf dem Grund des Fehrlingsees gefunden wurden, belegen jedoch, dass man die Netzfischerei in unserer Region schon vor einigen tausend Jahren kannte.

Die Fischernetze bestanden früher aus Hanf- oder Brennesselfasern, später aus Baumwollgarn. Man fertigte sie mit speziellen Netznadeln, eine mühsame Handarbeit, die noch bis Ende der 80er Jahre zum ABC jeder Fischereiausbildung gehörte. Die Flickerei und das Stricken neuer Netze war seit jeher Winterarbeit, an der sich alle arbeitsfähigen Familienmitglieder beteiligten. Zwar gab es seit Beginn des 20. Jh. Netzstrickmaschinen, aber die waren den meisten Fischern zu teuer. Die Netze imprägnierte man früher mit Holzteer oder einem Extrakt aus Eichenrinde, um sie länger haltbar zu machen. Auch diese Verfahren haben die Zeiten überdauert, bis synthetisches Material Einzug hielten.

Die seit dem 19. Jh. gebräuchlichen Netze aus Baumwollgarn verrotteten ebenfalls, wenn sie zu lange im Wasser blieben. Alle zwei Wochen mussten sie deshalb in der Luft trocknen, bevor sie erneut ausgelegt werden konnten. Die an den Reusenstangen zum Trocknen aufgehängten Netze gehörten früher zum romantisch-naturbelassenen Bild unserer Seenlandschaft. Auf den alten Fischereihöfen gab es ebenfalls diverse Holzgerüste, auf denen das Netzmaterial nach dem Gebrauch trocknete.

Nylonnetze kamen in den 60er Jahren auf, als es den volkseigenen Wesenberger Betrieb schon gab. Die aufwändige Netzstrickerei und das Imprägnieren entfielen, das neue Material verrottete nicht und konnte unbegrenzt verwendet werden. Dafür zeigten sich neue Schwierigkeiten. Süßwasserschwämme traten vermehrt auf, setzten sich in den Netzen fest und ließen sie binnen kurzem zentnerschwer werden. So musste das Netzmaterial auch weiterhin regelmäßig zum Trocknen gehoben werden. Außerdem zersetzte es sich selbst nach Jahrzehnten nicht. Das machte einen sorgsamen Umgang mit den neuen Netzen notwendig, um Schaden an der Natur zu vermeiden.

Bis in jüngere Vergangenheit dominierte viel weiteres Naturmaterial in den Gerätschaften. Leinen, Taue und Schnüre bestanden aus Naturfasern. Knüppelwinden, Reusenbügel und -stangen, Fischerboote und Schüttelfässer zum Lebendtransport von Fischen waren aus Holz. Aalkörbe und Aalpuppen fertigte man aus Binsen oder Schilfrohr. Lediglich Eisäxte, das Schneidwerk für die Rohrschuffel und auch die Aalschnurhaken waren aus Metall.

Das Fischen vom Boot aus kannte man schon in der menschlichen Frühgeschichte. Wie andernorts auch, werden es zunächst Einbäume gewesen sein. Später kamen beplankte Boote auf, die vielleicht schon Segel aufwiesen. Die hölzernen Fischerkähne mit einem Schweff zum Hältern von Lebendfisch blieben bis vor wenigen Jahrzehnten die vorherrschenden Arbeitsgeräte hiesiger Fischer.

Das Abdichten der Boote hat sich über die Jahrhunderte hinweg ebenfalls kaum verändert. In die Ritzen kamen Werg und Pech. Anschließend fuhr man mit einem erhitzten Eisen über die Fugen, damit das flüssige Pech bis in die kleinsten Ritzen drang und sie verschloss. Zum Schluss teerte man die Boote zweimal, bevor man sie zu Wasser ließ. Diese Arbeiten mussten Jahr für Jahr wiederholt werden.

Die Mirower Fischerei Dinse besaß in den 50er Jahren ein einziges dieselbetriebenes Metallboot. Das nahm die hölzernen Arbeitskähne in Schlepp, wenn es zum Zugnetzfischen in entferntere Gewässer ging. Ansonsten war Rudern angesagt, wobei der Fischer hinten im Boot stand und mit einem einzigen Ruder sowohl den Vortrieb als auch das Lenken besorgte. Waren es zwei Fischer, ruderten beide seitenversetzt, einer vorn und einer hinten. Weite Strecken kosteten viel Zeit und Mühe, weshalb die Pachtgewässer zumeist nicht allzu weit entfernt lagen. Erst mit dem Übergang zum volkseigenen Betrieb kamen größere und pflegeleichtere Boote aus Aluminium oder Plaste in Gebrauch. Nun entfiel das aufwändige jährliche Abdichten und Teeren, aber das Streichen und Beheben von Schadstellen blieb dennoch eine ständige Aufgabe. Die Fischerkähne waren nun durchweg motorisiert, so dass man auch entferntere Gewässer schnell erreichen konnte.

Das Fischen mit Reusen, Zug- und Stellnetzen, all das hat sich über die Jahrhunderte erstaunlich wenig verändert. Sicher, Erfahrungen ließen manches besser werden. Auch neues Material kam auf und machte die Arbeit leichter. Erste Funde reichen bis in die Sesshaftwerdung der Menschen in unserem Gebiet zurück. Zunächst waren es einfache Fischfallen aus Hasel- oder Weidenruten. Mit der Zeit wurden die Techniken ausgekügelter, aber das Grundprinzip, den Fischen mit einem Leitnetz den Weg zu versperren, an dessen Ende sich die Reuse mit Fangkammern befindet, ist uralt. Je nach Ausführung begegnet man heute bei uns einfachen, doppelten und auch Kettenreusen. Bei letzteren wechseln sich mehrere Leitnetze und Reusen ab.

Die Zugnetz- oder Wadenfischerei hat es ebenfalls schon vor vielen Jahrhunderten gegeben. Die einfache, bis heute praktizierte Technik besteht aus zwei Netzflügeln und einem Fangsack. Die Fischer ziehen die ausgespannten Flügel ein Stück weit durch das Freiwasser, bevor sie die Enden langsam zusammenführen. Den Fischen an den Netzwänden ist damit der Fluchtweg versperrt. Sie landen schließlich im Fangsack in der Mitte des Zugnetzes.

Um eine Überfischung zu vermeiden, schrieben alte Pachtverträge für jeden See die Anzahl der jährlichen Züge vor. Das Hantieren mit den hunderte Meter langen Flügeln samt der Fischausbeute war eine harte Knochenarbeit, häufig begleitet von Wind und Wetter. Lange Zeit nutzten die Fischer dafür hölzerne Knüppelwinden. Erst die in den 60er

Jahren aufgekommenen Motorwinden brachten ihnen eine gewisse Erleichterung. Bei gelegentlichen Riesenfängen mit vielen Tonnen Fisch dauerte es tagelang, bis alles sortiert und zum Verkauf gebracht worden war.

Einige der alten Fangtechniken sind heute gänzlich verschwunden. Dazu zählen Aalkörbe mit spitz zulaufendem Eingang, in den die Fische zwar hinein- aber nicht wieder herauskommen. Auch Aalpuppen und das aufwändige Fischen mit hunderte Meter langen Aalschnüren sind kaum mehr zu beobachten. Fischspeere findet man bestenfalls noch im Museum. Die früher ertragreiche Eisfischerei ist vom Aussterben bedroht, allein schon weil in den Wintermonaten immer häufiger tragfähiges Eis fehlt.

Wie auch immer, die Fischerei hat bei allen Wandlungen das Leben in unserer Region über die Zeiten begleitet und geprägt. Sie gehört zum Bild unserer Landschaft, zu den Gerüchen in der Luft, zum Leben der Bewohner und zur Freude der zahlreichen Touristen. Sie ist ein Teil des vielleicht größten Schatzes, den unsere Wald- und Seenlandschaft aufzuweisen hat, nämlich eine (noch) intakte Natur, in der es sich lohnt, zu Hause zu sein. Als solche sollten wir sie, bei allen Veränderungen, die auch künftig noch eintreten werden, schützen und erhalten.

Bauernleben, Bauernland

Das Gebiet der Kleinseenplatte war bereits von Bauern bewohnt, als dort im 13. Jh. westelbische Siedler eintrafen. Vor ihnen hatten Germanen und später Slawen dort gelebt, die schon Ackerbau und Viehzucht kannten. Lange vor der im 4. Jh. einsetzenden slawischen Besiedlung lässt sich bäuerliches Leben nachweisen, dessen älteste Spuren bis fünftausend Jahre zurückreichen. Steinbeile, einfaches Gerät zur Bodenbearbeitung, Keramikreste usw. zeugen von den frühen Anfängen, die man u. a. auch zwischen den Dörfern Schwarz und Starsow aufgefunden hat.

Die Produktivität der slawischen Bauern war gering und diente wohl vorrangig dem Eigenbedarf. Hölzerne Pflüge, die den Boden nur aufritzten, erhielten zwar später Eisenspitzen, ließen aber dennoch kaum mehr als eine primitive Bodenbearbeitung zu. Auch geregelte Fruchtfolgen gegen eine Ermüdung der Äcker kannte man noch nicht. Mit der Zeit hatten sich Strukturen einer Klassengesellschaft herausgebildet, in der die Abgaben und Leistungen für die Herrschenden auf Grund niedriger Produktivität gering bleiben mussten. Das mag dazu geführt haben, dass nicht nur deutsche Fürsten im Zuge der Ostexpansion, sondern mit ihnen im Bunde auch slawische Herrscher begannen, Neusiedler aus Westelbien ins Land zu holen.

So kamen die Bauern aus Niedersachsen, Westfalen und anderswo gewissermaßen auf zweierlei Geheiß in unsere Region. Sie brachten neues Gerät und Methoden für die Bodenbearbeitung mit ins Land, die verbesserte Erträge und höhere Einkünfte auch für die Grundherren versprachen. Sie kannten bereits eiserne Pflüge mit Streichbrett, welche die Ackerkrume wendeten. Neue Getreidesorten brachten auch auf Sandböden Erfolg. Die Dreifelderwirtschaft hielt Einzug, und mit der verbesserten Fruchtfolge erhöhten sich ebenfalls die Erträge. Rodungen verwandelten große Waldflächen in Ackerland, ebenso legte man Feuchtgebiete trocken, um sie landwirtschaftlich zu nutzen.

Zunächst gewährte man den Neusiedlern einige Vergünstigungen, um sie ins Land zu holen. Dazu zählten die Übertragung von Grund und Boden in Erbpacht, eine weitgehende Verfügungsgewalt über ihren neuen Besitz, verbindliche Abgaben und Leistungen an Stelle unbemessener Verpflichtungen, die Freistellung vom Heeresdienst und auch eine Abgabenbefreiung für eine gewisse Anfangszeit. Das alles waren handfeste Vorteile, ein Zugewinn an wirtschaftlichem Freiraum und persönlicher Freiheit, den die Neusiedler in ihrer alten Heimat nicht gekannt hatten.

Dort in den altdeutschen Gebieten hatten Bevölkerungszuwachs, Eigenheiten des bäuerlichen Erbrechts und wachsender Abgabendruck eine hohe Auswanderungsbereitschaft erzeugt. Auch nicht erbberechtigte Nachkommen aus Adelshäusern suchten neue Ländereien für ein standesgemäßes Leben. Hinzu kamen steigende Getreidepreise, erzeugt durch das Wachstum der städtischen Bevölkerung. Auf regionalen Märkten florierte der Handel, und die Geldwirtschaft gewann mehr und mehr die Oberhand. Das alles machte den Getreideanbau zu einem lohnenden Geschäft, für das neue Ackerflächen gesucht wurden. Und die fand man reichlich in den dünn besiedelten slawischen Gebieten östlich der Elbe. Die Ostexpansion deutscher Fürsten, in diesem Fall die Unterwerfung des heutigen Mecklenburgs durch den Sachsenherzog Heinrich den Löwen, bereitete der nachfolgenden Ostsiedlung den Boden.

Schon damals entstand ein Problem, das später den Bauern zum Verhängnis werden sollte. Die Ansiedlung erfolgte in Hufen, einer Fläche, die je nach Bodenqualität zwischen zehn und fünfundzwanzig Hektar umfasste und das ursprüngliche Maß für die Wirtschaftlichkeit eines Bauernhofs darstellte. Die Bauern waren jedoch zu keiner Zeit Eigentümer ihrer Hufen, immer nur Nutzer. Eigentümer blieben die Grundherren, der Landesherr, seine adligen Gefolgsleute, die Ländereien als Lehen erhalten hatten, die mit erheblichen Schenkungen bedachten kirchlichen Institutionen sowie nach und nach auch die Städte.

Die Kleinseenplatte gehörte zu den letzten Gebieten, in denen sich westelbische Bauern niederließen. Neben der Abgeschiedenheit mag das am wenig Ertrag versprechenden Sandboden gelegen haben. Obwohl der Landstrich bereits unter der Oberhoheit der mecklenburgischen Herrschaft stand, hatte sich hier im Wald- und Seenland südlich und östlich der Müritz noch längere Zeit eine slawische Bevölkerungsinsel halten können. Das änderte sich, als in den 20er Jahren des 13. Jh. der Johanniterorden von Heinrich Borwin I. mit jenen häufig zitierten sechzig Hufen beiderseits des Mirower Sees beschenkt wurde. Die Ritter sollten für militärischen Schutz an der südlichen, noch keineswegs gefestigten Landesgrenze sorgen. Zum anderen ging es um die Christianisierung der verbliebenen slawischen Bevölkerung. Schließlich wollte man den Landstrich mit Hilfe der Johanniter wirtschaftlich erschließen, um daraus geregelte Einkünfte zu gewinnen. In den Folgejahrzehnten war der Orden recht erfolgreich in der Ausdehnung seiner Ländereien, wobei Schenkungen und gezielter Zukauf gleichermaßen eine Rolle spielten. Gegen Ende des 13. Jh. umfasste

197

der Besitz der Komturei Mirow bereits Gebiete von Kratzeburg im Norden bis nach Fleeth im Süden.

Die bewaldeten Ländereien mussten urbar gemacht und beackert werden, so dass nun hier ebenfalls Neusiedler aus Westelbien eintrafen. Teils ließen sie sich in verlassenen Orten nieder oder errichteten neue Dörfer, teils siedelten sie sich neben slawischen Bewohnern an und übernahmen deren Ortsnamen. Vorsilben wie Alt und Neu, Groß und Klein weisen auf solche historischen Nachbarschaften hin. Auch am Mirower See mag die Neuansiedlung auf der einen und das slawische Dorf auf der anderen Seite gelegen haben. Die Endung des Ortsnamens -ow ist hier wie bei vielen anderen Dörfern ein Beleg für seine slawischen Wurzeln.

Wie auch immer, Altbevölkerung und Neusiedler kamen einigermaßen friedlich miteinander aus. Über Gewalt zwischen beiden Gruppen ist in den Annalen wenig zu finden. Das mag am reichlich vorhandenen Grund und Boden für die Neusiedler gelegen haben, was Übergriffe auf angestammte slawische Areale weniger zwingend machte. Zum anderen übernahmen auch slawische Bauern verschiedene Neuerungen, wurden für die Ordensbrüder zu besseren Abgabenzahlern und genossen damit einen gewissen Schutz. Der allmähliche Übergang der Altbevölkerung zum christlichen Glauben mag ebenfalls dazu beigetragen haben, dass das von Konkurrenz und Kooperation bestimmte Verhältnis weitgehend friedlich blieb.

Die Vermischung beider Bevölkerungsteile zog sich über etliche Generationen hin. Noch lange Zeit nach dem Auslaufen der Ostsiedlung um 1300 war das Slawische eine vielerorts anzutreffende Umgangssprache. Erst in den folgenden Jahrhunderten sollte sie allmählich in Vergessenheit geraten. Ja, wir alle, die hier zu Hause sind, tragen einiges an slawischen Wurzeln in uns, auch jene „Kerndeutschen", die gern ihren vermeintlich großen Abstand zu heutigen slawisch-osteuropäischen Kulturen herausstreichen. Selbst die bis 1918 herrschenden Herzöge stammten in direkter Linie vom Abodritenfürsten Pribislaw ab, der 1167 nach seiner Unterwerfung von Heinrich dem Löwen die mecklenburgischen Lande als Lehen empfangen hatte und als erster „Herr zu Mecklenburg" in die Geschichte einging.

Nach dem Ausklingen der Ostsiedlung Anfang des 14. Jh. befand sich die Region südlich und östlich der Müritz überwiegend im Besitz der Komturei Mirow. Die heutige Ortsstruktur hatte sich schon weitgehend herausgebildet. Diemitz, Fleeth, Peetsch, Zirtow, Leussow, Granzow, Schillersdorf, Boek, Krümmel, Lärz, Alt Gaarz, Schwarz, Starsow und Mirowdorf fanden bis zum Ende des 13. Jh. bereits urkundliche Erwähnung, wobei etliche Orte noch älteren slawischen Ursprungs sind. Die ältesten, schon gegen Ende des 12. Jh. in den Annalen genannten Dörfer in unserer Region sind Kratzeburg und Vipperow.

Die Johanniter waren somit Grundherren für die Neusiedler wie für die slawische Altbevölkerung. Von beiden forderten sie für die Überlassung des Bodens Abgaben und Dienstleistungen in verschiedener Form ein. Die Neusiedler hatten ihre Hufen zumeist in Erbpacht erhalten, konnten größere Flächen bewirtschaften als zuvor und sahen sich insgesamt in einer vorteilhafteren Lage als in ihrer alten Heimat. Dennoch befanden sie sich, ebenso wie die slawischen Bauern, deren Wirtschaft zumeist auf althergebrachten Gewohnheitsrechten beruhte, in einer klaren Abhängigkeit zu den Ordensbrüdern als Grundeigentümer.

Der Ertrag stieg an, wozu neue Äcker durch Ro-

199

dungen und Trockenlegungen ebenso beitrugen wie verbesserte Bodenbearbeitung und Fruchtfolgen. Vor allem der Getreideanbau nahm zu. Mit den Erträgen waren zunächst die Grundherren zu bedienen und die Eigenversorgung zu sichern. Was darüber hinaus ging, konnte auf regionalen Märkten zu Geld gemacht werden. Mit der Zeit kam es unter den Bauern zu einer stärkeren Differenzierung. Tüchtige vergrößerten ihren Besitz durch Zukauf oder Neupachtungen, andere Wirtschaften wurden kleiner, so dass die ursprünglichen Hufenmaße verschwammen. Neben Hufnern gab es bald Halb- und Viertelhufner sowie andere „kleine Leute" mit wenig Ackerland, für die später Bezeichnungen wie Büdner, Kossäten oder Häusler aufkamen.

Die Grundherren ließen die Bauern weitgehend gewähren. Vielerorts fungierte in den Dörfern ein Schultheiß oder Schulze als eine Art örtliche Obrigkeit und Bindeglied zwischen Bewohnern und Grundherren. Gemessen an den damaligen Zeitumständen, stellte sich ein gewisser bäuerlicher Wohlstand ein. Die Grundherren selbst betrieben meist nur kleinere Eigenwirtschaften. Sie lebten von den bäuerlichen Abgaben und Leistungen als Zins für den überlassenen Grund und Boden. Darüber hinaus konnten die Bauern relativ unabhängig nach eigenem Gutdünken tätig sein, soweit Rechte und Ansprüche der Grundherren unberührt blieben. Diese insgesamt recht günstige bäuerliche Position sollte erst mit den Verwerfungen und Neuerungen späterer Jahrhunderte in Bedrängnis geraten.

In der Komturei Mirow spielte die Eigenwirtschaft der Ordensbrüder offenbar schon früh eine größere Rolle. Zeitgenössische Quellen führen Wirtschaftsgebäude, Scheunen und Ställe auf, die sich rund um Ordenshaus und Kir-

che verteilten. Das blieb auch nach 1648 so, als der Ordens-
besitz an die mecklenburgischen Herzöge gefallen war. Erst
nach dem verheerenden Brand von 1742, dem mit Ausnahme des Torhauses alle Gebäude zum Opfer gefallen waren,
verlegte man den „Bauhof" an die nördliche Ortsgrenze.
Später war es der Mirower Amtshof, und heute befindet
sich dort das Amt Mecklenburgische Kleinseenplatte.

Neben Handwerkern, Kaufleuten und Bediensteten
der Komturei siedelten sich außerhalb der Halbinsel auch
verschiedene Bauernwirtschaften an. Sie alle zusammen
bildeten den nach und nach zum Marktflecken angewach-
senen Ort Mirow. Dabei waren Fleckner, wie die Ackerbürger in den Amtsregistern hießen, ebenso mit Abgaben und
Leistungen belegt wie die Bauern in den Dörfern.

Eine Auflistung vom Ende des 16. Jh. enthielt neben
der Bodenpacht auch ein Mastgeld und eine Wasserpacht
für lokale Fischereirechte. Außerdem waren Kornpachten,
Zehntlämmer, Hanf, Eier und Hühner als Naturalleistungen
zu entrichten. Für Hausbesitzer kam ein Rauchhuhn als
Herdsteuer hinzu. Gelegentlich wurden Sonderzahlungen
eingefordert, so 1698 eine einmalige Türkensteuer. Drücken-
der noch empfanden die Ackerbürger jene Dienste, die sie
als Stall- und Feldarbeiten auf dem Bauhof und in den herr-
schaftlichen Gärten sowie als Fuhr- und Botendienste zu
entrichten hatten. Auch das Hopfenpflücken gehörte dazu,
ein klarer Hinweis auf die Brauerei, die es auf der heutigen
Schlossinsel seit altersher gab.

Mit seinen vielen Ackerbürgern nahm der Marktflecken eine Zwitterstellung zwischen Landstädten wie
Röbel oder Wesenberg und den umliegenden Dörfern ein.
Die Nähe zur Komturei und später zum herzoglichen Hof
war ein wesentlicher Grund für das Anwachsen von Hand-

werk und Handel. Bis auf das Recht zur Durchführung von Märkten besaß Mirow aber keine weiteren Stadtrechte. Erst Mitte des 17. Jh. bildeten sich auch hier erste Zünfte.

Ähnlich wie in den Dörfern, gab es in Mirow unterschiedlich große bäuerliche Wirtschaften. Die Amtsbücher sprachen von Vollflecknern, Halb- und Viertelflecknern mit entsprechend unterschiedlichen Abgaben und Leistungen. Die örtlichen Handwerker, die Gastwirte und Müller, der Pfarrer und Küster, ja selbst Hofbedienstete betrieben nebenher zur Eigenversorgung Landwirtschaft. Nur die Vollfleckner werden darüber hinaus für den regionalen Markt produziert haben. Anscheinend hatte die überwiegende Mehrzahl der Einwohner mit der Landwirtschaft zu tun.

Vom 16. Jh. an kam es zu gravierenden Veränderungen in der rechtlichen und wirtschaftlichen Lage der mecklenburgischen Bauern. Diese Entwicklung verlief in den ritterschaftlichen und landesherrschaftlichen Gebieten mit deutlichen Unterschieden. In ersteren vollzog sich der Übergang von der bäuerlichen Wirtschaft zum Gutsbetrieb, verbunden mit einer fast vollständigen Vernichtung des Bauernstands. In den landesherrschaftlichen Gebieten, dem Domanium, entstanden zwar ebenfalls Gutswirtschaften, aber hier blieb die Bauernschaft im wesentlichen erhalten. Aber der Reihe nach.

Der Wegfall der Heerfolge, ausgelöst durch den im 14. Jh. beginnenden Übergang zu Söldnerheeren, brachte die Ritterschaft gefährlich ins Wanken. Räubereien wurden in den folgenden einhundert Jahren zur Landplage und führten auch im Süden Mecklenburgs zur Auslöschung ganzer Dörfer. Unweit von Mirow erlitt u. a. das Bauerndorf Kalitz dieses Schicksal. Immer wieder berichteten die Annalen von Raubrittern, die aus der Prignitz und dem Ruppiner Land in das abgelegene Kleinseengebiet vordrangen. Im Gegenzug beteiligten sich sogar Mirower Ordensritter an Raubzügen in die Nachbarschaft. Irgendwann wurde es selbst den Landesherren von Mecklenburg, Brandenburg und Pommern zuviel. Im Jahr 1479 schlossen sie ein Bündnis, um der Raubritterplage ein Ende zu machen.

Die in ihrer Existenz bedrängte Ritterschaft begann nun, sich stärker dem Eigenbetrieb zuzuwenden. Bestärkt wurde sie darin durch das Wachstum der Städte und die einsetzende frühkapitalistische Entwicklung in England, den Niederlanden und anderswo. Mit dem wachsenden Bedarf an Getreide und anderen Agrarprodukten stiegen die Marktpreise. Das machte es für den Landadel interessant, die bislang eher kleinen und nachrangigen Eigenwirtschaften auszubauen. Damit nahm die Entwicklung zum Gutsbetrieb Fahrt auf, und zwar auf Kosten der Bauern.

Begleitet und begünstigt wurde dieser Weg durch eine Verschlechterung der bäuerlichen Rechtsstellung. Die Ritterschaft hatte bereits im 14. Jh. den schwachen und stets klammen Herzögen das staatliche Hoheitsrecht der Gerichtsbarkeit für ihre Besitzungen abgetrotzt. Die obrigkeitliche Gewalt in den Händen, waren sie für die Bauern nicht mehr nur Grund- sondern nun auch Gerichtsherren, eine doppelte Abhängigkeit, die sie rigoros für ihre wirtschaftlichen Interessen ins Spiel brachten.

Die Vernichtung bäuerlicher Wirtschaften durch die Ritterschaft ist als Bauernlegen in die Geschichte eingegangen. Nun zeigte das Fehlen eines gesicherten Eigentums an Grund und Boden fatale Folgen. Seit Jahrhunderten hatten die Bauern ihre Wirtschaften in Erbpacht betrieben, die ihre Vorfahren einst per Handschlag erhalten hatten. Kaum einer von ihnen besaß schriftliche Beurkundungen, welche die Grundherren nun von ihnen einforderten. Neben dem Bauernlegen führten auch die Einziehung von Brachland und wüsten Bauernstellen sowie der Allmende zur Erweiterung der ritterschaftlichen Eigenwirtschaften.

Die Bewirtschaftung der Gutshöfe erforderte mehr und mehr Arbeitskräfte. Um ein Abwandern der bäuerlichen Bevölkerung zu verhindern, kam nun die obrigkeitliche Gewalt der Grundherren ins Spiel. Schritt um Schritt vollzogen sie die Bindung ihrer Untertanen an die Scholle, bis schließlich eine Erbuntertänigkeit daraus erwuchs. Ihre Stellung als Gerichtsherren gab ihnen die rechtlichen Möglichkeiten und zugleich auch die Mittel zur Durchsetzung. Am Ende war der Bauer mit seiner Familie unlösbar an den Gutshof gebunden, eine Fessel, die sich vererbte und auch beim Verkauf eines Guts auf den neuen Eigentümer überging. Die Ritterschaft nutzte ihren Einfluss auf die Gesetzgebung des Landes, um die Leibeigenschaft flächendeckend durchzusetzen. Die Gesindeordnung aus der Mitte des 17. Jh. vollzog dafür den letzten Schritt.

In den domanialen Gebieten unterschied sich die Entwicklung in wesentlichen Punkten. Zwar setzte auch hier der Trend zur Gutwirtschaft ein, indem von Pächtern bewirtschaftete Meiereien ausgebaut und neue gegründet wurden. Auch erstreckte sich die Gesindeordnung mit ihrer gesetzlich verankerten Leibeigenschaft und Erbuntertänigkeit auf die Untertanen. Hier aber blieb die Gerichtsbarkeit in landesherrschaftlicher Hand, die kein Interesse an einer Auslöschung des Bauernstands zeigte. Zwar wurden Dienst- und Abgabenlasten verschärft und einzelne Bauerndörfer neuen Meiereien geopfert, aber die gelegten Bauern siedelte man andernorts wieder an. So blieb der Bauernstand hier im Gegensatz zum ritterschaftlichen Gebiet im Wesentlichen bestehen.

Das Gebiet Mirower Johanniterkomturei war zunächst weder domaniales noch ritterschaftliches Terrain, aber die dörflichen Entwicklungen folgten überwiegend denen im Domanium. Das mag auch daran gelegen haben, dass Meckenburgs Herzöge mehr und mehr Einfluss auf die Komturei genommen hatten, lange bevor ihnen 1648 das gesamte Gebiet zufiel. Hier gab es ebenfalls in Mirow, Kotzow, Vietzen, Buschhof und Alt Gaarz „Bauhöfe" als Eigenbetriebe der Ordensbrüder, auf denen die Bauern ihre Dienste ableisteten. Andererseits bestimmten Bauernwirtschaften das Bild der meisten Dörfer. Ein großflächiges Bauernlegen hat es in dieser Region deshalb nicht gegeben.

Eine Auflistung aus der Mitte des 16. Jh., als in den ritterschaftlichen Gebieten die Vernichtung von Bauernstellen bereits in vollem Gange war, zeigt in Starsow, Peetsch, Gaarz, Kratzeburg und anderen zum Komtureigebiet zählenden Dörfern eine weitgehend intakte bäuerliche Struktur aus Hufnern und diversen kleineren Bauernstellen. In Mirow und Mirowdorf gab es 1556 fast vierzig Bauern unterschiedlicher Größe. Lediglich in den zur Ritterschaft gehörenden Randgebieten, etwa in Boek, Retzow und Krümmel, setzte die andernorts skizzierte Entwicklung zur Gutswirtschaft auf Kosten der bäuerlichen Existenzen ebenfalls ein.

Der Dreißigjährige Krieg hat die Umwälzungen auf dem Lande nochmals beschleunigt. Mecklenburgs Bevölkerung schrumpfte von 300 000 auf 50 000. Die Mehrzahl der Bauernstellen lag verlassen da, viele Äcker blieben unbestellt. Durchziehende Heere und marodierende Landsknechte hatten den Viehbestand ausgeplündert. Mehrfach durchzogen schwedische und kaiserliche Heerscharen auch die Mirower Region. Besonders 1638 hinterließen sie eine Spur der Verwüstung. Hunger und die Pest erledigten den Rest. Zirtow wurde vom kaiserlichen General Clam Gallas vollständig niedergebrannt. Die übrigen, ebenfalls schwer zerstörten Dörfer der Komturei besaßen nach Kriegsende kaum mehr als 25% ihrer ursprünglichen Bevölkerung. Allein in Mirowdorf lagen zwanzig Bauernhöfe wüst, von den knapp zweihundert Bauernstellen des Amtes Mirow waren es sogar zehn Jahre nach Kriegsende noch zwei Drittel.

Mirow selbst ist einigermaßen glimpflich davongekommen. Das lag an den Befestigungen, die der Komtur Karl I. von Mecklenburg Ende des 16. Jh. anlegen ließ. Der neu ausgehobene Wallgraben machte die Halbinsel nun zur Insel. Eine Zugbrücke und das gleichzeitig erbaute Torhaus verwehrten ungebetenen Gästen den Zutritt. Auf den Wällen brachte man Kanonen in Stellung, so dass der Ort für durchziehende Landsknechte wenig einladend erschien. Davon profitierten auch Mirows Einwohner, die bei heraufziehender Gefahr auf der Schlossinsel Zuflucht fanden.

Die Kriegsfolgen verstärkten in den ritterschaftlichen Gebieten den Weg zur Gutswirtschaft. Brachliegende Äcker wurden zur Vergrößerung der Güter eingezogen. Durch die schon erwähnte Gesindeordnung sicherte man sich die benötigten Arbeitskräfte. Aus den einst juristisch freien und wirtschaftlich weitgehend unabhängigen Bauern waren inzwischen mehrheitlich Leibeigene geworden.

Die Einführung der Schlagwirtschaft im 18. Jh. heizte das Bauernlegen weiter an. Die Dreifelderwirtschaft mit dreijähriger Folge von Winter- und Sommergetreide sowie Brache hatte einer Erweiterung des gewinnbringenden Getreideanbaus im Wege gestanden. Bei der Schlagwirtschaft mit einer zumeist siebenjährigen Fruchtfolge verringerte sich die Brache, konnten mehr Getreide und nun auch Futterpflanzen wie Klee und Luzerne angebaut werden. Letztere ermöglichten größere Viehbestände. Mehr Stalldung fiel an und erhöhte wiederum die Erträge auf den Feldern. Die Neuerungen machten an Stelle der kleinteiligen Parzellierungen aus der Dreifelderwirtschaft große, geschlossene Ackerflächen notwendig. Bauernareale zwischen den Gutsländereien wurden deshalb kurzerhand einverleibt, so dass erneut zahlreiche Bauernhöfe verschwanden.

Gab es in den ritterschaftlichen Gebieten, die knapp die Hälfte Mecklenburgs ausmachten, Ende des 17. Jh. noch 12 000 Bauernstellen, so waren es fünfzig Jahre später nur noch etwa ein Drittel. Durch das Bauernlegen verschwanden im 18. Jh. mehr als 600 Dörfer von der Landkarte. Die Zahl der Bauernstellen verringerte sich in den ritterschaftlichen Territorien weiter dramatisch und war um die Mitte des 19. Jh. nur noch verschwindend gering.

Mit dieser Entwicklung veränderte sich auch das Antlitz der Gutsdörfer. Den Mittelpunkt bildete das mehr oder weniger prächtige, häufig von einem Park umgebene Gutshaus nebst Gutshof und Wirtschaftsgebäuden. Etwas abseits davon lagen die Landarbeiterkaten. Vielerorts wurden daraus später die von mehreren Familien bewohnten Reihenhäuser der Gutsbeschäftigten, wie sie heute noch in Retzow und anderen Gutsdörfern zu erkennen sind.

Eine vergleichbare Entwicklung vollzog sich auch im Domanium, wenngleich mit weniger dramatischen Folgen für die Bauern. Die herzoglichen Ämter trachteten durch die Vergrößerung und Neugründung von Meiereien sowie durch verbesserte Anbaumethoden nach mehr Einnahmen für die stets klammen Staatskassen. Wo Neuerungen zu zögerlich erfolgten, verpflichtete man Meiereipächter sogar zur Einführung der Schlagwirtschaft. Auch hier zog man Brachland und Teile der Allmende ein, verringerte Bauernäcker zu Gunsten von Meiereien und verdrängte sie bei der Schaffung großer, zusammenhängender Schläge. Anders als in den ritterschaftlichen Gebieten wurden die Bauern hier aber nicht großflächige liquidiert, sondern auf Randflächen oder in andere Dörfer umgesetzt.

So blieb im Domanium nach dem großen Krieg ein intakter Bauernstand bestehen. Die Bauern waren hier jederzeit kündbare Zeitpächter, die ihren Pachtzins als Abgaben und Leistungen auf den Meiereien zu entrichten hatten, darüber hinaus aber eigene Wirtschaften betrieben. Mitte des 18. Jh. setzte hier die Umwandlung bäuerlicher Dienste in Geldzahlungen ein. Extraleistungen für den Landesherrn und seine Bediensteten, vor allem in Form von unentgeltlichen Spanndiensten, blieben aber weiterhin bestehen.

Auf diese Weise bildete sich bis zum Ende des 18. Jh. auf dem Lande eine zweigeteilte Wirtschafts- und Sozialstruktur heraus, die bis ins 20. Jh. Bestand haben sollte. Das galt auch für das 1701 im Ergebnis der dritten mecklenburgischen Landesteilung entstandene Herzogtum Mecklenburg-Strelitz. Auf der einen Seite gab es oberhalb von Neustrelitz die Region der Rittergüter, mit 21 % der Landesfläche deutlich kleiner als in Gesamtmecklenburg. Bis auf wenige Reste waren hier die Bauernhöfe verschwunden. Dagegen blieb im Domanium mit gut 55 % der Landesfläche die Bauernschaft weitgehend erhalten, obgleich es auch hier zum Ausbau der Meiereien gekommen war.

Der domaniale Anteil war in der Mirower Gegend besonders groß. Hier fungierten jahrhundertelang die Johanniter als Grundherren. Rittergüter bestanden nur außerhalb des Komtureibereichs. Im Ergebnis des Dreißigjährigen Kriegs fielen die Ländereien der Ordensbrüder 1648 dem Landesherrn zu, so das nun gerade in dieser Gegend ein sehr starker domanialer Anteil bestand. Das ist der Grund für das Fortbestehen etlicher Bauerndörfer rund um Mirow, denn der Schweriner Hof zeigte ebenso wie der spätere Neustrelitzer kein Interesse an einer Liquidierung des Bauernstands. Einzelne von Gutspächtern bewirtschaftete Meiereien wie in Buschhof oder Kotzow änderten nichts am bäuerlichen Charakter der Region. Mit dem Domanialamt Mirow entstand hier eine landesherrliche Verwaltung, deren Zuständigleit von Babke und Kratzeburg im Norden bis nach Canow, Strasen und Grünplan im Süden reichte.

Die Umwälzungen auf dem Lande gingen einher mit Veränderungen in der dörflichen Sozialstruktur. Die Dezimierung des Bauernstands, Kriege, Landflucht trotz aller Schollenbindung und andere Einflüsse hatten zu einem latenten Arbeitskräftemangel geführt. Um diesem Problem zu begegnen, begann Mitte des 18. Jh. durch herzogliches Dekret die Einrichtung von Büdnereien. Büdner erhielten Material für den Hausbau sowie etwas Garten- und Ackerland zur Pacht. Das reichte nicht zum Leben, so dass Lohnarbeit erforderlich blieb. Manche Büdnereien vergrößerten sich mit der Zeit durch Zukauf oder Zupachtungen. Daraus entstanden kleine Bauernhöfe mit fünf und mehr Hektar Land, und die Lohnarbeit konnte zurücktreten.

Mit ähnlichem Ziel entstanden im 19. Jh. Häusler, in der dörflichen Rangfolge unterhalb der Büdner angesiedelt. Auch hier reichten eine schlichte Kate und etwas Land nicht zum Leben, Lohnarbeit blieb unerlässlich. Büdner und Häusler sollten u. a. nicht erbberechtigte bäuerliche Nachkommen an die Dörfer binden. Sie blieben bis ins 20. Jh. hinein Teil der dörflichen Wirtschafts- und Sozialstruktur. So gab es 1918 in Schwarz neben neunundzwanzig Erbpachtbauern auch zehn Büdner und zweiundzwanzig Häusler. Auch in Mirowdorf hat sich diese Struktur aus Vollbauern und verschiedenen kleineren Wirtschaften, deren Inhaber zusätzlich als Handwerker, Arbeiter oder anderswo tätig waren, bis zur Vergenossenschaftung der Landwirtschaft im Jahr 1960 erhalten.

Die Stellung von Büdnern und Häuslern zwischen zwergbäuerlicher Existenz und Lohnarbeit barg mancherlei Konflikte. Zumeist lebten sie in Bauerndörfern und verdingten sich vom Frühjahr bis in den Herbst als Knechte und Mägde auf Gütern oder Bauernhöfen, darüber hinaus in den Forsten, beim Straßenbau und anderswo. Da sie keine festen Arbeitskontrakte besaßen, fielen sie Agrarkrisen und anderen Konflikten als erste zum Opfer. Zudem hatte ihre Hauswirtschaft durch die vielerorts vollzogene Aufteilung der Allmende gelitten, weil ihnen dadurch Weideland für ihr Milchvieh fehlte. Während der 1848er Revolution führte ihre soziale Notlage auch in Mecklenburg-Strelitz zu Unruhen und Petitionen an die großherzoglichen Behörden.

Das 19. Jh. brachte frischen Wind in die deutschen Verhältnisse. Die Befreiungskriege gegen Napoleon hatten eine Welle des Patriotismus und Nationalstaatsstrebens ausgelöst, die Industrielle Revolution nahm Fahrt auf und schickte sich an, die Wirtschafts- und Sozalstrukturen umzuwälzen. Die 1848er Revolution erschütterte trotz ihres Scheiterns das Land, der Norddeutsche Bund entstand und 1871 das Wilhelminische Kaiserreich.

In Mecklenburg zeigten diese Veränderungen wenig Folgen. Zwar waren beide Landesteile 1815 zu Großherzogtümern aufgestiegen, aber die feudale Ständeordnung, mit der sich die Ritterschaft ihren unverändert maßgeblichen Einfluss auf die Geschicke des Landes sicherte, überdauerte unbeschadet die Zeit bis zum Ende des Ersten Weltkriegs. Allens bliwwt bin Ollen, hatte Fritz Reuter sarkastisch als Paragraph 1 einer mecklenburgischen Verfassung festgestellt, nachdem auch die letzten Veränderungen der 1848er Revolutionszeit rückgängig gemacht worden waren.

Und dennoch, wenngleich die ländlichen Strukturen mit Guts- und Bauerndörfern weiter fortbestanden, setzten hier wichtige Veränderungen ein. 1820 wurde per Dekret die Leibeigenschaft aufgehoben, ein Schritt, der zunächst ohne größere Folgen blieb. Die praktische Umsetzung geschah in den landeherrlichen Gebieten 1824, in den ritterschaftlichen erst Jahrzehnte später.

Auch für Mirows Ackerbürger zeigten sich nun erste Verbesserungen. Eine großherzogliche Verfügung erklärte 1834 die Gärten und Wurten zum Hauseigentum, wodurch Pachtzahlungen künftig entfielen. Die Äcker wurden aber ausdrücklich davon ausgenommen. Im gleichen Jahr gab es in Mirow über einhundert Flecknerstellen, davon allein vierzig Vollfleckner. In dieser Zahl waren alle Handwerker, Bäcker, Gastwirte, „Arbeitsleute" und sonstigen Bürger enthalten, die als Zweiterwerb Ackerland bewirtschafteten.

Zwar waren die Landarbeiter auf den Gütern nun

persönlich frei, entscheidend aber blieb ihre fortbestehende ökonomische Abhängigkeit, da sie kaum Zugang zu eigenem Grund und Boden fanden. Das Verhältnis zwischen Gutsherren und Untergebenen blieb ein unverändert patriarchalisches. Die Landarbeiter verpflichteten sich samt ihren Familien zu uneingeschränkter Gutsarbeit, wofür sie mit Naturalien zum unmittelbaren Lebensunterhalt entlohnt wurden. Geldzahlungen blieben gering. Der Gutsherr wiederum hatte für die Existenz der Landarbeiterfamilien durch Wohnraum, Heizung und Lebensmittel zu sorgen, ebenso für ärztliche Hilfe und Unterstützung im Alter.

Diese knechtende Situation, verbunden mit einer durch amerikanisches Getreide verursachten Agrarkrise, führte zu massenhafter Aus- und Abwanderung in die großen Städte und nach Übersee. Mecklenburg verlor in der zweiten Hälfte des 19. Jh. fast ein Drittel seiner Bevölkerung, wobei die Gutsdistrikte besonders stark betroffen waren. Andererseits zwang das Arbeitskräfteproblem die Güter, sich technischen und anderen Neuerungen zu öffnen. In den letzten Jahrzehnten des 19. Jh. begann man zudem, ausländische Saisonarbeiter ins Land zu holen. Die polnischen Schnitter wurden rasch zu einem gewohnten Bild auf den Gutsfeldern. Deren Unterkünfte, die berüchtigten Schnitterkasernen, sind in manchen der einstigen Gutsdörfer noch gut erkennbar.

Im Domanium verbesserte sich in den 1860er Jahren die Rechtslage der Bauern durch die Umwandlung von Zeit- in Erbverpachtungen. Zwar ging die Umsetzung schleppend voran, zwar blieben die Bauern weiterhin vom Eigentum an Grund und Boden ausgeschlossen, aber sie erhielten dennoch eine höhere Rechtssicherheit. Das förderte langfristiges Wirtschaften und das Interesse an den aufkommenden Neuerungen.

Der wissenschaftliche und industriell-technische Fortschritt mit seiner Massenproduktion, seinen Erfindungen und Entwicklungen verlieh der Landwirtschaft bedeutende Impulse. Das führte bis zum Ende des 19. Jh. zu einem steilen Anstieg der Agrarproduktion. Dabei erwiesen sich viele Gutswirtschaften als Vorreiter und wurden zu zeitgemäß-modernen Großbetrieben. Aber auch Bauernhöfe verstanden sich zunehmend auf ein effizientes Wirtschaften unter Nutzung all der vielen Neuerungen. Bäuerlicher Wohlstand entstand und ließ sich ablesen an den Stallungen, Scheunen und Wohnhäusern, die um die Jahrhundertwende in den Bauerndörfern neu entstanden und deren Antlitz bis heute mitbestimmen. Zugleich verstärkten sich die wirtschaftlichen und sozialen Differenzierungen. Eine dörfliche Struktur mit größeren Bauernhöfen, aus der Gruppe der Büdner und Häusler aufgewachsenen Kleinbauern sowie verschiedenen „kleinen Leuten" mit etwas Ackerland und Vieh sowie einem Zweitverdienst aus Lohnarbeit, begann sich herauszubilden.

Neues Gerät wie Dreschmaschinen, Kartoffelroder, Heuwender sowie Drill- und Mähmaschinen kamen in Gebrauch. Zwar dienten Pferde und Ochsen weiter als Zugtiere, die Motorisierung und Elektrifizierung der Landwirtschaft lag noch in den Anfängen, aber dennoch erhöhten sie die Produktivität enorm. Der Getreideanbau blieb zwar dominierend, aber Kartoffeln sowie Zucker- und Futterrüben kamen vermehrt hinzu. Bis zur Mitte des 19. Jh. hatte die Kartoffel ihren Siegeszug durch Deutschlands Küchen vollendet und brachte auch auf leichteren Böden gute Erträge. Der Kunstdünger löste zum Ende des Jahrhunderts einen erneuten Ertragsschub in der Landwirtschaft aus.

Mit der Erhöhung der Agrarproduktion entstanden auf dem Lande neue Verarbeitungsbetriebe. Brennereien, die Kartoffeln und auch Getreide verarbeiteten, Kornmühlen, Stärkefabriken, Sägewerke, Molkereien und in den Regionen mit schweren Böden Zuckerfabriken wurden vor allem im Umfeld der großen Güter gegründet. Einkaufs- und Liefergenossenschaften bildeten sich, um den Bauern Marktvorteile zu verschaffen. Erste Fortbildungseinrichtungen für Bauern entstanden, und auch die Landwirtschaftsvereine setzten sich zum Ziel, mit ihren Aktivitäten die bäuerliche Arbeit zu professionalisieren.

Diese Entwicklungen haben das Antlitz Mirows ebenfalls verändert. Rund um den 1890 eröffneten Bahnhof gab es mit der Brennerei nebst Kartoffelflockenfabrik, einer Getreidemühle, einer Molkerei im Gebäude der späteren Wurstfabrik und zwei Sägewerken gleich mehrere Verarbeitungsbetriebe. Sie boten neue Beschäftigung und verliehen dem Marktflecken ein größeres wirtschaftliches Gewicht. Ein örtlicher Ableger der Raiffeisengenossenschaft entstand, dessen Hauptaufgaben im preisgünstigen Einkauf von Saatgut, Dünger und landwirtschaftlichem Gerät, im Verkauf von Agrarerzeugnissen sowie in der Bereitstellung günstiger Kredite bestanden. Auch in den umliegenden Gutsdörfern wurden Verarbeitungsbetriebe gegründet, so Brennereien u. a. in Buschhof und Krümmel.

Die weitere Entwicklung der ländlichen Verhältnisse ist schnell erzählt. Mit der Novemberrevolution 1918 endete das Strelitzer Großherzogtum. Ebenso wie der Schweriner Landesteil wurde Mecklenburg-Strelitz ein bürgerlich-parlamentarischer Freistaat innerhalb der Weimarer Republik. Das feudale Ständesystems verschwand, das den Rittergutsbesitzern ihren jahrhundertelangen politischen Einfluss gesichert hatte und verantwortlich war für mancherlei Rückständigkeit. Nun verbesserte sich auch die Rechtslage der Bauern. Die Übernahme des großherzoglichen Grundbesitzes durch den Freistaat ermöglichte es, die bislang üblichen Pachten in bäuerliches Eigentum umzuwandeln. Gesetzliche Regelungen Anfang der 20er Jahre hatten dafür die Grundlagen geschaffen. Der freie Bauer auf eigener

Scholle, dieses Idealbild ländlicher Verhältnisse ist somit in unserer Region erst vor einhundert Jahren schrittweise Realität geworden. Insgesamt überstanden die bäuerlichen Wirtschaften die unruhigen 20er Jahre und auch die Folgen der Weltwirtschaftskrise besser als viele der großen Güter.

Auf den Rittergütern hatten die politischen Veränderungen weniger Einfluss auf die wirtschaftlichen und sozialen Verhältnisse. Die Landarbeiter verharrten in der seit langem zementierten Abhängigkeit. Nur hier und da kam es zum Aufkauf von Gütern durch den Staat oder Siedlungsgesellschaften und zur Einrichtung neuer Bauernstellen. Die zweigeteilte Siedlungsstruktur aus Guts- und Bauerndörfer sollte bis 1945 unverändert fortbestehen.

1934 setzte die NSDAP den Zusammenschluss beider Landesteile zu einem einheitlichen Land Mecklenburg mit Schwerin als Hauptstadt durch.

Nach Kriegsende begannen tiefgreifende Veränderungen, vor allem in den Gebieten des Großgrundbesitzes. Im Zuge der Bodenreform wurden in der Sowjetischen Besatzungszone Güter mit mehr als einhundert Hektar sowie Nazi- und Kreigsverbrecher enteignet. Neben landarmen Kleinbauern, Geflüchteten und Vertriebenen aus den Ostgebieten erhielten nun erstmals auch Landarbeiter eigenen Grund und Boden. Im neu entstandenen Kreis Neustrelitz fielen knapp 40 000 Hektar Land unter die Enteignung.

Binnen weniger Jahre wandelte sich das Bild der gutswirtschaftlich geprägten Dörfer. Staatlich gefördert, entstanden zahlreiche Neubauernhöfe. Mit wenig Geld und einfachsten Mitteln errichtet, befanden sich dort Wohnung und Viehstall oft unter einem Dach. In den von ihren Eigentümern verlassenen Gutshäusern wohnten nun Flüchtlingsfamilien. Das Inventar der Gutswirtschaften teilten sich lange Zeit gleich mehrere Neubauern.

Eine neue Bauernschaft hatte sich in den einstigen Gutsdistrikten gerade erst formiert, als in der DDR der Sozialismus zum Ziel erklärt wurde. Schon vorher waren etliche Gutswirtschaften in Volkseigene Güter umgewandelt worden. Nun sollten auch die Einzelbauern Genossenschaften bilden. Dieser Prozess wurde gegen alle bäuerlichen Widerstände bis 1960 zum Abschluss gebracht.

Mit der Zeit erkannten viele Bauern die Vorteile genossenschaftlicher Arbeit samt den sozialen Verbesserungen. Geregelte Arbeitszeiten und sicherer Urlaub, steigende Vergütungen und eine einträgliche private Hauswirtschaft ließen anfängliche Widerstände bald abklingen. Die Genossenschaften mauserten sich trotz staatlichem Dirigismus und unsinnigen Schwenks zu industrienahem Wirtschaften sowie zur Trennung von Pflanzen- und Tierproduktion zu recht erfolgreichen agrarischen Großbetrieben. Auch deshalb kam es nach der Wende nicht zu einer flächendeckenden Rückkehr einzelbäuerlicher Privatwirtschaften. Seither bestimmen privatrechtlich organisierte Agrargenossenschaften und große Einzelbetriebe mit teils mehreren tausend Hektar Land das Bild in unseren Regionen. Das gilt sogar großenteils für das traditionell bäuerlich geprägte Gebiet der Kleinseenplatte.

Lebensweisen

Früher war alles besser! Wirklich? Wer kann sich schon freisprechen von der Versuchung, über die gute alte Zeit immer wieder gern zu erzählen, von damals, als man noch jung war und voller Tatendrang steckte. Das Beschwerliche, die Niederlagen des Lebens nehmen in unseren Erinnerungen weniger Platz ein. Ob es früher besser oder schlechter war, das mag jeder für sich entscheiden. Sicher ist, es war in vielem anders, das dörfliche und kleinstädtische Leben im Mecklenburg der 50er und 60er Jahre.

Das Anderssein begann schon mit der Arbeitszeit. In Betrieben und Verwaltungen galten achtundvierzig Wochenstunden als Regel. Sonnabends arbeitete man bis zum frühen Nachmittag. Entsprechend kurz fielen die Wochenenden aus, an denen zumeist nur die Sonntage für Fußball und anderen Freizeitspaß blieben. Die Bauern betraf all das ohnehin nicht. Für sie gaben das Vieh und die Jahreszeiten auf den Feldern den Takt an. Zwölf Tage Jahresurlaub waren zunächst die Regel, so dass man plus Sonntage auf zwei volle Urlaubswochen kam. Erst später wurde der Mindesturlaub auf achtzehn Tage erhöht. Auch dann noch schauten die Bauern in die Röhre, bevor sie mit dem Eintritt in die Genossenschaften zu anderen Beschäftigten aufschlossen.

Der Verdienst war überwiegend schmal, aber da die Preise für Mieten, Lebensmittel, Strom und andere lebensnotwendige Dinge gering waren, gehörte die harte Notzeit der Nachkriegsjahre bald der Vergangenheit an. Wohlstand oder gar Luxus waren dagegen kaum vorhanden. Erst mit den gestiegenen Löhnen in den 60er Jahren sahen sich auch Normalverdiener nach einem Auto um, hielten Fernseher

Einzug in die Wohnzimmer, wurde Geld für neue Möbel, modische Kleidung oder Urlaubsreisen ausgegeben.

Damals begann sich ein soziales Gefälle auszubreiten, das nichts mit den „normalen" Einkommen der Leute zu tun hatte. Wer sich eine Gartenlaube bauen oder die eigene Wohnung renovieren wollte, wer Probleme mit seinem Auto oder auch nur mit der Wasserleitung im Haus hatte, der stand vor großen Problemen. Die wenigen Dienstleister konnten den Ansturm kaum bewältigen und waren zumeist in den volkseigenen Firmen eingespannt. Folglich konnten sich Maurer, Maler, Installateur oder Autoschlosser vor privaten Aufträgen kaum retten. Da auch Material und Ersatzteile knapp waren, brachten sie diese zuvor in den eigenen Betrieben abgezweigten Dinge gleich mit. Aus unseren volkseigenen Betrieben ist noch viel mehr herauszuholen, lautete ein oft erzählter DDR-Witz jener Zeit.

So wurde für manch einen Beschäftigten der Arbeitsplatz zur Nebensache und die Feierabendarbeit für Bares auf die Hand zum Hauptverdienst. Handwerker aller Art wurden auf Händen getragen, von den privaten Auftraggebern rundum versorgt und nach damaligen Maßstäben reichlich entlohnt. Damit kam Geld unter die Leute, zumindest unter einen Teil von ihnen. Den solcherart Begünstigten öffneten sich Türen, die anderen verschlossen blieben. Manch ein privater Handwerksmeister hat sich in den Nachwendejahren mit Wehmut an jene alten Zeiten erinnert, als er König war und sich die Kunden nach Belieben aussuchen konnte.

Später entstand durch das Einsickern von Westgeld ein weiterer Herd sozialen Unmuts. Das hatte mit den stets klammen Devisenkassen der DDR zu tun. Nun war es offiziell erlaubt, harte Währung zu besitzen, um sie in Sondergeschäften für Westprodukte auszugeben. So kam es, dass brave Werktätige ohne „Beziehungen" zehn und mehr Jahre auf ihren Trabbi warten mussten, während der Nachbar vielleicht alle drei Jahre einen nagelneuen Wartburg über Genex bezog und auch noch mit der neuesten Westmode prahlen konnte. Bald schon verbanden sich beide Quellen sozialen Unmuts, indem Handwerker begannen, nur noch für D-Mark nach Feierabend bei Privaten anzutreten.

Heute fragen sich vor allem Jüngere, wie solch ein Leben ohne Computer, Internet, Handys und Soziale Medien überhaupt auszuhalten war. Nun ja, was man nicht kannte, was noch nicht erfunden war, das konnte einem nicht fehlen. Überdruss und Langeweile gab es trotzdem nicht. Man war vollauf beschäftigt mit der Arbeit, die weniger Raum für Freizeit ließ. Urlaub machte man überwiegend zu Hause oder für einen Spottpreis in FDGB-Ferienheimen. Auslandsreisen waren nur nach Osten möglich und recht teuer. Dagegen erfreute sich der Campingurlaub an der Ostsee, an unseren heimischen Seen und in den Bergen mit den Jahren einer großen Beliebtheit.

Auf dem Land besaß fast jeder zur Selbstversorgung einen Garten, der zugleich viel Freizeit beanspruchte. Man saß an schönen Abenden vor der Haustür auf der Bank und plauderte mit den Nachbarn. Überhaupt, das Leben draußen in der Natur spielte eine größere Rolle als heute. Man hatte die Wälder und Seen um sich herum, angelte, fuhr Boot, badete und suchte Pilze oder Blaubeeren. Im Winter herrschte auf dem Eis oder auf Rodelbahnen ein solches Treiben, wie man es sich heute kaum vorstellen kann.

War es draußen kalt und regnerisch, hatte man es warm und gemütlich zu Hause. Dort wurde gelesen und

Radio gehört, Knobeleien, Karten- und Brettspiele füllten die Abende aus, man unterhielt sich viel in der Familie oder mit Freunden. Wo es musikalisch zuging, wurde Hausmusik gemacht. Junge Leute fanden und verliebten sich nicht übers Internet, sondern in der Ausbildung, bei der Arbeit oder auf dem Tanzboden. Die Individualisierung des Lebens mit all ihren Entfremdungen lag noch in weiter Ferne.

Es waren die einfachen, die lebensnotwendigen Dinge, der leicht und ohne viel Geld zu habende Freizeitspaß, die das Dasein ausmachten. Sie hatten einen großen Vorteil, denn sie schufen und festigten soziale Bindungen. Man war füreinander da, man kannte die Nächsten, die Nachbarn, die Kollegen auch in ihren Sorgen und Nöten. Obwohl die meisten Menschen in einfachen Verhältnissen lebten, war soziale Kälte wenig anzutreffen.

Ich erinnere mich an Berichte eines Freundes, der mit fünf Brüdern aufwuchs, die Eltern mit knappem Einkommen. Trotzdem saßen stets ein, zwei Nachbarsjungen mit am Tisch, die es zu Hause nicht so gut hatten. Wo sechs Jungen satt werden, da reicht es auch für sieben oder acht, das war eine Lebensmaxime seiner Eltern, der man auch sonst häufig begegnete. Auf unserem Bauernhof wuselten ebenfalls stets ein paar Kinder aus ärmeren Familien herum, die abends kaum einmal hungrig nach Hause gingen.

In diesem einfachen Leben stand vor mancher Freude harte Arbeit. Als wir als Jugendfußballer eine Wochenendreise zu einer befreundeten Mannschaft ins Auge fassten, gab es dafür nirgends Geld. Der Verein lebte von knapper Unterstützung durch den örtlichen Patenbetrieb, das reichte gerade fürs Notwendigste. Auch viele Eltern konnten ihren Zöglingen kaum etwas außer der Reihe zustecken. Aber wir fanden eine Lösung und beluden einen der Lastkähne mit Holz, die früher noch im Mirower Wallgraben anlegten. Das war ganztägige Knochenarbeit, aber es reichte, um unser gemeinsames Vorhaben zu finanzieren. Nach heutigen Maßstäben verlief die Reise geradezu spartanisch. Erst nach langer Bahnfahrt erreichten wir unser Ziel Eberswalde. Geschlafen wurde auf dem Fußboden eines Boxrings. Gaststätten waren tabu, die Mahlzeiten bestanden aus Brot, Pflaumenmus und billiger Wurst. Dennoch war es eine unvergessliche Zeit, die uns enger zusammenrücken ließ. Schließlich hatten wir alles bis zum letzten Pfennig selbst erarbeitet und ermöglicht.

Sozialer Zusammenhalt aus gemeinsamer Anstrengung, das erlebten wir Anfang der 70er Jahre auch in der Rostocker Gegend. Dort hatten wir in einer heruntergekommenen Mietskaserne unsere erste Bleibe gefunden. Wohnraum war knapp, mehr konnte man uns nicht anbieten. Kein Wasser im Haus, Plumpsklo und Pumpe auf dem Hof, Ofenheizung, marode Fenster und Türen, durch die der Wind pfiff. Die Eigentümer lebten im Westen und hatten das Haus offenbar längst abgeschrieben. Gemeinsam mit uns waren zwei weitere junge Leute dort eingezogen. Wir krempelten die Ärmel hoch, und auch die anderen Hausbewohner zogen mit. Der Staat machte Geld locker, und binnen eines Jahres waren in der einstigen Bruchbude vier ansehnliche Wohnungen entstanden.

Das Wir-Gefühl, gemeinsam Bedeutsames geschaffen zu haben, das hat uns über die Arbeit hinaus verbunden. Unsere Hauspartys erlangten bald unter Freunden und Dorfbewohnern Kultcharakter. Eine Bewohnerin war eine alte, körperbehinderte Frau ohne jeglichen Anhang, der das Leben übel mitgespielt hatte. Hier fand Mutter Klinkmann neuen Rückhalt und soziale Bindung. Sie übernahm die Betreuung unserer kleinen Tochter, kochte Mittag für das halbe Haus, kaufte ein für sich und andere, und wenn es etwas zu feiern gab, war sie immer vorn mit dabei.

Manches vom Zusammenhalt und der Verantwortung füreinander hat die früheren Zeiten überdauert. Das half uns, die schwere Nachwendezeit schadlos zu überstehen. In unserer jungen Firma kannten weder Chef noch Mitarbeiter der ersten Stunde etwas von gesetzlicher oder anders geregelter Arbeitszeit. Man blieb wie selbstverständlich so lange, wie es erforderlich war, und auch so manches Wochenende sah die Leute im Büro. Uns allen ging es um eine neue Existenz, uns verband gleichermaßen der Verlust von Arbeit und sozialer Sicherheit der Vorwendezeit. Jeder von uns sah in der Firma einen persönlichen Neuanfang, und entsprechend engagiert packten alle mit an. Das ist mehr als dreißig Jahre her. Die Zeiten haben sich geändert und mit ihnen auch manche Gepflogenheit. Aber einige der alten Mitstreiter sind immer noch dabei. Mit ihnen lebt der Geist der Anfangsjahre ein Stück weit fort. Ja, auch ein paar später Hinzugekommene haben sich davon prägen lassen.

Natürlich gab es auch früher Alleinsein. Gegen seelische Einsamkeit nach schweren Schicksalsschlägen war kaum ein Kraut gewachsen, wenngleich es den Betroffenen half, Angehörige, mitfühlende Nachbarn und Freunde um sich zu haben. Recht verbreitet war damals noch das Leben mehrerer Generationen unter einem Dach. In die Jahre gekommene Eltern blieben in der Familie, kümmerten sich um die Enkel, halfen in Haus und Garten, machten sich nützlich, soweit es noch ging. Wurden sie gebrechlich oder gar bettlägerig, pflegte man sie, bis sie die Augen für immer schlossen. Diese Form sozialen Zusammenhalts war auf dem Lande die Regel. Auf den größeren Bauernhöfen gab es dafür das Altenteil.

Nur wer ohne nähere Angehörige war und nicht mehr allein zurecht kam, dem blieb als letzte Lebensstation das Altersheim. Dort fand man sozialen Rückhalt und entging der tödlichen Vereinsamung, aber einen würdevollen Lebensabend konnte man das kaum nennen. Zwar gaben sich die Mitarbeiter alle Mühe, umsorgten die Bewohner und organisierten mancherlei Abwechslung. Aber in den spartanisch ausgestatteten Heimen lebten sie häufig ohne Privatsphäre in Mehrbettzimmern. Für mehr reichten die Mittel nicht, und private Zuzahlungen waren nicht vorgesehen. Man sollte sich dennoch hüten, über diese aus heutiger Sicht recht ärmlichen Altersheime die Nase zu rümpfen. Die Leute waren das Leben in einfachen Verhältnissen gewohnt und sicherlich froh, im Alter versorgt und nicht allein gelassen zu sein. Vorzugsweise dienten in unserer Gegend einstige Schlösser und Gutshäuser als Altersheime, so dass die Bewohner zumeist eine reizvolle Umgebung mit schönen Gärten und weitläufigen Parks vorfanden.

Was hatte es damals auf sich mit der fehlenden Freiheit, jenem „Kernübel des Sozialismus", das jeglichen Kapitalismuskritikern bis heute immer als erstes zwischen die Zähne geworfen wird? Ich will mich nicht mit den Dingen aufhalten, die Grundlage einer jeden individuellen Freiheit sind und die in der DDR durch alle Strukturen hindurch höchste Priorität besaßen, nämlich ein menschenwürdiges Dasein zu schaffen mit einem Dach über dem Kopf, täglich genug zu essen, mit guter Bildung, Arbeit für alle und kostenloser Gesundheitsvorsorge für jedermann. Es geht auch nicht um ein Sezieren des Begriffs Freiheit, sondern lediglich um einen prüfenden Blick auf unser damaliges Leben, was darin mehr oder weniger frei war.

Die Freiheit des Reisens unterlag starken Restriktionen und beschränkte sich nach 1961 auf die kleine DDR sowie einige befreundete östliche Staaten. Ein Existenzproblem sahen viele in dieser Einschränkung aber nicht. Zum Reisen brauchte man, damals wie heute, das nötige Kleingeld, und das war überwiegend knapp bemessen. Wer heute den Begriff Freiheit mit Freizügigkeit gleichsetzt, der sollte sich in der Welt umschauen. Neunzig Prozent der Menschen fehlt ganz schlicht die Kohle, um davon Gebrauch zu machen. Und die Millionen Flüchtlinge, die an die Grenzen der wenigen reichen Staaten branden, deren Motiv ist weniger Reiselust als blanke Not und Überlebensangst.

Die tiefsten Dellen im Nachdenken vieler Zeitgenossen hinterließen der Mauerbau und die damit verbundenen

Abschottungen nach Westen. Bei allen Rechtfertigungen mit Blick auf den Kalten Krieg, auf die Systemkonfrontation und das westliche Bemühen, die DDR mit Hilfe der offenen Grenzen zu strangulieren, es blieben zwei schwerwiegende, dauerhafte Folgen. Zum einen war es das für jedermann sichtbare Eingeständnis, im Wettstreit der Systeme ins Hintertreffen geraten zu sein. Der noch in den Anfängen steckende Sozialismus besaß, auch durch selbst verschuldete Fehler, zu wenig Strahlkraft, um die Menschen mitzureißen und für ein besseres Leben in der Zukunft zu begeistern. Man konnte Teile der eigenen Bevölkerung nur durch diesen brachialen Schritt daran hindern, die Fronten zu wechseln. Zum anderen hatte die von den alliierten Siegern verordnete Nachkriegsteilung millionenfach Familienbande durchtrennt, die weiter lebten, gepflegt wurden und nun durch die Mauer in schwere Bedrängnis gerieten. Das hatte Folgen und belastete das Verhältnis des einzelnen Bürgers zu seinem Staat. Daran konnten auch die verschiedenen Reiseerleichterungen in den Folgejahren wenig ändern.

Das vielleicht größte Freiheitsdefizit bestand in dem Fehlen einer echten, von unten nach oben funktionierenden Demokratie. Wen wundert es, das politische System war ein von der Sowjetunion geprägtes, ein durch und durch stalinistisches. Daraus haben wir uns nie wirklich befreien können. Bis zum Schluss blieb es bei einer Kommando-Scheindemokratie, in der oben verordnet wurde, was unten zu geschehen hatte. Nationale Front, Wahlen auf allen Ebenen, Blockparteien, all das dazwischen diente nur als Demokratiefassade, um den wahren Charakter dieses Spiels zu verschleiern. Es war die Politbüro-Riege der alten Männer, die Richtung und Ziele vorgab. Darunter befand sich die Gesamtheit der scheindemokratischen Abnickstrukturen, die keinerlei realen Einfluss besaßen.

Das alles hat die Verbundenheit der Menschen mit dem Neuen, das im Osten Deutschlands im Entstehen war, mehr und mehr zerstört. In Worten ständig hofiert, fühlten sie sich im realen Leben entmündigt, zu Mitmach-Statisten degradiert. So begann der DDR-Bürger damit zu leben und umzugehen, mit diesem fortwährenden Widerspruch zwischen öffentlichem Wortegewitter und täglicher Lebensrealität. Er wurde ein Meister des Zwischen-den-Zeilen-Lesens, der versteckten Anspielung und Kritik. Renommierte Schriftsteller wie Christa Wolf und Erwin Strittmatter, die Fehlentwicklungen thematisierten, wurden durch Kleinauflagen im Zaum gehalten und dennoch von Millionen gelesen. Schaute man sich in frühen DDR-Jahren bei kritischen Bemerkungen noch verstohlen um und fürchtete vielleicht den Abtransport nach Bautzen, waren derlei Wortmeldungen bald nicht mehr nur an den Biertischen zu hören.

Die DDR-Bürger waren in großer Mehrheit keine Blödmänner, sehr viel anders mit Grips ausgestattet, als man die tumben, AfD-lastigen Ossis heute in der westlich dominierten Medienwelt gern aussehen lässt. Bildung, der Gebrauch des eigenen Kopfes, besaßen einen hohen Stellenwert, an dem die partei- und regierungsoffizielle Propaganda zunehmend abprallte. Mit der Zeit durchschauten immer mehr den unheilträchtig-zerstörerischen Mechanismus aus Scheindemokratie und realer Macht und zogen daraus eigene Schlüsse. Im Ergebnis entstand eine Parallelwelt, in der man das offizielle Getöse ignorierte oder über sich ergehen ließ und sich in eigenen privaten Nischen häuslich einrichtete. Man arbeitete und erledigte seine bürgerlichen Pflichten ohne Herz und Emotionen, war im Kleinen durchaus auch engagiert gesellschaftlich aktiv, aber je mehr es

227

darüber hinausging, desto stärker trat man auf die Bremse. In gleichem Maße stieg das Private mit Familie und Freunden zum eigentlichen Daseinskern auf. Man konnte den Gang der Dinge nicht ändern, also richtete man sich ein, so gut und bequem es eben ging. Damit einher vollzog sich eine Entfremdung der Bürger von ihrem Staat, die 1989 letzlich zur Implosion des DDR-Systems führte. Nicht der Einfluss der Bürgerrechtler oder der böse Westen gaben den Ausschlag, nein, das war die Masse der Bevölkerung, die sich über quälend lange Jahre vom eigenen, reformunfähigen System verabschiedet hatte. Kohl war gewieft und entschlossen genug, diese Mehrheitsstimmung zu nutzen, um mit den Lockrufen der D-Mark sowie den gewendeten DDR-Blockflöten das ganze System zu kippen.

Eine andere Frage ist, ob man das Kind nicht mit dem Bade ausgeschüttet hat. Die Tragik der Geschichte besteht ja gerade darin, dass der Anschluss an die Bundesrepublik einen Gesellschaftsansatz beerdigte, der in seinen Ursprüngen und Grundanliegen für den arbeitenden Menschen da sein wollte, es nur sehr schlecht auf den Weg gebracht hatte. Für den in die Sackgasse manövrierten Sozialismus gab es, zumindest theoretisch, immerhin zwei Auswege. Die Rolle rückwärts zu einem bereits Jahrzehnte zuvor erledigten, selbst im Reformstau steckengebliebenen, von Markt und Profit diktierten Kapitalismus war nur einer davon. Der zweite wäre der mühsame Weg zu einem besseren, reformierten Sozialismus gewesen, der sich nicht vor der Riesenaufgabe gescheut hätte, das eigene Volkes dabei mitzunehmen. Aber nach den Jahrzehnten eines gestrandeten Scheinsozialismus fehlten dafür wohl die Mehrheiten als auch die Strukturen und eloquenten Führungskräfte.

Wessis im Ossiland

Es gibt sie nicht, weder DIE Wessis noch DIE Ossis. Jede Schwarz-Weiß-Malerei verbietet sich, weil sie nicht dem Leben entspricht. Viele Verwandtschafts- und sonstige privaten Verbindungen haben die schwierigen Zeiten seit dem Umbruch im Osten Deutschlands schadlos überstanden. Meine Schwiegersöhne mit ihren Familien sind ein gutes Beispiel dafür. Zum Glück, sonst gäbe es in unserem Land weit tiefere Gräben, als ohnehin schon vorhanden sind.

Dennoch, vierzig Jahre Leben in verschiedenen Gesellschaften, verbunden mit unterschiedlichen sozialen Prägungen, haben tiefe Spuren hinterlassen. Sie zeigen sich im Verhalten und Auftreten, in den Wertesystemen, in vielen Dingen des täglichen Lebens. Das muss kein Dauerzustand sein. Mit der Zeit wird sich manches an dieser Verschiedenartigkeit ausglätten. Allein schon der taktvolle Umgang, das Respektieren anderer Prägungen und Lebenswege hilft, ein gutes Miteinander zu finden. Dass es dennoch zwischen Ossis und Wessis nicht allerorts rund läuft, hat neben verschiedenen Sozialisationen ganz wesentlich mit den fatalen Weichenstellungen im Zuge der deutschen Einheit zu tun.

Besonders schlimm ist, dass es sich nicht allein um historische Vorgänge handelt. Täglich von neuem tritt sie in Erscheinung, die absolute Dominanz, ja vielfach Alleinherrschaft des Westens in Wirtschaft und Politik, in Kultur und Wissenschaft, in den Medien mit der immer wiederkehrenden Verächtlichmachung der Ossis, in der Verweigerung gleicher Löhne, Gehälter und Renten für die Menschen im Osten, selbst noch mehr als dreißig Jahre nach dem Anschluss der DDR an die Altbundesrepublik. Wen kann es angesichts dieser innerdeutschen Großwetterlage wundern, das der östliche Blick gen Westen enorm vorbelastet ist?

Abseits der Politik mit ihren system- und ideologiebestimmten Gegensätzen war das Verhältnis von DDR- und Bundesbürgern früher ein überwiegend freundlich-spannungsfreies. Man kannte sich zumeist nur aus der Ferne, was beide Seiten davor bewahrte, einen tieferen Blick auf die Schattenseiten der jeweils anderen zu werfen. Die bundesdeutschen TV-Programme und Verheißungen des Werbefernsehens, Verwandte, die für kurze Zeit vorbeischauten und ein paar gefragte Mitbringsel im Gepäck hatten, die stets willkommenen Weihnachtspäckchen, das war der Stoff, aus dem das Bild vieler DDR-Bürger vom Westen gemacht war. Das plakativ auf schlecht und Krise getrimmte Westbild in den DDR-Medien kam dagegen wenig an. Schnitzlers „Schwarzer Kanal"wurde als reine Lügengeschichte abgetan. Mauer und Reisebeschränkungen fielen den DDR-Oberen auch in diesem Punkt auf die Füße, weil sie nur wenigen ihrer Untertanen gestatteten, sich ein eigenes, ein differenzierteres Bild vom bundesdeutschen Alltag zu machen. Manches an Euphorie, mit der später die D-Mark und der Anschluss an die BRD begleitet wurde, hat in dieser einseitig-geschönten Westsicht ihre Wurzeln.

Das idyllische Bild sollte sich bereits mit den ersten Nachwendeerfahrungen eintrüben. Der „böse Blick", mit dem viele Ostdeutsche die einströmenden Wessis empfingen, hatte mit der Art und Weise zu tun, wie der Anschluss an die BRD vonstatten ging. Es war mehr eine in Kolonialmanier vorgetragene Einverleibung als ein Vorgang auf Augenhöhe, in der das Leben und die Lebensleistung von Millionen Ossis keinerlei Wertschätzung erfuhren.

Ein erster Konfliktherd entstand durch die Ansprüche von Alteigentümern, die Jahrzehnte zuvor das Land verlassen hatten oder nach dem Krieg enteignet worden waren. Das unselige Prinzip Rückgabe vor Entschädigung sorgte nun dafür, dass hunderttausende DDR-Neueigentümer plötzlich mittellos im Regen standen. Ebenso verheerend wirkte sich das Agieren der Treuhandanstalt aus. Zunächst wurde die DDR-Wirtschaft als Ganzes wider besseres Wissen für marode und bankrott erklärt. Dann folgte die Schließung zehntausender Betriebe und das Verscherbeln der Filetstücke zu Spottpreisen an bereitstehende Westfirmen. Am Ende verloren Millionen Beschäftigte ihre Arbeit und mussten sich eine neue Existenz aufbauen. Einen derart flächendeckenden Umbruch, eine solch totale Umwälzung persönlicher Lebensumstände hat keine Region in der Altbundesrepublik jemals erlebt.

Das alles war mit viel Leid und persönlichen Schicksalen verbunden. Nicht jeder brachte die Kraft für einen erfolgreichen Neuanfang auf. Manch einer zerbrach daran und wählte den Freitod. Andere griffen zur Flasche und fielen in soziale Abgründe. Zwei Millionen zumeist Jüngere und Gutausgebildete verließen den Osten, um in Altbundesländern Arbeit zu finden. Viele als staatstragend Gebrandmarkte fanden sich als Klinkenputzer für Versicherungen, Krankenkassen oder Pharmakonzerne wieder.

Einher ging dieser Prozess mit einem weitgehenden Austausch der Führungskräfte in allen Gesellschaftsbereichen. An die Stelle einstiger DDR-Kader traten nun Fachleute aus dem Westen. Teils waren es Idealisten, die Hilfe beim Neuanfang leisten wollten. Oft genug aber handelte es sich um drittklassige Leute, die in den Neuen Bundesländern ungeahnte Aufstiegschancen erblickten. Sie brachten wenig

Kenntnis vom Osten und noch weniger Einfühlungsvermögen mit. Entsprechend konfliktreich und von den Einheimischen kaum bejubelt war ihr Agieren. Gleiches vollzog sich an Universitäten und Hochschulen, wo man bald Professoren mit DDR-Vergangenheit kaum mehr antraf, und auch der akademische Mittelbau gnadenlos ausgeholzt wurde.

Alle diese Erfahrungen ließen unter den Ossis den Eindruck entstehen, im neu vereinten Deutschland Bürger zweiter Klasse zu sein. So ziemlich alles befand sich bald in der Hand westdeutscher Eliten, die Wirtschaft, der Grund und Boden, die Führungspositionen in Politik und Gesellschaft, die Medien. In Mecklenburg rangieren heute unter den größten Grundbesitzern durchweg bekannte Namen wie Rethmann, Vissmann, Fielmann, Schockemöhle oder Osterhuber. Westdeutsche besitzen inzwischen achtzig Prozent des Bodens im Osten, ungeachtet der Tatsache, dass Agrargenossenschaften und andere Betriebe die tägliche Arbeit verrichten. Mit wenigen Ausnahmen beschränkt sich seither erfolgreiches unternehmerisches Wirken Ostdeutscher auf lokal oder regional tätige Klein- und bestenfalls mittelgroße Firmen. Die Mehrheit der Ossis verschwand im Heer der Lohn-, Gehalts- und Sozialhilfeempfänger.

Wen wundert es, dass sich daraus ein wenig freundlicher Blick gen Westen entwickelte? Das ist übrigens einer der Gründe für das Emporkommen und Wachsen der AfD im Osten, die solcherart „Volksempfinden" geschickt in Politik umzuwandeln versteht. Befördert wurde der AfD-Vormarsch durch einen Totalausfall der Linken. Statt ihre Rolle als Partei der Ausgenommenen und Benachteiligten konsequent wahrzunehmen, statt klare Oppositionskante zu zeigen, zog sie es vor, nach Regierungsverantwortung zu schielen und hippen Themen aus den Großstadtmilieus nachzujagen. Den „Erfolg" spiegeln die Wahlergebnisse. Die Partei ist auf bestem Wege, sich selbst abzuschaffen.

Den in langen Jahren gewachsenen persönlichen Bindungen zwischen Ost- und Westdeutschen, zwischen Verwandten und Freunden konnte der fremdverschuldete Gegenwind zum Glück nicht viel anhaben, soweit beide Seiten sich darin einig waren, in diesen unguten Entwicklungen ein Problem zu erblicken.

Mit dem Umpflügen aller Strukturen kam manch Lumpenpack ins Land, Glücksritter, die darauf aus waren, die noch wenig geordneten Verhältnisse für ihren privaten Reibach zu nutzen. Die Ossis kannten solcherart zwielichtiges, aus den dunklen Tiefen der Profitmacherei aufsteigendes Gebaren kaum. Es traf sie unvorbereitet, und so gingen sie vielfach Betrügern, Halsabschneidern, großspurigen Scheininvestoren, Heilsbringern aller Art, windigen Beratern und sonstigem Gesindel auf den Leim.

Für unsere 1991 gegründete Firma sollte sich das sogar als Vorteil erweisen. Wir waren fast das einzige Ostunternehmen, das Programme für diverse Reiseveranstalter entwickelte. Meistens handelte es sich dabei um neue Firmen von Seiteneinsteigern oder Mitarbeitern einstiger DDR-Reiseunternehmen. Etliche von denen hatten bereits ungute Erfahrungen mit zwielichtigen Wessis gemacht. Als wir uns nun einen Kundenstamm aufzubauen begannen, öffnete uns die Herkunft unserer Firma erstaunlich schnell die Türen. Wir befanden uns mit unseren Partnern auf Augenhöhe, waren wie sie neu im Geschäft und auf eine faire, dauerhafte Zusammenarbeit aus. Ein Übervorteilen anderer kam niemandem von uns in den Sinn. Viele dieser Partnerschaften aus der Anfangszeit bestehen bis heute.

Bei aller Vorsicht sind auch wir nicht ungeschoren davongekommen. Hier und dort haben wir Geld verloren, weil wir gutgläubig Versprechungen vermeintlicher Partner vertrauten, die Leistungen einkauften und nicht ans Bezahlen dachten. Auch offensichtlichem Betrug sind wir gelegentlich begegnet. Aber solche Dinge passierten uns immer nur einmal. Aus Schaden klug zu werden und Wiederholungen auszuschließen, darin waren wir recht erfolgreich.

Die Schlitzohren waren nur eine Minderheit, allerdings mit großer Schadensbilanz. Es dauerte, bis uns Reiseveranstalter aus dem Westen solide Programme zutrauten. Dann aber kamen sie zahlreich, und die meisten von ihnen erwiesen sich als gute, zuverlässige Partner. Auch hier entstanden Verbindungen, ja hier und dort sogar Freundschaften, die zum Teil schon Jahrzehnte Bestand haben.

Mit Erwin B. stand ein Unternehmer aus Niedersachsen im Herbst 1991 sogar an der Wiege unserer Firma. Er war lange Zeit Mitgesellschafter, bis wir uns später freigeschwommen hatten und er sich auszahlen ließ. Er kannte die Gebaren der Marktwirtschaft mit allen ihren Finessen und hat uns Frischlingen manches beigebracht, ein fairer, ehrlicher Partner, dem wir viel zu verdanken haben.

Oder nehmen wir Jochen L., ein Rheinländer und Reiseprofi, den ich in den 90er Jahren schätzenlernte. Wir wurden Gründungsmitglied der von ihm ins Leben gerufenen Kooperation MCT, was uns enorm half, in der marktwirtschaftlich diktierten Reisewelt Fuß zu fassen. Mit dem viel zu früh verstorbenen Jochen L. bin ich oft auf der Suche nach neuen Reisezielen unterwegs gewesen. Sein fachmännischer Blick auf die Tourismusstrukturen, seine Wertmaßstäbe haben unserer Firma sehr geholfen.

234

Nach der Wende fiel es manchem Ossi schwer, hinter westlichen Glitzerfassaden die Natur der Dinge zu erkennen. Das betraf nicht nur Hochglanzbroschüren und flotte Werbesprüche, sondern auch das Agieren von Leuten, die sich als Partner ausgaben. Ihre locker-entspannte Freundlichkeit, das selbstbewusst-forsche Auftreten hinterließen Eindruck und entsprachen so gar nicht den zuvor gewohnten Umgangsformen, die in Staats- und Parteistrukturen noch mit viel hölzerner Förmlichkeit vermischt waren. Man nahm die neue Blendfassade für bare Münze und ließ sich, mehr als gut war, dadurch hinters Licht führen.

Mir ging es zunächst nicht anders. Ich verstand manch einnehmendes Interesse aus ersten Begegnungen gar als Beginn freundschaftlicher Geschäftsverbindungen, um nächstens, etwa auf einer Messe, enttäuscht festzustellen, dass davon nur mehr ein flüchtiges Kopfnicken übriggeblieben war. Dabei hatten sich lediglich die Bedingungen verändert. Vielleicht hatte man uns in der Zwischenzeit „abgecheckt", sah in uns kein Potenzial mehr für eigene Vorteile, und mit dem verlustig gegangenen Geschäftsinteresse verlor sich auch jegliche Fassadenfreundlichkeit.

Mehr Schein als Sein, Welle machen, Aufschneiden, sich in Szene setzen, das mussten viele Ossis erst lernen, war eine der profit- und marktwirtschaftlich basierten Prägungen, die vielen Wessis in Fleisch und Blut übergegangen war. Sie lebten in einer Ellenbogengesellschaft, und da konnte es für das eigene Vorankommen nur nützlich sein, sich gehörig ins rechte Licht zu setzen. An diesen Äußerlichkeiten kann man noch heute, mehr als dreißig Jahre nach der Wende, nicht selten die unterschiedlichen Sozialisationen erkennen. Manche Zeitgenossen machen sich sogar einen Spaß daraus, bei zufälligen Kontakten und Begegnungen sofort auf deren Herkunft zu tippen. Selbst im privaten Bereich ist Ähnliches mitunter zu beobachten. Schon als Heranwachsender ging mir das konsumreduzierte Uns-geht-es-gut-Gehabe mancher Westbesucher auf die Nerven, vor allem, wenn es mit herablassendem Blick auf unsere damaligen Lebensumstände verbunden war.

Eine geradezu groteske Szene spielte sich vor kurzem auf einer Skandinavienfähre ab. Im Restaurant setzten sich drei ältere Damen an den Nebentisch, die mit herausfordernd-lautem Gerede ein gutes Stück Angeberei offenbarten. In ihrem Gespräch ums Reisen suchten sie sich einander mit ihrer Weltläufigkeit zu übertrumpfen. Als ich letztes Jahr in Kanada war, begann die eine. Nein, in Australien war das ganz anders, entgegnete die nächste. Und vor zwei Jahren erst in den Anden und am Pazifik, konterte die Dritte. Für mich als ungefragten Zuhörer wurde es zunehmend lustig, vor allem, wenn eine der Damen unterwegs zum Buffet war und sogleich die verbliebenen zwei die Abwesende gesprächsweise durch den Fleischwolf drehten.

Es war immer wieder erstaunlich, mit welcher Unkenntnis und absolutem Desinteresse an den Verhältnissen und Vorwendegeschehen im Osten manche Wessis auftraten. Bildungsmäßig, das stellte sich bald heraus, musste sich der Durchschnittsossi keineswegs klein vorkommen. Wenn sich zu dieser Unwissenheit auch noch herablassende Arroganz gesellte, konnte daraus leicht ein explosives Gemisch entstehen. So waren und sind viele Altbundesbürger fest davon überzeugt, dass sie mit ihren Steuermilliarden die maroden Ostlers aus dem Sumpf gezogen und dafür ein Recht auf tägliche Dankbarkeit hätten. Die Leitmedien halfen kräftig mit, solch einseitige Bilder zu zeichnen.

Dass der Aufbau Ost-Solizuschlag gleichermaßen in alten wie neuen Bundesländern zu entrichten war, dass die Milliarden vorwiegend an im Osten tätige Westunternehmen gingen und ein Gutteil davon als Steuern und Unternehmensgewinne zurück in den Westen flossen, das alles blieb ausgeblendet. Bundesdeutschland erhielt durch den Anschluss der DDR einen gewaltigen Konjunkturschub, der etliche Jahre andauerte und im Übrigen half, schon damals offenkundige strukturelle Defizite zu überspielen.

Unter den Westpartnern gab es anfangs Zweifel, ob wir überhaupt im Tourismus klarkommen würden. Reisen, ferne Länder, wie sollte das gehen, das musste für die Ostler doch totales Neuland sein, zumal sie hinter dem Eisernen Vorhang bar jeder Freizügigkeit gelebt hatten. Bei ersten Messeauftritten betrachtete man uns neugierig-interessiert als Branchenexoten. Folglich beschränkten sich die Anfragen auf Mecklenburg und andere Ostregionen. Das traute man uns zu, schließlich war das unser heimatliches Umfeld. Bei all den Unwägbarkeiten dort, so gleich nach der Wende, konnte es vielleicht ganz hilfreich sein, einen kundigen Partner vor Ort zu haben. Erst mit der Zeit und nach ersten erfolgreichen Prüfungen orderte man auch Reiseprogramme mit Zielen fernab von Ostdeutschland.

Dabei übersah man ein Plus der Ossis oder konnte es vielleicht auch nicht auf Anhieb erkennen. Das Leben in der DDR konfrontierte sie tagtäglich mit irgendwelchen Mängeln, zwang sie fortwährend zum Improvisieren, zum sich Durchkämpfen, um zurechtzukommen. Das machte aus dem Ossi ein Organisationstalent, einen Tausendsassa, der es packte, auch wenn ihm diverse Knüppel zwischen die Beine gerieten. Das hat vielen Nachwendefirmen dauerhaften Erfolg beschert, trotz fehlendem Startkapital, trotz des Mangels an Erfahrungen mit der großen weiten Welt, trotz mancher Lücken im zeitgemäßen Marketing und in der marktwirtschaftlichen Cleverness.

Einen weitere Vorteil besaßen diese ostdeutschen Neugründungen. Sie waren niemals satt und selbstzufrieden, denn sie wussten um ihre Defizite. Sie malochten Tag und Nacht, um Fuß zu fassen in der neuen Wirtschaftswelt, sie nutzen jede Gelegenheit zur Weiterbildung, um Wissensdefizite aufzuholen, die ihnen zum erfolgreichen Agieren fehlten. Sie waren hellwach, und manch ein Wettbewerber aus dem Westen bekam gar nicht recht mit, dass er schon längst überholt worden war. Schauen wir heute auf die Reiseveranstalter im Osten, dann haben es die besten von ihnen geschafft, geben den Ton an und sind weit über ihren regionalen Wirkungskreis hinaus erfolgreich. Dagegen blieb den vielen Neugründungen und Dependancen von Westfirmen dort der Erfolg versagt. Mit wenigen Ausnahmen sind sie inzwischen alle wieder verschwunden.

Aus all den Gründen habe auch ich einiges an Zeit auf Fortbildungskursen zugebracht. Dort traf man auf die unterschiedlichsten Charaktere, ja, auch auf jene arrogant-ahnungslosen Zeitgenossen, deren Urteil über das Leben in der einstigen DDR und über die Fähigkeiten der Menschen dort von frappierendem Nichtwissen zeugten.

Auf einem der Seminare entspann sich eines Abends eine Ost-West-Debatte über die Arbeitsmoral von Beschäftigten hüben und drüben. Als sich jemand zu der Behauptung verstieg, die Wessis hätten den Ostlern richtiges Arbeiten erst beibringen müssen und seien damit noch immer erst am Anfang, platzte mir der Kragen. Es war spätabends und nach mehreren Krügen Bier, als ich ihm den Vorschlag machte, auf der Stelle in unseren beiden Firmen anzurufen und zu schauen, was dort gerade passierte. Stille am vollbesetzten Biertisch, jeder wartete, was nun folgen würde. Im BTO-Büro ging sofort Jacqueline ans Telefon und, als ob sie den Grund meines Anrufs ahnte, wollte sie gleich auch noch Henry mit ins Gespräch holen. Der zweite Anruf beim Schlaumeier hatte sich fast erübrigt, natürlich meldete sich dort der Anrufbeantworter. Als unser düpierter Wessi anderntags zum Frühstück erschien, begrüßten ihn einige Spaßvögel mit dem Vorschlag, das Ganze nochmals zu wiederholen. Nein, er wollte nicht, er lehnte dankend ab.

Hintergrund dieses Schlagabtauschs war die Tatsache, dass in unserer noch in den Anfängen steckenden Firma tatsächlich fast rund um die Uhr gearbeitet wurde. Bei uns gab es keine festen Arbeitszeiten, und so hatte es sich ergeben, dass einige Mitarbeiter erst mittags erschienen und häufig bis tief in die Nacht hinein an ihren Schreibtischen saßen. Ich war mir meiner Sache sicher, als es vom Biertisch aus zu dem spätabendlichen Anrufduell kam.

Das sind schlimme Ausnahmen, wird man mir entgegnen. Solch plakative Unterstellungen und Ossi-Verunglimpfungen können doch nur Einzelfälle sein. Wirklich? Schauen wir uns an, was Mathias Döpfner, seines Zeichens Chef des mächtigen Springer-Medienkonzerns und Präsident des Bundesverbands Digitalpublisher und Zeitungsverleger in letzter Zeit dazu zu sagen hatte. Natürlich intern, öffentlich gibt man gekonnt den ausgleichend-aufgeklärten Topmanager. Hier zwei der im April 2023 von der „Zeit" ans Licht gebrachten Döpfner-Zitate, die zeigen, wes Geistes Kind dort im Chefsessel sitzt. „Die Ossis sind entweder Kommunisten oder Faschisten. Dazwischen machen sie es nicht. Eklig." Oder: „Die Ossis werden nie Demokraten. Vielleicht sollte man aus der ehemaligen DDR eine Agrar- und Produktionszone mit Einheitslohn machen."

Wen sollte es bei solcherart „Denkanstößen" aus den Chefetagen noch erstaunen, dass diese Geisteshaltung in offener oder dunkel verklausulierter Form in der Bild-Zeitung und anderen Springer-Blättern täglich zu beobachten ist? Mehr noch, sie beherrscht fast die gesamte Medienlandschaft, in der die westliche Sicht auf den Osten uneingeschränkt zur Geltung kommt. So wird er uns, mal unterschwellig, mal plump und unverbrämt, Tag für Tag präsentiert, der einfältig-dümmlich daherkommende Ossi, dem das Jammern mehr als das Arbeiten liegt und der zu allem Übel auch noch der AfD hinterherläuft. „So isser, der Ossi", lautete ein Spiegel-Aufmacher vor einiger Zeit. Im Grunde genommen ist das nichts anderes als eine geistige Zerstörung der deutschen Einheit, die es ohnehin schwer genug hat, sich aus all den genannten Gründen in den Köpfen der Menschen durchzusetzen.

Der Spiegel 35/24.08.2019

Es wird, mal häufiger, mal weniger oft, von der fehlenden inneren Einheit in unserem Land gesprochen. Angeführt habe ich vor allem die Hindernisse, die großenteils bereits seit der Wendezeit dafür sorgen, dass die Mauer in den Köpfen vieler Menschen so hartnäckig fortbesteht. Muss das so bleiben? Nein, aber diese Blockaden lösen sich nicht von selbst auf, sterben auch nicht eines natürlichen Todes mit dem Ableben jener Generation Ostdeutscher, die noch eine DDR-Vergangenheit besitzt. Sie verschwinden schon deshalb nicht, weil ihre Ursachen nicht verschwunden sind und die Mauer in den Köpfen, auch bei den Jüngeren, immer wieder von neuem entstehen lassen.

Die innere Einheit wird erst dann kommen, wenn man aufhört, die Ossis zu diskriminieren, wenn man ihnen das Gefühl nimmt, in einem besetzten Land zu leben und vom Westen her dirigierte Bürger zweiter Klasse zu sein, wenn man ihre Lebenswege und ihre Lebensleistungen, so verschieden sie von den westlichen auch sein mögen, als gleichberechtigt akzeptiert, wenn man ihnen die gleichen Möglichkeiten gibt, auf Augenhöhe an der Zukunftsgestaltung unseres Landes mitzuwirken, wenn man endlich, endlich aufhört, ihre Vergangenheit kaputtzureden und auf SED-Diktatur, Stasi und Doping zu verkürzen.

Die Vergewaltigung der Sprache

Eine Feststellung gehört an den Anfang. Ich bin weder Linguist noch sonstwie Sprachgelehrter. Meine Ebene, auf der ich Befremden über Verschiedenes im aktuellen Umgangs- und Mediendeutsch empfinde, ist die eines täglichen Nutzers. Mit der deutschen Sprache bin ich durchs Leben gegangen. In Wort und Schrift hat sie mich begleitet und auch ein Stück weit geformt. Ich kann mich erfreuen an stilistisch geschliffenen und inhaltlich ins Schwarze treffenden Texten, an gekonnter Satire ebenso wie an gut geschriebenen, bereichernden Romanen.

Sprache ist nichts Statisches, man vergleiche nur Geschriebenes aus früheren Zeiten mit Heutigem. Veränderungen, Wandlungen sind normale Vorgänge, die das Leben diktiert. Die Menschen ändern sich und mit ihnen die Art und Weise, wie sie sich artikulieren. Dabei kommt vieles aus anderen Sprachräumen zu uns herein, wird durch immer wiederkehrende Nutzung zur sprachlichen Gewohnheit und gehört irgendwann dazu. Das geschieht, wenn Prägnanz in unserer Sprache vielleicht fehlt, oder wenn es um Dinge geht, für die wir im Deutschen kein passendes Wort finden. Jeder Sportler weiß, was ein Foul ist oder wann es Zeit wird, zum Training zu gehen. Ist etwas okay, signalisiert man damit allgemein verständliche Zustimmung. Dagegen kannten zunächst nur die Ossis eine Soljanka, denn die kam aus dem Osten, und ihr genüsslicher Verzehr endete zumeist an der innerdeutschen Grenze.

Sprachlich gesehen, bin ich vielleicht von gestern, aber muss man wirklich alles bedenkenlos akzeptieren, was sich dort an „Modernismen" bei uns breitmacht? Mich stören zum Beispiel Dinge, die gewissermaßen zwanghaft, ohne Notwendigkeit, etwas anders oder besser zum Ausdruck zu bringen, in die Medien- und Alltagssprache hineingepflanzt werden. So ist es Mode geworden, bei allen möglichen Gelegenheiten mit Anglizismen um sich zu werfen, wobei man einfach ein gleichbedeutendes deutsches Wort durch ein englisches ersetzt. Ein Fußballer spielt nicht mehr gut oder schlecht, nein, er performt nun. Andere finden etwas nice an Stelle von schön. Eine schwierige Aufgabe ist jetzt gern eine Challenge, das deutsche Wort Herausforderung besagt exakt das Gleiche, klingt aber wohl zu gewöhnlich. Früher hatte man einen Lauf oder war gut drauf, heute befindet man sich im Flow. Ein Kriegsdienstverweigerer bekennt sich nicht mehr zu seinem Pazifismus, er outet sich. Wer modern sein will, der hat einen Call oder geht ins Meeting, telefonieren oder Versammlung haben, das war gestern. Man hat Follower statt Anhänger und macht ein bisschen Beef statt Ärger. Und selbst die Schulkinder finden es cool statt prima, wenn sich der Lehrer krank gemeldet hat. Gelingt etwas besonders gut, ertönt mancherorts ein verzücktes Yes. Sogar in der derben Sprachkiste regt es sich, und aufgebracht ruft man jetzt Fuck statt Scheiße.

Warum eigentlich das Ganze? Will man vorn mit dabei sein in der sprachlichen Ausgestaltung der Moderne, besonders originell erscheinen oder vielleicht eine bildungsbürgerliche Duftmarke setzen? Vielleicht geht es um den Nachweis von Weltläufigkeit oder darum, im Trend zu bleiben bei der grassierenden Amerikanisierung des Lebens. Oder folgt man gedankenlos einfach dem Herdentrieb? Wie auch immer, all dieses wortreiche Renommiergehabe macht unsere Sprache keinen Deut besser.

Um nicht missverstanden zu werden, ich bin kein Feind des Englischen. Im Gegenteil, ich bin darin recht gut bewandert, weil ich es seit Jahrzehnten gebrauche zur Verständigung in der großen weiten Welt. Ich nutze es gern und mit großer Regelmäßigkeit. Aber ich finde, etwas mehr Stolz auf unsere Muttersprache stände uns gut zu Gesicht. Dazu gehört, sie dort zu gebrauchen, wo sie zu Hause ist und gedankenlose oder aus nichtigen Motiven vorgenommene Verwässerungen nicht tatenlos hinzunehmen.

Eine weitere sprachliche Unart, bei der die Medien in ihrer Hatz nach Lesern und Einschaltquoten kräftig mitmischen, ist das forwährende Reden und Schreiben in Superlativen. Es wird aufgebauscht, was das Zeug hält, und nur die schlechteste, die schockierendste Nachricht kann eine gute sein. So gerät ein kleines Wintertief schon Tage vorher zur Schneebombe, und bei drohenden Minustemperaturen nähert sich uns die sibirische Kältepeitsche. Die Urheber solchen Blödsinns interessiert es nicht die Bohne, wenn dann später nur ein paar Flöckchen vom Himmel rieseln oder ein zarter Bodenfrost die Natur bereift.

Dabei bietet uns die Sprache alle Möglichkeiten, das Leben und die Welt in all ihrer Vielgestaltigkeit zu beschreiben. Zwischen schwarz und weiß, gut und böse gibt es unendlich viele Abstufungen, die wir in jeder Nuance exakt beschreiben könnten. Was aber geschieht, medial angeleitet und umgangssprachlich mehr und mehr anzutreffen? Selbst die banalsten Dinge werden mit Superlativen bedacht. Der Sonnenaufgang ist nicht nur schön, nein, er ist extrem oder wahnsinnig schön, wenngleich der gestrige kaum anders war. Man gibt dem Gegenüber nicht recht, sondern absolut recht, obwohl der vielleicht nur leicht mit dem Kopf genickt hat. Ganz schnell ist etwas einmalig, spannend, mega, super, total, irrsinnig, unglaublich, selbst wenn es sich um profansten Alltag handelt. Aber manchen Superlativisten reicht das immer noch nicht. Nun kommt eine Art Super-Superlativ ins Spiel. Eine Frage wird sehr, sehr wichtig und die Antwort darauf dann auch noch sehr, sehr richtig. Der Unsinn wird komplett, wenn zum Beispiel ein Politikertreffen nicht mehr nur extrem, sondern extremst bedeutsam und ein Standpunkt maximalst ins Schwarze trifft. Geschieht dann wirklich etwas Einmaliges oder Außergewöhnliches, ist bereits alles Sprachpulver verschossen, denn man befindet sich ja bereits in einem alltäglich-fortwährenden Superlativ.

In ihrer Tiefenwirkung bedenklich ist auch die Entwicklung um Gendern und Diversity, um all jene Sprachgebilde, in denen es um Geschlechtergleichheit und die gleichberechtigte Verschiedenartigkeit von Menschen geht. Die Verwirklichung dessen, was beide Begriffe einfordern, ist ein zentrales gesellschaftliches Anliegen, das meine volle Unterstützung findet. Aber ich bin weder ein Frauenfeind oder homophob noch ein verkappter Rassist, wenn ich die Wortakrobatik ablehne, die sich darum entwickelt hat.

Dagegen sprechen drei Gründe. Erstens verschandeln solcherart Verrenkungen unsere Sprache und schmälern die Freude an ihrem Gebrauch. Zweitens sind sie Spiegelfechterei, weil sie tatsächliche gesellschaftliche Defizite und ihre Hintergründe vernebeln. Drittens bin ich mir nicht sicher, ob diese Entwicklungen tatsächlich in der Mitte der Gesellschaft verankert sind oder nicht eher von einer stimmgewaltigen, meinungsmachenden Minderheit aufgeblasen werden. Aber der Reihe nach und zunächst zum Gendern.

Ich kann und will meine DDR-Sozialisation beim Blick darauf nicht verbergen. Das Gendern war früher wenig verbreitet, aber die Frauen besaßen ein hohes Maß an Gleichberechtigung in der Gesellschaft, zumindest in weiten Teilen. Die Strukturen ermöglichten ihnen die gleichen Bildungs-, Berufs- und Aufstiegschancen wie Männern. Sie traten selbstbewusst und wenn es sein musste, auch hemdsärmlig dafür ein. Wehe dem Betriebsdirektor, der Frauen das einkürzen wollte! Wenn von den Lehrern einer Schule oder den Ärzten einer Klinik gesprochen wurde, fühlte sich kaum eine der Lehrerinnen oder Ärztinnen darin sprachlich aussortiert, und zwar deshalb, weil sie ihrer tatsächlichen Gleichberechtigung im realen Leben Tag für Tag mit größter Selbstverständlichkeit begegneten.

Heute ist es eher umgekehrt. Was nutzt den Frauen alle ermüdend gendergerechte Sprache, wenn viele von ihnen unverändert auf den hinteren Rängen der Einkommensskala verharren, sich in schlechter bezahlten und Teilzeitjobs wiederfinden, wenn ihre Aufstiegschancen mieser sind als die ihrer männlichen Kollegen, wenn die Vereinbarkeit von Beruf und Familie ihnen an allen Ecken und Enden schwer gemacht wird? Man muss das Übel bei den Wurzeln packen und die Bildungs-, sozialen und sonstigen Strukturen entsprechend ändern. Es wäre Gendern in der Tat, Frauen die gleichberechtigte Stellung in der Gesellschaft zu verschaffen, die sie verdient haben und mit vollem Recht beanspruchen können. Gendern in der Sprache allein ist nichts als misstönendes Wortgewitter.

Was aber passiert bei uns in Deutschland? Wir veranstalten einen „Equal Pay Day", ein jährlich wiederkehrendes Ritual, mit dem die Minderbezahlung von Frauen im Berufsleben thematisiert werden soll. Hintergrund ist die beschämende Tatsache, dass Frauen bei uns in vergleichbaren Tätigkeiten achtzehn Prozent weniger verdienen als Männer, womit Deutschland Schlusslicht in der EU ist. Aber keine Angst, es bleibt bei diesem einen Tag heuchlerischer Empörung und Medienaufwallung. Vielleicht folgt noch eine flügellahme Gesetzesvorlage mit ganz viel neuer Bürokratie und wenig Wirkung. Danach versinkt alles wieder im politischen wie medialen Tiefschlaf. Nichts ändert sich wirklich, bis ein Jahr später am nächsten „Equal Pay Day" das Problem erneut aufploppt.

Es geht zuerst um reale Gleichberechtigung in der Gesellschaft, für Frauen und Männer, für die ganze Vielfalt der Menschen, die bei uns leben. Darauf sollten alle Genderfans ihre Anstrengungen richten, es würde sich lohnen. So zu tun, als sei alles mit gendergerechter Sprache bereits geschehen, ist in der Tat bloße Spiegelfechterei und vernebelt den Blick auf die tatsächlichen gesellschaftlichen Defizite.

Obendrein verhunzt das Gendern in kurzer Zeit unsere historisch gewachsene Kultursprache. Man stelle sich nur einen Wallander-Krimi oder einen Roman der Weltliteratur in konsequent gendergerechter Sprache vor. Wie lange würde man durchhalten, bevor das Buch entnervt in die Ecke flöge? Man muss kein Profi sein, um zu verstehen, dass Gendern den Rhythmus, den Fluss der Sprache hemmt, sie zerhackt und umständlich macht. Sie verliert ihren Charme, wird dem Nutzer mühsam und nimmt ihm die Lust am Schreiben oder Lesen. Dabei ist es egal, ob geschlechtergerechte Doppelnennungen, Striche, Pünktchen oder Sonstiges Anwendung finden. Glückwunsch schon jetzt all jenen, die gendergerechte Texte beispielsweise ins Englische zu übersetzen haben.

Apropos konsequent, selbst den härtesten Genderfreunden müsste doch aufgefallen sein, dass unsere Sprache viele Begriffe kennt, die unabhängig vom geschlechterspezifischen Artikel weibliche und männliche Artgenossen einschließen. Der Mensch meint alle, und es wäre lächerlich, hier von Menschen und Menschinnen zu sprechen. Eine Mannschaft umfasst nicht nur Männer, wie es der Wortstamm vermuten ließe. Auch im Frauenfußball stehen sich zwei Mannschaften gegenüber, und niemand käme auf die irre Idee, hier von Frauschaften zu sprechen. Fuchs du hast die Gans gestohlen, es könnte auch die Füchsin gewesen sein, die den Ganter erwischt hat. Man sieht, dass sprachfeministische Eiferei zu nichts mehr führt, als der Sprache immer neue Zumutungen anzutun.

Eine der letzten Entdeckungen solcherart ist Frau Baerbocks feministische Außenpolitik. Es grenzt schon an Dummenfang, hier von geschlechterspezifischen Akzenten zu sprechen. Außenpolitik ist Sach- und Interessenpolitik. Männer wie Frauen mit klarem Verstand kommen auf diesem Feld in der Regel zu den gleichen Schlüssen. Deren Ergebnisse mag man für gut oder schlecht befinden, aber mehr oder weniger feministisch ist daran nichts. Oder denkt man beim Attribut feministisch gar an eine besonders ausgleichende, Spannungen abbauende und friedensfördernde Rolle von Frauen in der Außenpolitk? Da bieten gerade Frau Baerbock und etliche weitere „Grüninnen" oder auch die FDP-Dame Strack-Zimmermann beste Beispiele für das genaue Gegenteil.

Nun zum Thema Diversity. Das schöne Wort kommt ebenso wie Gender aus dem Englischen, aber das ist hier in Ordnung. Das Verdeutschen würde einige Worte mehr kosten. Die inhaltliche Verwandschaft zwischen beiden soll hier keine Rolle spielen. Der Inhalt des Wortes müsste eigentlich Handlungsgrundsatz eines jeden Menschen sein. Aber die Realität zeigt uns erneut jene äußere Fassade von Diversity-Beflissenheit, hinter der eine ganz andere und häufig finstere gesellschaftliche Realität steckt.

In den Medien betreiben wir eine sorgfältige Vielfältigkeitspflege, achten sehr darauf, dass Menschen mit Migrationshintergrund gebührend Berücksichtigung finden, und kaum ein Fernsehkrimi kommt mehr ohne ein Schwulen- oder Lesbenpaar aus. Öffentlich gemachte Homosexualität wird in diesem aufgesetzten Streben nach Diversität schon mal zur Heldentat hochstilisiert, und sollte doch die völlig legitime, ganz intim-private Angelegenheit eines jeden Einzelnen sein. Ganz Verbissene durchforschen sogar die Weltliteratur nach rassistisch anstößigen Wendungen und scheuen sich nicht davor, Schriftsteller früherer Jahrhunderte nach heutigen Moralvorstellungen abzukanzeln. Eines der letzten Opfer solcherart Zensur war Ernst Moritz Arndt, der im Ergebnis eines jahrelangen Gezerres aus dem Namenszug der Universität Greifswald zu verschwinden hatte. Für diese historisch-pseudointellektuelle Bilderstürmerei war nicht das Gesamtschaffen des Dichters der Befreiungskriege maßgeblich, sondern einige Zeilen in seinen Schriften, die aus heutiger Sicht rassistisch-antisemitisch anfechtbar erscheinen. Er kann schlecht dafür in Haftung genommen werden, dass sich später die Nazis seiner bedienten. Arndt war ein Kind seiner Zeit und ihres Denkens. Diese Abwägung zwischen seinem schriftstellerisch-politischen Gesamtwirken und einigen Positionen, die aus heutiger Sicht zu kritisieren sind, aber vor zweihundert Jahren kaum jemanden aufgeschreckt haben, ist den Entscheidern gänzlich abhanden gekommen.

Man wundert sich nur, welch sprachliche Purzelbäume heute geschlagen werden, um nichtweiße Mitbürger zu beschreiben. Und wo landet man schließlich? Bei People of Color, einem Begriff aus dem Anglo-Amerikanischen, der seine Ursprünge in der tiefsten Kolonialzeit europäischer Mächte und im Sklavenhalter-Rassismus der USA hat. Toll, da haben wir ordentlich was gekonnt!

Hinter aller Diversity-Fassade verbirgt sich eine andere Realität. Wie divers gehen eigentlich Deutschland und die wenigen anderen hochindustrialisierten Staaten mit dem Rest der Welt um, den sie Kraft ihrer ökonomischen Übermacht gnadenlos ausnehmen? Genau genommen ist der offene Kolonialismus früherer Zeiten einem perfiden, fein ausgeklügelten Mechanismus heutiger Ausbeutung gewichen. So empörten wir uns medial über die Piraterie am Horn von Afrika, ohne einen Blick auf vorheriges Geschehen zu werfen. Die Piraten, nicht deren Hintermänner, waren nämlich jene Fischer, denen man zuvor das Meer vor ihrer Haustür mit hochmodernen Fangflotten leergefischt hatte. Das Verschweigen solcher Zusammenhänge ist nichts anderes als eine Form medialer Lüge. Zu Hause und medial Diversity predigen, einen Großteil der Welt aber mit dem genauen Gegenteil umpflügen, das ist die heuchlerische Doppelmoral, in der wir uns fortwährend befinden.

Oder wie weit ist es her mit der Diversity an den Grenzen Deutschlands und des ganzen Schengenraums? Dort beißen Afrikaner und andere auf Granit, deren Lebensgrundlagen durch das Agieren der Industriestaaten zuvor zerstört worden sind, einschließlich der Umweltzerstörung und ihren Klimafolgen. Sie verlassen ihre Heimat nicht aus Jux, sondern aus blanker Not, maßgeblich hervorgerufen durch eben jene kleine Anzahl hochindustrialisierter Vorzeigedemokratien. Obendrein werfen die sich als selbsternannte Musterstaaten in die Brust und wollen anderen Nationen mit teils Jahrtausende alter Kultur vorschreiben, wie sie ihre Gesellschaft zu organisieren haben.

Aber man muss gar nicht in die weite Welt schauen, denn auch direkt vor unserer Haustür stößt diverses Agieren hier und dort schnell an seine Grenzen. Jeder Mitbürger mit sichtbar fernen Wurzeln kann ein Lied davon singen, wie oft er ohne Anlass Polizeikontrollen ausgesetzt ist. Auch bei der Wohnungssuche und anderswo haben es Menschen mit Migrationshintergrund besonders schwer. Wir wundern uns medial und auch am Biertisch darüber, dass es diese Menschen häufig nicht schaffen, Anschluss an eine Gesellschaft und Lebensart zu finden, für die sie sich selbst entschieden haben. Wurden sie von uns nicht allzu oft allein gelassen auf diesem schwierigen Weg? Warum ist Integration in so vielen Fällen nicht gelungen? Weil wir uns an der Diversity-Fassade ergötzt und uns viel zu wenig im echten Leben um diese Problematik gekümmert haben.

Besonders heuchlerisch sind die politisch motivierten Unterschiede, mit denen man Geflüchteten medial und in der vorherrschenden Politik begegnet. Als ob es einen Unterschied macht, vor dem Krieg geflüchtete Ukrainer oder aus gleichem Grund nach Deutschland gekommene Kurden, Palästinenser oder Äthiopier vor sich zu haben.

Sprache ist nicht neutral, bestenfalls können es einzelne Worte sein. In Sätze, Beschreibungen, Meinungen gekleidet, werden sie zur Position des jeweiligen Verfassers. Schon aus diesem Grund ist es müßig, auf eine wie auch immer geartete neutrale Medienlandschaft oder grundsätzlich auf eine neutrale Kommunikation zu hoffen. Die etwas härtere Gangart wird mit dem Bonmot „Wes Brot ich ess, des Lied ich sing" treffend beschrieben. Hier geht es um Interessenpolitik, gelenkte Meinungsmache, sei es über finanzstarke Hintermänner, die Elite der Herrschenden oder durch den „Mainstream", dem sich, leider, viel zu oft Meinungsbildner in vorauseilendem Gehorsam anschließen.

Dabei reichen schon wenige Narrative, um eine mediale Grundrichtung vorzugeben. „Putins Angriffskrieg" und „Hamas-Terroristen" als Synonym für den palästinensischen Widerstand sind solche Beispiele. Sofort ist klar, wo das Gute und wo das Böse zu finden, wie Fakten zu sortieren und Standpunkte zu formulieren sind. Wer dennoch nach den Entwicklungen zuvor, nach tieferen Ursachen fragt, der wird sogleich als Putinversteher oder Antisemit gebrandmarkt. Für kritisch agierende Journalisten kann das schnell bedeuten, „draußen" zu sein, im Medienbetrieb geschnitten zu werden und Aufstiegschancen zu verlieren.

Schon einzelne Worte können uns den Standpunkt eines Politikers, Journalisten oder beliebigen Verfassers verraten. Wird etwas „angemahnt", betrifft es Kritikwürdiges im eigenen Nest, das man möglichst wenig beschmutzen möchte. Gleiches aber wird gegenüber dem Konkurrenten, dem Gegner energisch und mit Nachdruck verlangt und gefordert. Nur die ukrainische Führung hat diese Rituale gelegentlich durchbrochen und fordert unverblümt von ihren NATO-Verbündeten mehr Panzer, Flugzeuge, Raketen, mehr Waffen aller Art, mehr Geld für die Stützung des eigenen kaputten Haushalts. Aber auch das hat seine Logik, denn man arbeitet schließlich an den strategischen Zielen der Amerikaner, die bösen Russen in die Knie zu zwingen. Da kann man eine adäquate Unterstützung schließlich erwarten und lautstark einfordern.

Im Grunde genommen ist es diese ganze christlich-abendländische Fassade, diese gesalbte Heuchelei aus hehren Worten und moralischen Postulaten, die das profit- und machtpolitische Agieren der Eliten nicht allzu sichtbar werden lassen soll. Gewollt oder ungewollt, Gendern und Diversity sind dabei hilfreich zur Stelle. Und pünktlich zu Weihnachten kommen dann stets die Tage der Fürbitten und Spendenaufrufe für die Geschundenen und Notleidenden dieser Welt, kleine Trostpflästerchen und Feigenblätter auf all die Probleme, die zuvor der Welt und den meisten ihrer Bewohner angetan worden sind.

Deutschland, Deutschland über alles?

So beginnt das Deutschlandlied, natürlich ohne das obige Fragezeichen. August Heinrich Hoffmann von Fallersleben schrieb es vor der 1848er Revolution, wobei er kein deutsches Großmachtstreben, sondern einen Nationalstaat an Stelle der spätfeudalen Zersplitterung im Sinn hatte. Er trug keine Schuld daran, dass seine Zeilen später im Ersten Weltkrieg zur propagandistischen Speerspitze der deutschen Kriegsmaschinerie gemacht wurden.

Als das Lied in der Weimarer Republik zur Nationalhymne aufstieg, trug es seine großmachtdeutsche Umdeutung schon in sich. Auch die Nazis nutzten den verfänglichen Text ausgiebig in ihrem Sinne. Beladen mit derlei Altlasten, tat man sich in der Nachkriegs-Bundesrepublik schwer mit der gültig gebliebenen Landeshymne. Zunächst verzichtete man verschämt auf das Absingen der besonders schwierigen ersten Strophe. Von der Maas bis an die Memel..., das war dann doch zu heftig, so gleich nach dem Ende des Krieges. Erst nach 1990 konnte man sich dazu durchringen, lediglich die dritte Strophe des Lieds der Deutschen als zeitgemäße Nationalhymne gelten zu lassen.

Hier soll es im Weiteren nicht um das Schicksal der Nationalhymne gehen, sondern eher um den Geist, der sich daraus entwickelt und mit den Intentionen ihres Schöpfers rein gar nichts zu tun hat. Es geht darum, ob dieses in unguter Weise entstellte Deutschland, Deutschland über alles nach zwei verheerenden Weltkriegen aus den Köpfen, aus den Medien, aus dem Denken und Handeln der Herrschenden verschwunden ist. Unsere gesellschaftliche Realität gibt uns Grund zum Zweifeln. Es geht letztlich darum, wie wir unsere Position in der Weltgemeinschaft sehen, um unseren Umgang mit anderen Völkern und Kulturen.

Zunächst gilt es zwischen Nationalstolz und Nationalismus zu unterscheiden. An ersterem, der emotional geprägten Verbundenheit mit dem Heimatland, ist kaum Schlechtes zu finden. Man kann stolz sein auf die Kultur und Geschichte, auf die Leistungen und darauf, dazuzugehören. Kleineren Ländern fällt es oft leichter, es dabei zu belassen. Ich bewundere, wie man zum Beispiel in Norwegen den Nationalfeiertag im Mai begeht. Bis in die entlegensten Kommunen sind die Leute mit Freude dabei, mit Stolz auf ihr Land, aber ganz ohne Säbelrasseln und sonstiges martialisches Gehabe. Entscheidend ist, dass mit dem Nationalstolz nicht eine Herabsetzung anderer Nationen, Völker, Kulturen und Lebensweisen verbunden ist.

Das ist die Brandmauer, die gegenüber jeder Form von nationalistischem Agieren gezogen werden muss. Bei der Entstehung unabhängiger Nationalstaaten besaß der Nationalismus durchaus progressive Züge. Er half, den Weg heraus aus der Fremdbestimmung und hin zur Unabhängigkeit zu finden. Verselbständigt er sich, ist er mit einer Überhöhung der eigenen nationalen Werte und Leistungen zu Lasten anderer verbunden, gar mit Forderungen und Aggressivität gegenüber den Nachbarn, hat er seine ursprünglich progressiven Züge verloren. Nicht selten mündet er in eine Art Sendungsbewusstsein, den Rest der Welt nach eigenen Wertmaßstäben umzuformen. Wir kennen das alles aus den unguten Kapiteln deutscher Geschichte und wissen, dass es von extremem Nationalismus zu kriegerischer Aggressivität nicht sehr weit ist.

Den offen-unverblümten Nationalismus trifft man in der bundesdeutschen Gegenwart eher weniger an. Eine Ausnahme bilden gelegentliche Entgleisungen einiger Boulevardblätter oder reißerischer Sendungen im Privat-TV. Im privaten Bereich sind es versteckte Annäherungen, eingestreute Wortmeldungen, die anzeigen, dass nationalistisches Denken nicht der Vergangenheit angehört.

Das beginnt mitunter schon am Biertisch, wenn der Ostfeldzug im Nachhinein gewonnen wird, wenn, ja wenn der Winter nicht gekommen und die Amis uns nicht in den Rücken gefallen wären. Dem Iwan, dem hätten wir doch ganz allein den Garaus gemacht. Auch die Italiener tragen dann Schuld an Deutschlands Kriegsniederlage. Die Makkaronis konnten nur weglaufen, aber nicht kämpfen. Insgesamt erscheint es durch diese Brille, dass Nichtdeutsche gern auf der faulen Haut liegen und schlechter arbeiten, unordentlicher sind, sich weniger oft waschen, ständig klauen und auch mit der Pünktlichkeit ihre Probleme haben.

Aber wie sieht es auf der medialen und regierungsoffiziellen Seite aus? Nicht viel besser, wenn man genauer hinschaut. Ist es nicht auch eine Form nationalistischen Sendungsbestrebens, wenn wir uns allerorts als Moralapostel und Demokratieweltmeister aufspielen? Wir ignorieren nassforsch die Entwicklungsgeschichte und die Jahrtausende alte Kultur anderer Länder und kritisieren vom hohen Ross der bürgerlichen Demokratie deren heutige Gesellschaftsstrukturen. Das gründominierte Außenministerium hat diese Geisteshaltung in völlig neue Dimensionen befördert. Man muss andere gesellschaftliche und politische Systeme ja nicht mögen oder gutheißen, aber diese einseitigmoralisierende Betrachtung durch die deutsch-nationale Brille ist geradezu abstoßend.

So befindet sich neben Russland vor allem China im Visier der medialen und regierungsoffiziellen Systemkritik. Das Land ist unter Führung der dortigen KP von vornherein schlecht, weil es unseren bürgerlich-demokratischen Wertevorstellungen nicht bedingungslos folgt. Aus diesem Grund wird alles aus dem heutigen China ins Schaufenster gestellt, was diese Fundamentalkritik stützen könnte, die Demokratiedefizite, das Uigurenproblem, die Haltung Pekings gegenüber Hongkong und Taiwan, ja selbst der Dalai Lama wird bemüht. Jeder chinesische Intellektuelle, der die Führung kritisiert, bekommt eine mediale und politische Bühne und soll suggerieren, dass sich in dem Riesenreich langsam aber sicher der Systemwiderstand formiert.

Das andere China wird gern ignoriert oder mit blassen Nebensätzen abgetan. Achthundert Millionen Menschen wurden in wenigen Jahrzehnten aus bitterster Armut geholt, wo sonst in der Welt ist das auf gleiche Weise gelungen? Binnen kurzem hat China den Weg vom rückständigen Agrarland in die technisch-technologische Weltspitze zurückgelegt und ist zum bedeutendsten Handelspartner der Dritten Welt geworden. Das Land ist dabei, die USA als führende Industrienation abzulösen. Kaum ein Wirtschaftszweig würde bei uns normal funktionieren, gäbe es nicht den immensen Außenhandel mit dem fernen China.

Auch beim Thema Uiguren wird gern der Ursprung des Konflikts verschwiegen, nämlich dass sich unter den turksprachigen und mehrheitlich muslimischen Uiguren eine extremistische Bewegung formiert hatte. Uigurische Radikale betrieben die Abspaltung des autonomen Gebiets Xinjiang von China, unternahmen Terroranschläge im eigenen Land mit hunderten von Opfern, kämpften in großer Zahl in den Reihen von al-Qaida und bei den afghanischen

Taliban. Ist es nicht verständlich, dass Chinas Führung dieser Entwicklung einen Riegel vorschieben wollte? Das heißt nicht, der millionenfachen Drangsalierung Unschuldiger und der Sinisierung Xinjiangs durch eine massenhafte Ansiedlung von Han-Chinesen das Wort zu reden.

Blickt China nicht auf seine eigene Geschichte und kulturelle Identität zurück, auf einen völlig anderen, mit europäisch-japanischem Kolonialismus durchsetzten Weg ins Heute? Allein schon deshalb reagiert die dortige Führung allergisch auf die heuchlerischen Demokratie- und Menschenrechtsvorwürfe des Westens. Das Anderssein Chinas ein Stück weit zu verstehen, dazu sind deutsche Politik und ihr journalistischer Begleittross derzeit nicht fähig.

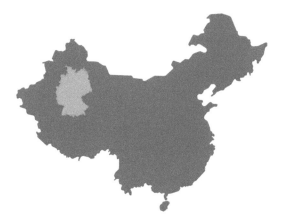

Und hier sind wir wieder beim „Mainstream". Wir befinden uns zu sehr in US-amerikanischer Hörigkeit und betrachten China ausschließlich durch die Brille der globalen Systemkonkurrenz. Wir verharren im Schlepptau amerikanischer Befürchtungen, eines näheren Tages vom Reich der Mitte überholt und abgehängt zu werden. Das diktiert unser politisches und mediales Handeln. Dabei täte eine eigene, unabhängige Sicht und Politik not, die sich an unseren eigenen Interessen ausrichtet und erkennt, welch großes Potential sich aus guten, partnerschaftlichen Beziehungen zu diesem großen Land nutzen ließe.

Die Frage ist, ob die heutigen bürgerlichen Demokratien überhaupt als Systemvorbilder für den Rest der Welt taugen. Ihr hochmoralisch vorgetragener Anspruch ist nämlich mit einem Gutteil Heuchelei verbunden. Er ignoriert geflissentlich manch dunklen Fleck in der Vergangenheit eben dieser Länder, vernebelt die fortlaufende Übervorteilung zahlreicher Völker durch einige wenige Industriestaaten und geht mit Schweigen über die Unzulänglichkeiten der eigenen politischen Systeme hinweg.

Schauen wir auf die Vorzeigedemokratie Nummer eins, die USA. Es ist erst wenige Jahrhunderte her, dass die europäischen Einwanderer die Urbevölkerung nahezu ausrotteten und deren Land in Besitz nahmen. Gleichzeitig wurden Millionen Afrikaner nach Amerika verschleppt und zu Sklavenarbeit auf den Baumwoll- und Reisfeldern der Südstaatler verdammt. Die Sklavenhaltermentalität ist dort bis heute nicht gänzlich verschwunden, man schaue nur auf die zahlreichen Diskriminierungen der Nachkommen jener einstigen Sklaven in der heutigen Gesellschaft.

Seit mehr als einhundert Jahren zetteln die USA Kriege, Revolten und Umstürze in aller Welt mit dem Ziel an, ihre Hegemonie auszubauen und abzusichern. Das alles geschieht unter der Flagge von Demokratie, Freiheit und Menschenrechten. Die Ersetzung eines „Unrechtssystems" durch ein neues, den westlichen Staaten passenderes mit Hilfe ökonomischer Erpressung und militärischer Gewalt ist in seinen fatalen Folgen täglich neu zu besichtigen. Ob Libyen, Irak, Syrien oder Afghanistan, die Ergebnisse sind mit Bürgerkriegen, riesigen Opferzahlen, kaputten Gesellschaften und millionenfachem Leid überall die gleichen.

Auch an Russlands Grenzen wurden diese Versuche des Regimewechsels unternommen, in Georgien und besonders in der Ukraine. Das Ziel war klar, es ging gegen den globalen Konkurrenten Russland, und dessen Sicherheitsinteressen wurden schlichtweg ignoriert. Wo endete das NATO-Gebiet im Osten eigentlich 1990 und wo heute? Und nun befand sich auch noch die Ukraine auf eindeutigem NATO-Kurs. Es grenzte an politische Blindheit zu glauben, Russland würde dem tatenlos zusehen. Der Ukrainekrieg ist wie jeder Angriffskrieg klar zu verurteilen. Aber zur ganzen Wahrheit gehört, dass er nicht erst im Februar 2022 begann. Der Konflikt hat eine lange Vorgeschichte, in der die USA und andere selbsternannte Vorzeigedemokratien eine höchst unrühmliche Rolle gespielt haben.

Abgesehen von der globalen Rolle der USA, welches Vorbild sollte die Welt im dortigen System des Parlamentarismus erkennen? Ist damit etwa das verkommene Wahlsystem gemeint, in dem die Größe des Geldbeutels über Nominierungen bis hin zur Präsidentschaftskandidatur entscheidet und in dem anschließend nicht einmal das Votum der Wählermehrheit den Ausschlag gibt, oder die Tricksereien bei der Wahlkreiseinteilung und die Diskriminierung vieler Millionen nichtweißer Wähler, oder das Agieren eines Donald Trump und seiner durchgeknallten Anhängerschaft? Das politische System der Vereinigten Staaten ist bei genauer Betrachtung keine Demokratie, sondern eine Oligarchie in den Händen einer verschwindenden Minderheit Superreicher, nur mühsam verhüllt durch einen Schleier scheindemokratischer Institutionen. Sie entscheiden mit ihrem Geld, wer gewählt und welche politische Richtung eingeschlagen wird. Das ganze politische System lebt von einem engmaschigen Netz der legalisierten Korruption.

Bleiben wir besser bei uns und unserem Vermögen, anderen ein Vorbild zu sein. Auch hier erkennt man rasch, dass Fassade und Innenleben zweierlei Dinge sind. Was kann zum Beispiel unser vielgepriesener Föderalismus auswärtigen Betrachtern mehr sein als eine moderne Form von Kleinstaaterei? Er macht politisches Agieren zur Langzeitaufgabe, ersäuft dringliche Refomen in faulen Kompromissen und schafft immer neue Bürokratiemonster. Der Bundestag, eine Stätte ergebnisoffenen Meinungsstreits und des Ringens um beste Lösungen? Da reicht ein Tag auf der Besuchertribüne, um diesen Lug und Trug zu durchschauen. Es sind eh nur ein paar der über siebenhundert Abgeordneten da, und die unterhalten sich, spielen an ihren Handys, lesen Zeitung und ignorieren hartnäckig alle Argumente, wenn sie von der falschen, der gegnerischen Seite kommen. Nein, unsere Demokratie ist ebenfalls nur eine Fassadendemokratie, in der man alle vier Jahre zur Wahl gehen darf. Eine direkte Mitwirkung der Bürger, etwa in Form von Volksentscheiden, sieht unser Grundgesetz mit Ausnahme von Änderungen in der Länderzuteilung nicht vor. Die Entscheidungen fallen in den Hinterzimmern der Regierenden unter maßgeblicher Mitwirkung von Lobbyisten unterschiedlicher Coleur. Sie degradieren den Bundestag zur reinen Abstimmungsmaschine. Der Fraktionszwang sorgt schon für die gewünschten Ergebnisse.
Überhaupt sollten wir etwas weniger arrogant-fordernd in der Welt von Demokratie und Menschenrechten

sprechen. Wir haben fünfzig Millionen Tote des zweiten Weltkriegs mit auf dem Gewissen, deren Hinterbliebene großenteils noch heute leben. Und wir haben nicht aus eigener Kraft aus der Naziherrschaft herausgefunden. Die alliierte Koalition der Siegermächte hat uns gewaltsam mit der Nase auf den Neuanfang gestoßen. Allein schon deshalb steht es uns nicht zu, anderen Ländern Vorschriften zu machen, wie sie ihre Gesellschaft zu organisieren haben.

Besser sollten wir den Zustand unserer eigenen Gesellschaft kritisch hinterfragen. Auf diesem Feld gibt es mehr als genug zu tun. Der Reformstau, den wir seit langem vor uns herschieben, wird täglich mehr zu einer Belastung im internationalen Wettbewerb und taugt wenig als Vorbild für andere. Da ist unser verstaubtes Bildungssystem, garniert mit einer unsäglichen Kleinstaaterei auf diesem Gebiet. Wir leisten uns ein Rechts- und Steuersystem, in dessen Dschungeln selbst Experten verzweifeln und das Cum-Ex-Geschäfte mit Milliardenklau aus den Steuerkassen möglich gemacht hat. Nicht vergessen werden sollte, dass diese unsäglichen Vorgänge vom Ersten Bürgermeister Hamburgs und heutigen Bundeskanzler wohlwollend begleitet wurden. Er kann sich nicht erinnern..., unglaublich! Wir ertrinken in Bürokratie, deren Erzeuger mehr mit sich selbst als mit den Belangen des Landes und seiner Bürger beschäftigt sind. Unsere Integrationspolitik ist seit langem gescheitert, ohne dass je eine kritische Bestandsaufnahme, geschweige denn eine Umkehr erfolgt ist.

Und was ist aus unserer verkündeten Vorreiterrolle in der Umwelt- und Klimapolitik geworden? Die Grünen haben, ohne rot zu werden, ihren Markenkern einfach über Bord geworfen. Das ist Verrat an den eigenen Idealen, der zeigt, wie weit sich diese Partei bereits von ihren Ursprüngen entfernt hat. Die einstige Antikriegspartei ist zur Kriegshetzerpartei Nummer eins geworden, das nenne ich eine stolze Entwicklung! Russland möglichst heute und sofort zu schädigen, ist ihnen wichtiger geworden als eine Klimapolitik, die keinerlei Aufschub duldet. Dafür kann man schon mal überteuertes und extrem klimaschädliches US-Frackinggas herüberholen und Kohlekraftwerke mit gewaltigem $CO2$-Ausstoß länger laufen lassen, während man die Bürger mit gesalbten Sprüchen für dumm verkauft.

Aber wen regt das überhaupt noch auf? Wir sind satt und träge geworden, wir Deutschen, zumindest diejenigen, die nicht täglich um ihr Auskommen bangen müssen. Es geht alles weiter, es läuft ja, uns geht es gut, wo ist hier ein Problem? Dort, wo sich Unmut regt, wird er mit Ausgleichszahlungen, Fördergeldern und anderen staatlichen Beruhigungspillen eingehegt. Aber wie lange soll das noch weitergehen? Kann man auf diese Weise ernsthaft die Zukunft einer großen europäischen Kulturnation gestalten?

Trotz alledem, wir stehen zu unserem Heimatland, die meisten zumindest, und sind stolz darauf, wenn unserem Land und uns selbst darin Gutes gelingt. Werden wir dadurch zu Nationalisten? Nein, solange unsere Verbundenheit mit keiner Herabwürdigung oder Gefahr für andere verbunden ist. Hier sind wir zu Hause, und gerade deshalb sollten wir uns mit aller Macht um unser Land, um sein Vorankommen kümmern. Vielleicht ist es nützlich, sich gelegentlich einmal umzuschauen und zu beobachten, wie andere Staaten mit ähnlichen Problemen und möglichen Lösungen umgehen. Aber da kommt uns schon wieder die Arroganz eines vermeintlich große Landes in die Quere, die Überzeugung, dass wir eigentlich alles am besten können.

Ein Krieg der Verlierer

Der Krieg als Geißel der Menschheit, diese Zuschreibung ist fast so alt wie unser aller Geschichte selbst. Dennoch ist sie tagaktuell. Im Folgenden geht es nicht so sehr um eine erneute Aufzählung all der bedrohlichen Geschehnisse im Osten Europas. Das ist bereits vielfach erfolgt, wobei uns je nach politischer Couleur Weglassungen, Umdeutungen oder auch blanke Lügen begegnen, um die jeweils eigene Sicht zu stützen. Hier geht es um den Versuch, ein wenig Licht in die Hintergründe jener Tragödie zu bringen, in der sich zwei Bruderstaaten kriegerisch gegenüberstehen.

Der Einmarsch Russlands in die Ukraine ist klar zu verurteilen, wie zwingend auch immer die vorgebrachten Argumente erscheinen mögen. Er geschah unter Bruch des Artikels zwei der UN-Charta, der Kriege grundsätzlich ächtet. Es ist zu bezweifeln, dass zum Zeitpunkt des Angriffs wirklich alle nichtmilitärischen Optionen zur Lösung des Konflikts ausgeschöpft waren. Vielmehr schien der russischen Führung der Zeitpunkt im Februar 2022 günstig, die Dinge in ihrem Sinne zu regeln, bevor die Ukraine dank ihrer westlichen Unterstützer zu stark wurde. Dabei lagen Russlands Geheimdienste offenbar schwer daneben, denn man rechnete mit einem raschen Zusammenbruch und jubelnden Begrüßungsmassen an den Straßenrändern.

Das Gegenteil trat ein. Der Widerstand verfestigte sich, Waffensysteme aus dem Westen taten ihr Übriges, und große Teile der Bevölkerung stellten sich hinter ihre Regierung. Der Einmarsch wird schwere Langzeitfolgen haben, denn er traf ein slawisches Brudervolk. Russen und Ukrainer blicken auf viel Gemeinsames in ihrer Geschichte und Kultur zurück. Das altslawische Großreich der Kiewer Rus war vor mehr als tausend Jahren die Keimzelle ukrainischer wie russischer Staatlichkeit. Dichter von Weltruf, Nikolaj Gogol, Alexander Puschkin, Anton Tschechow oder Michail Bulgakow, Musiker wie Peter Tschaikowski, Michail Glinka, Modest Mussorgski und Alexander Borodin zählen zum Kulturerbe beider Völker.

Dabei geht es weniger um ihre ethnische Herkunft als um ihr künstlerisches Schaffen. Sie alle lebten in einer Zeit, als die Ukraine ein Teil Russlands war, sie alle ließen mit großer Selbstverständlichkeit russische wie ukrainische Märchen, Bräuche, Folklore, Geschichte in ihr Schaffen einfließen. Wie sehr das gemeinsame kulturelle Erbe bereits jetzt unter dem aktuellen Konflikt leidet, das zeigen ukrainische Forderungen an die Adresse ihrer westlichen Unterstützer, Tschaikowski und andere russische Komponisten aus den Spielplänen ihrer Musiktheater zu verbannen.

Unzählige Verbindungen zwischen Ukrainern und Russen bis in einzelne Familien hinein existieren bis heute. Sie waren Freunde, Kollegen, Nachbarn, lebten Tür an Tür ohne jeglichen Groll. Jeder Tote wiegt vor diesem Hintergrund doppelt schwer, jede Zerstörung ist viel mehr als der in Geld aufzurechnende materielle Schaden. Die Wunden aus diesem schrecklichen Krieg werden dauerhaft schmerzen und lange nicht verheilt sein.

Diese Feststellungen sind gewichtiger als alles Folgende. Dennoch ist es damit nicht getan, wie uns Politik und Leitmedien weiszumachen suchen. Das immer und immer wieder strapazierte Narrativ vom russischen Angriffskrieg steht dabei im Mittelpunkt. Fragen nach tieferen und weiter zurückliegenden Ursachen des Konflikts verbieten sich somit von selbst. Als Putinversteher werden jene gebrandmarkt, die genauer hinsehen wollen. Es ist so schön klar und einfach, alles mit dem russischen Einmarsch im Februar 2022 beginnen zu lassen, womit sich für jedermann offensichtlich die bösen Russen und die guten Ukrainer gegenüberstehen. Da muss man einfach Partei ergreifen und jede erdenkliche Unterstützung für die Ukraine, auch die mit modernstem Kriegsgerät, gutheißen. Mit der Gewissheit, auf der richtigen Seite zu stehen, lassen sich die negativen Auswirkungen der Russlandsanktionen auf die deutsche Bevölkerung ebenfalls leichter rechtfertigen.

Aber allein schon diese politsch-mediale Empörung ist heuchlerisch, weil sie nicht alle Kriege in gleicher Weise verurteilt, sondern selektiv antirussisch agiert. Wo blieb der lautstarke und andauernde Protest bei den vielen ebenso völkerrechtswidrigen Kriegen, die auf das Konto der USA und ihrer Verbündeten gingen, in Vietnam und Jugoslawien, Afghanistan und dem Irak, in Libyen, Syrien oder dem Jemen, um nur einige aus der jüngeren Vergangenheit zu nennen? Das eine, auf die eigenen Reihen blickende Auge wird gern zugehalten. Dafür wird um so stärker und im Chor geeint auf Putin und die Russen eingedroschen, immer wieder und ohne Unterlass, in der Hoffnung, einiges davon wird bei den Menschen schon hängenbleiben.

An diesem verzerrten Bild von Gut und Böse nagt ein weiterer Zweifel, nämlich der von der Ukraine als Verfechterin hehrer demokratischer Werte. Hier die russische Putin-Autokratie, dort die Ukraine in der Verteidigung eben dieser westlichen Demokratie, auch dieses vereinfachte Bild soll für jedermann überzeugend erscheinen. Dabei setzt man auf die Vergesslichkeit der eigenen Konsumenten, denn bis vor kurzem ist selbst in deutschen Medien gelegentlich ein anderes Ukrainebild vermittelt worden.

Da war von mundtot gemachter politischer Opposition die Rede, von hemmungsloser Korruption bis in höchste Staatsämter hinein, von Drangsalierungen der russischsprachigen Bevölkerung und von erstarkenden rechtsextremen bis hin zu offen faschistischen Kräften, die Eingang in Armee und Sicherheitsdienste fanden und zunehmend Einfluss auf die Landespolitik nahmen. Das alles verschwand nun in der Versenkung. Es geht gegen Russland, und da können derartige Befindlichkeiten nur stören. An die Stelle gravierender Demokratiedefizite trat nun das Bild heroischer Kämpfer, die im Osten Europas die westlichen Werte gegenüber dem Despoten Putin verteidigen.

Der Ukrainekrieg hat eine lange Vorgeschichte. Sie wird allzu gern „vergessen", weil sie dem Narrativ von den bösen Russen und den guten Ukrainern widerspricht und die Unschuld des Westens an dem Konflikt in aller Klarheit widerlegt. Genau deshalb muss diese Vorgeschichte benannt werden. Sie hat viel zu tun mit dem Ende des Kalten Krieges und dem, was darauf folgte, mit den Entwicklungen in Russland und der Ukraine ebenso wie mit den geopolitischen Zielen der USA und ihrer NATO-Verbündeten.

Erinnern wir uns an die Umbrüche im internationalen Geschehen Ende der 80er, Anfang der 90er Jahre. Der Anschluss der DDR an die BRD war in vollem Gange, der Warschauer Militärpakt geriet aus den Fugen und die Sowjetunion stand vor dem wirtschaftlichen Zusammenbruch. Gorbatschow und Kanzler Kohl trafen sich im Februar 1990 in Moskau und im folgenden Sommer erneut im Kaukasus, fanden eine gemeinsame Sprache und handelten einen Deal aus. Gorbatschow erklärte sich einverstanden mit dem Rückzug der 500 000 Mann starken Roten Armee aus Ostdeutschland, in dem Bewußtsein, dass sein deutscher Verbündeter ohnehin für ihn verloren war. Als Gegenleistung forderte er zwei Dinge: erstens erhebliche finanzielle Hilfen und zweitens die Zusicherung, dass ein wiedervereintes Deutschland neutral, also auch nicht Mitglied der NATO sein sollte. Ersteres wurde mit zwanzig Milliarden D-Mark einschließlich diverser Kredite geregelt. Der zweiten Forderung verweigerte Kohl die Zustimmung, ganz sicher auch in Abstimmung mit der atlantischen Führungsmacht USA.

Um eine Lösung zu finden, versprach die deutsche Seite, dass eine über Deutschland hinausgehende NATO-Osterweiterung nicht erfolgen würde, eine Zusicherung, die im gleichen Jahr auch von US-Außenminister Baker und anderen Repräsentanten des westlichen Militärbündnisses mehrfach ausgesprochen wurde. Damit war man bereit, so hieß es, den Sicherheitsinteressen der Sowjetunion

Rechnung zu tragen und keinen Bündnisnutzen aus den politischen Umwälzungen in Osteuropa zu ziehen.

An diese Versprechen wollten sich später weder die USA noch die Bundesregierung erinnern. Gorbatschow wiederum sonnte sich in dem medialen Ruhm, der ihn damals im Westen umgab und unterließ es in geradezu naiver Weise, sich die Zusagen schriftlich bestätigen zu lassen. Um es auf den Punkt zu bringen, er wurde nach allen Regeln der Kunst über den Verhandlungstisch gezogen.

Was dann geschah, ist bekannt und war nichts anderes als ein klassischer Wortbruch des Westens. Statt des „gemeinsamen Hauses Europa", wie es Gorbatschow vorgeschlagen hatte, erfolgte in mehreren Schüben die NATO-Osterweiterung. Insgesamt kamen bis 2020 vierzehn neue Mitgliedsstaaten in Ost- und Südosteuropa hinzu. Stand das westliche Militärbündnis 1990 noch an der Elbe, so reichte es dreißig Jahre später bis an den Grenzen Russlands.

Im Grunde genommen ist es zweitrangig, ob mit der NATO-Osterweiterung verbindliche Zusagen gebrochen wurden oder nicht. Wesentlich ist erstens, dass sie das Verhältnis zu Russland als Nachfolge-Atommacht der Sowjetunion nachhaltig vergiftet hat. Statt Vertrauen und gemeinsames Handeln in Sicherheitsfragen begannen erneut Misstrauen und Argwohn zu dominieren.

Zweitens, und das ist der entscheidende Punkt, ignorierte die NATO-Osterweiterung vollständig die Sicherheitsinteressen Russlands. Dazu ist ein Rückblick in die Geschichte erforderlich. Die Sowjetunion hatte im Zweiten Weltkrieg einen unermesslichen Blutzoll zu entrichten. Riesige Zerstörungen warfen das Land um Jahrzehnte zurück. Diese Tragödie ist bis in die Familien hinein unvergessen geblieben. Wenig später zerbrach die Antihitler-Allianz mit Amerikanern und Briten, war mit der NATO erneut ein gegen die Sowjetunion gerichtetes Militärbündnis entstanden. Der Kalte Krieg, die Konfrontation mit dem Westen und erbitterte Systemauseinandersetzungen schlossen sich an. Das alles waren schmerzhafte Erfahrungen. Die eigene Sicherheit zu gewährleisten, das war somit eine zentrale, von einer breiten Mehrheit der russischen Bevölkerung getragene Forderung, der jede Führung, egal welcher politischen Ausrichtung, ohne Wenn und Aber nachzukommen hatte.

Wortbruch hin oder her, die harten Fakten zählten. Die NATO hatte sich mehr als tausend Kilometer nach Osten ausgedehnt, ein Bündnis, das man in der Vergangenheit nicht gerade zu den Freunden Russlands zählen konnte. Das Vertrauen in Zusicherungen und bestehende Verträge - die Russen erinnerten sich gut an den Nichtangriffspakt Stalins mit Hitlerdeutschland - hatte das Land in der Vergangenheit teuer bezahlen müssen.

1997 kam Russland in der NATO-Russland-Grundakte nicht umhin, die bis dahin erfolgte Osterweiterung des Bündnisses zu akzeptieren. Mit dem damaligen Präsidenten Jelzin hatte der Westen leichtes Spiel. Russland stand vor dem wirtschaftlichen Kollaps, Jelzin war kurz zuvor dank massiver westlicher Hilfe erneut gewählt worden und hielt es mehr mit der Wodkaflasche als mit den Geschicken des Landes, für das er Verantwortung trug.

Die Lage begann sich 1999 mit Beginn der Präsidentschaft Putins zu ändern. Unter seiner Führung gelangte das weltgrößte Land aus der Krise, erstarkte und wurde erneut zu einem gewichtigen Spieler auf der weltpolitschen Bühne. Aber selbst Putin war zunächst noch auf eine gedeihliche Zusammenarbeit mit dem Westen aus, man erinnere sich an sein legendäres Auftreten im September 2001 vor dem deutschen Bundestag. Aber die harten Fakten sprachen eine klare Sprache, und mit jedem neuen NATO-Erweiterungsschritt, mit jeder neuen Brüskierung russischer Sicherheitsinteressen wuchs in Moskau die Argwohn. Bezeichnend dafür war 2014 US-Präsident Obamas Verhöhnung Russlands als Regionalmacht. Das Vetrauen in westliche Zusagen schwand eingedenk der historischen Erfahrungen. Was nun mehr und mehr zählte, das waren militärischen Antworten und sicherheitspolitische rote Linien.

Ein Wort zu Wladimir Putin. Der Mann ist beileibe kein Friedensengel, er ist weder Humanist noch verkappter Linker, sondern ein knallharter, marktwirtschaftlich-profitorientiert denkender und handelnder Machtpolitiker. Sein Wirken lässt drei strategische Ziele erkennen: die Rückgewinnung der mit dem Untergang der Sowjetunion verlorenen Weltgeltung, die Sicherheit des Landes vor äußerer Bedrohung und die Bewahrung der eigenen Machtposition im Inneren. Seine unnachgiebigen Positionen in Sicherheitsfragen sind in hohem Maße auch innenpolitisch motiviert. Sie garantieren ihm breite Unterstützung in der Bevölkerung, auch jetzt noch im Verlauf des Ukrainekriegs, während ein Nachgeben, ein Zurückweichen seine Herrschaft als Ganzes gefährden könnten.

Zurück zur Ukraine. Hinter all dem im Grunde antirussischen Agieren der westlichen Führungsmacht USA standen klare geopolitische Interessen. Sie wollte ihre unipolare Stellung in der Welt, wie sie mit dem Zusammenbruch der Sowjetunion entstanden war, um jeden Preis verteidigen. Darin sah sie sich sowohl vom aufstrebenden China als auch vom wiedererstarkenden Russland bedroht.

Somit zielte die NATO-Osterweiterung darauf ab, Russland als atomaren weltpolitischen Gegenspieler auszuschalten oder zumindest nachhaltig in Schach zu halten. Aber das alles reichte den Strategen in Washington noch nicht.

An diesem Punkt kam die Ukraine ins Spiel. Dieses flächenmäßig größte Land Europas auf die Seite des Westens zu ziehen, das würde entscheidende Vorteile bringen und den russischen Bären an die Kette legen. Die Ukraine in der NATO, das machte Moskau und andere Kerngebiete Russlands in kürzester Zeit für westliche Raketen erreichbar. Man hätte den Konkurrenten in der Hand, seine Verwundbarkeit würde ihn gefügig und erpressbar machen.

Die Situation wäre vergleichbar mit der Kubakrise 1962, als sowjetische Raketen US-Territorien unmittelbar bedrohten und die Welt kurz vor einem Atomkrieg stand. Eine solche Konstellation an den eigenen Grenzen empfand auch Russlands Führung als existenzielle Bedrohung. Deshalb machte sie bereits frühzeitig und mehrfach klar, dass sie einen NATO-Beitritt der Ukraine mit Blick auf ihre eigene Sicherheit unter keinen Umständen akzeptieren würde.

Als 2008 US-Präsident Bush auf dem Bukarester NATO-Gipfel versuchte, einen Beitritt der Ukraine im Handstreich durchzusetzen - dort war inzwischen seit 2005 eine prowestliche Regierung im Amt - hat der ebenfalls als Gast anwesende Putin deutlich gemacht, dass Russland darauf niemals eingehen werde. Jeder Laie musste erkennen, dass Russland im Extremfall auch militärisch eingreifen würde, um einen NATO-Beitritt der Ukraine zu verhindern. Neben Frankreichs Präsidenten war es übrigens Angela Merkel, die sich ein Bewusstsein für die brandgefährliche Entwicklung bewahrt hatte und mit ihrem Einspruch eine Aufnahme der Ukraine verhinderte.

Den US-Strategen spielte die Zerrissenheit des 1991 unabhängig gewordenen Landes in die Hände. Die Ukraine war seit jeher ein von verschiedenen Ethnien bewohntes Land, deren kulturhistorische und auch politische Orientierungen in verschiedene Richtungen verliefen. Westlich des Dnjepr war sie mehr auf Mittel- und Westeuropa und die dortigen gesellschaftlichen Systeme ausgerichtet. Das hatte unter anderem historische Wurzeln. Teile der Westukraine gehörten bis 1918 zu Österreich-Ungarn und später dann bis 1939 zu Polen. Mehr nach Osten und Süden hin wurde der russischsprachige Bevölkerunganteil immer größer und mit ihr die Orientierung auf Russland. Im Grunde genommen lassen sich alle wechselnden politischen Konstellationen seit 1991 auf diesen Dualismus zurückführen.

Verantwortungsvolle Politik hätte das Land als Bindeglied zwischen Ost- und Westeuropa zu stabiler, dauerhafter Neutralität ermuntert. Das aber lag nicht im Interesse der NATO-Planer. Sie wollten die Ukraine ganz auf ihre Seite ziehen und nahmen dabei sehenden Auges in Kauf, dass damit riesige innere Konflikte mit unzähligen Opfern verbunden sein könnten. Das sind die tatsächlichen Gründe für das massive westliche Engagement in der Ukraine, Freiheit, Demokratie und Menschenrechte dagegen lediglich die scheinheilige Fassade. Es war eine zynische, menschenverachtende Strategie, die bewusst in Kauf nahm, dass es auch knallen konnte, mit allem damit verbundenen Leid.

Jede Richtungsentscheidung musste in der Ukraine unweigerlich innenpolitische Konflikte bis hin zum Bürgerkrieg auslösen. Genau das ist 2014 im Ergebnis der Maidan-Ereignisse und des Sturzes des rechmäßig gewählten Präsidenten geschehen. Die prowestlichen Kräfte hatten sich durchgesetzt und machten sich sofort an die Arbeit. Die Abtrennungsbestrebungen im Donbass und auf der Krim waren in erster Linie eine Gegenreaktion der dortigen, mehrheitlich russischsprachigen Bevölkerung, unabhängig von der Tatsache, dass Moskau die Gelegenheit nutzte und kräftig in eigenem Interesse mitmischte.

Die russische Führung stand gewiss nicht tatenlos am Rande des Geschehens. Sie hatte ihrerseits ein Interesse daran, EU und NATO von der Ukraine fernzuhalten, das Land wirtschaftlich und politisch an sich zu binden und es somit weiterhin als Pufferzone gegenüber dem Westen zu erhalten. Im Gegensatz zu den US-Intentionen waren das zunächst aber vorwiegend defensive Ambitionen, die in erster Linie der Sicherheit des eigenen Landes dienten.

Vor diesem geopolitischen Hintergrund müssen all die inneren Konflikte in der Ukraine gesehen werden, die seit zwanzig Jahren eigentlich latent fortbestanden haben. Der auf Ausgleich mit Moskau bedachte Präsident Leonid Kutschma trat bei den Wahlen 2004 nach zwei Amtszeiten nicht erneut an. Im Ergebnis der Orangenen Revolution von 2004-2005 kam der prowestlich eingestellte Wiktor Juschtschenko ins Präsidentenamt, unter dem die Orientierung auf NATO und EU enorm Fahrt aufnahm. Bereits damals zogen die USA im Hintergrund die Fäden und leisteten den prowestlichen Protestbewegungen massive Unterstützung. Juschtschenko bedankte sich gebührend, indem ihn eine seiner ersten Auslandsreisen im April 2005 in die USA zu Präsident George W. Bush führte.

Allerdings verlor er im eigenen Land zunehmend an Rückhalt und unterlag bei den Wahlen vom Februar 2010 klar dem von der russischsprachigen Bevölkerung unterstützten Wiktor Janukowitsch. Als dieser im Spätherbst 2014 einem fertig ausgehandelten EU-Assoziierungsabkommen die Unterschrift verweigerte und stärker auf die russische Karte setzen wollte, begannen auf dem Kiewer Maidan die Massenproteste der auf eine engere Westbindung pochenden Bevölkerungsteile. Auch hier hatten die USA ihre Hand im Spiel. Auf dem Höhepunkt der zunehmend gewaltsamen Protestwelle holten sich die Anführer ihre Instruktionen schon direkt aus der Kiewer US-Botschaft. Der Umfang und die Unverfrorenheit des Washingtoner Mitwirkens an den Umsturz-Vorgängen in der Ukraine sind eng mit dem Namen Victoria Nuland verbunden, damals im State Department zuständig für Europa und Eurasien.

Der Rest mit all dem, was dann folgte, ist bekannt. Der Bürgerkrieg im Donbass begann. Der fortwährende Beschuss der Separatistengebiete durch die ukrainische Armee forderte bis 2022 mehr als zehntausend zivile Opfer, ohne dass sich westliche Politik und Medien sonderlich darum gekümmert hätten. Tote Ukrainer, zerstörte Wohnhäuser, notleidende alte Mütterchen, Schwache und Kinder, alles das wurde erst mit Beginn des russischen Einmarsches im Februar 2022 ein ständiges mediales Vordergrundthema.

Zwei Minsker Abkommen unter Mitwirkung Frankreichs und Deutschlands brachten keine durchgreifenden Ergebnisse, weil der vereinbarte Abzug schwerer Waffen von der Frontlinie ignoriert wurde und die Kämpfe immer wieder neu aufflammten. Entscheidend aber war, dass die ukrainische Seite sich weigerte, zentrale Vertragsinhalte zu erfüllen, nämlich Wahlen im Donbass abzuhalten und diesen russisch geprägten Gebieten eine weitgehende Autonomie einzuräumen. Solange die Minsker Abkommen Realisierungschancen besaßen, spielte mit Ausnahme der

Krim eine Annexion russischsprachiger Gebiete in Putins Zielen keine zentrale Rolle. Er wollte eine Problemlösung im Rahmen des ukrainischen Staates unter Wahrung der Interessen des großen russischsprachigen Bevölkerungsteils. Erst als diese Hoffnungen schwanden, nahmen die Dinge einen anderen Verlauf.

Eine Sonderstellung nahmen die Vorgänge um die Krim ein. Die Halbinsel hatte sich bereits im Frühjahr 2014 im Ergebnis einer Volksabstimmung von Kiew losgesagt und für eine Wiedervereinigung mit Russland ausgesprochen. Moskau griff mit beiden Händen zu und schaffte vollendete Tatsachen. Lässt man alles andere außer Acht, dann handelte es sich um eine völkerrechtlich nicht legitimierte Annexion fremden Territoriums durch Russland.

Aber so einfach lagen die Dinge auch hier nicht. Die Krim, einst ein Tatarenkhanat und Vasallenstaat des Osmanischen Reichs, gehörte seit Jahrhunderten zu Russland bzw. zur Russischen Sowjetrepublik. Erst 1954 war die Halbinsel von Parteichef Nikita Chruschtschow, einem Ukrainer, in einer Schnapslaune der Nachbarrepublik zugeschlagen worden. Das war damals ohne Belang, es geschah innerhalb der Sowjetunion, und die Zuständigkeit Moskaus erstreckte sich gleichermaßen auf alle Teilrepubliken.

Das änderte sich schlagartig 1991 mit der Unabhängigkeit. Plötzlich lebte die überwiegend russische Bevölkerung in einem fremden Land. Hatte sie zunächst noch mehrheitlich für den Verbleib in der Ukraine gestimmt, änderte sich das mit der Zeit. Dazu trugen die Vernachlässigung ukrainischer Randgebiete und die russophoben, bis hin zu Sprachverboten reichenden Aktionen der Kiewer Regierung wesentlich bei. Die ohnehin nicht sehr starken

Bindungen an Kiew litten darunter, und so war es kaum verwunderlich, dass die Krim in vorderster Front der Gegenbewegung stand, die sich 2014 dem prowestlichen und russlandfeindlichen Umsturz entgegenstellte.

Moskau war dabei kein neutraler Beobachter, sondern half kräftig nach, die Dinge zu seinen Gunsten zu regeln. Gewiss wäre die Volksabstimmung für oder gegen eine Wiedervereinigung mit Russland im Frühjahr 2014 ohne diese Unterstützung nicht mit knapp 96 % pro Russland ausgegangen. Aber es kann keinen Zweifel daran geben, dass sie bei einer Wahlbeteiligung von 82 % trotzdem eine satte Mehrheit für das gleiche Ergebnis gebracht hätte. Das sehen westliche Politiker und Leitmedien natürlich anders. Für sie gelten Referenden nur dann als legitim, wenn sie ein ihnen genehmes Ergebnis zeigen.

Neben ethnischen und historischen Gründen besaß Moskaus Engagement auch einen militärstrategischen Hintergrund. Sewastopol an der Südwestküste war der wichtigste Stützpunkt der russischen Schwarzmeerflotte. Ein Flottenabkommen regelte seit 1991 sein Fortbestehen. Die prowestliche, auf NATO-Mitgliedschaft abzielende Entwicklung nach den Maidanereignissen ließ keinen Zweifel daran, dass damit bald Schluss sein würde.

Die Seefestung Sewastopol war zudem ein nationales Monument der Verteidigung gegen Hitlerdeutschland. Sie war im Mai 1945 zur Heldenstadt erklärt worden und damit eines der tragenden Momente der Erinnerung an die Schrecken des Zweiten Weltkrieges. Sewastopol in den Händen feindlich gesinnter NATO-Streitkräfte, das war für Moskau und die große Mehrheit der russischen Bevölkerung ein geradezu unerträglicher Gedanke.

Die Kiewer Regierung hat seit 2014 die Krim ebenso wie die abtrünnigen Gebiete im Donbass wie feindliche Territorien behandelt. Während im Donbass die Waffen sprachen, versuchte man die Krim wirtschaftlich zu strangulieren. Dazu zählte die Absperrung des Nord-Krim-Kanals, der Wasser vom Dnjepr auf die chronisch unter Wasserknappheit leidende Halbinsel gebracht hatte. Er galt als größtes Bewässerungssystem Europas. Das alles hat die Einstellung der Krimbevölkerung zur ukrainischen Führung nicht günstiger werden lassen. Ob berechtigt oder nicht, für Moskau stand die Krim aus all diesen Gründen als Verhandlungsobjekt nicht zur Disposition.

Im Februar 2019 erklärte eine Parlamentsmehrheit den Beitritt der Ukraine in die EU und die NATO zum Verfassungsziel. Damit war eine Vorentscheidung gefallen. De facto war das Land bereits damals zu großen Teilen in das Militärbündnis integriert. Gemeinsame Militärmanöver mit NATO-Verbänden fanden statt, nachrichendienstlich erhielt das Land von den USA und anderen volle Unterstützung, die Lieferungen westlicher Waffensysteme und die Ausbildung ukrainischer Einheiten hatten längst begonnen.

Der Zug in Richtung eines großen Kriegs nahm Fahrt auf. Die NATO-Mitgliedsstaaten hätten dem Einhalt gebieten können, aber dazu fehlte ihnen schlichtweg der politische Wille. Sie versteckten sich hinter dem Argument, jedes Land müsse freigestellt sein, welchem Bündnis es sich anschließen wolle. Das ist haarsträubend scheinheilig, denn zur Aufnahme in eine Organisation oder ein Bündnis müssen immer noch beide Seiten ihre Bereitschaft zeigen. Eine Ablehnung des ukrainischen Bündnisansinnens wäre mit Blick auf die extrem angespannte Situation in Osteuropa das zwingende Gebot der Stunde gewesen.

Aber die USA und ihre Bündnispartner hatten anderes im Sinn. Für sie erfüllte sich mit dem näherrückenden NATO-Beitritt ein strategisches Ziel. Russlands Vorstoß vom Dezember 2021, den Ukrainekonflikt im Rahmen einer umfassenderen Sicherheitsvereinbarung zwischen den NATO-Staaten und Russland zu entschärfen, wurde im Westen kaum mehr zur Kenntnis, geschweige denn ernst genommen. Er hätte zumindest neue Gespräche einleiten und die Kriegsgefahr weniger akut machen können.

So gesehen waren alle diese Entwicklungen Schritte in den Abgrund. Der Konflikt war zu keiner Zeit eine ausschließlich innere Angelegenheit der Ukraine, sondern erfolgte unter sehr direkter Teilnahme der US-geführten Westallianz einerseits und Russlands andererseits. Es war ein klassischer Stellvertreterkonflikt zwischen dem NATO-Bestreben nach Eingliederung der Ukraine und dem Ziel Putins, genau das durch eine engere Bindung an Russland zu verhindern. Wie so oft in solchen Konflikten war und ist auch hier die Bevölkerung, sind die Menschen, die dort leben, die hauptsächlich Leidtragenden.

Inzwischen dämmert es selbst gutgläubigen Betrachtern, wer aus diesem Krieg den größten Nutzen zieht. Für die USA bedeutet er eine geradezu ideale Konstellation. Mit Russland als geopolitschem Rivalen und der EU als Widersacher auf den globalen Märkten haben sich zwei ihrer Hauptkonkurrenten ineinander verbissen. Die US-Amerikaner sind tausende Kilometer vom Ort des Konflikts entfernt, halten ihr Pulver trocken und können sich angesichts der Schwächung beider Rivalen genüsslich die Hände reiben. Hinzu kommt die bedeutende wirtschaftliche Schwächung der EU durch den Verlust preiswerten russischen Gases.

Auch hier gewinnen die USA doppelt, denn nun können sie ihr Frackinggas zu mehrfach höheren Preisen an die EU verkaufen, was deren Produkte teurer und ihre Position auf den Weltmärkten schwächer werden lässt. Ach ja, und da ist auch noch die Rüstungsindustrie in den NATO-Staaten, die angesichts des fortdauernden Konflikts und der viele Milliarden Dollar umfassenden Waffenlieferungen an die Ukraine gegenwärtig paradiesische Zeiten erlebt.

Angesichts dieser Situation zeigten und zeigen die USA keinerlei Interesse an einem raschen Ende des Krieges. Man erinnere sich an die ersten Kriegswochen, als angesichts des Vormarsches der russischen Armee zwei Verhandlungsrunden stattfanden. Auf dem Istanbuler Zweittreffen Ende März 2022 waren sich beide Seiten deutlich nähergekommen, einschließlich einer dauerhaften Neutralität der Ukraine und internationaler Sicherheitsgarantien für das Land. Ein von beiden Seiten akzeptierter Vertrag lag unterschriftsreif auf dem Tisch, aber dabei blieb es.

Den USA ging diese Wendung viel zu schnell und zu weit. Also machte sich ihr Emissär, der britische Premier Boris Johnson umgehend auf den Weg und nahm die ukrainische Führung in die Mangel. Er erinnerte den Präsidenten nachdrücklich daran, dass das Land vollständig am Tropf des Westens hing und eigenständiges Vorgehen somit kein Thema sein könne. Keine weiteren Verhandlungen mit Moskau, dafür Unterstützung mit allem, was für eine Fortführung des Krieges gebraucht werde, das waren die Maßregeln, die Johnson den Ukrainern ins Stammbuch schrieb.

Folgsam schaltete Präsident Selenskyj nach Johnsons Besuch von Verhandlungen auf Weiterführung des Kriegs um. Weitere Gespräche mit den Russen, hieß es nunmehr, könne es erst nach einem vollständigen militärischen Sieg geben. Das war auch der Grundtenor der von der Ukraine im Herbst 2022 propagierten Friedensformel, angereichert mit der Einschränkung, Verhandlungen seien nur mit einem Russland ohne Putin möglich. Solcherart Vorschläge macht, wer ernsthafte Verhandlungen zuverlässig verhindern will. Während dieser völlig unrealistische Vorstoß im Westen Beifall erntete, stieß ein chinesischer Zwölf-Punkte-Friedensplan vom Februar 2023, der eine Einstellung der Kämpfe und die Berücksichtigung der Sicherheitsinteressen beider Seiten forderte, auf harsche Ablehnung.

Die USA halten mit ihren Verbündeten den Krieg durch massive Waffenlieferungen, Logistik und nachrichtendienstliche Unterstützung, durch tausende Freiwillige aus verschiedenen Ländern am Kochen. Ob die NATO damit bereits als Kriegspartei gelten kann, das ist wohl nur noch eine rhetorische Frage. Die deutsche Außenministerin, die ohnehin des öfteren mit dem Mund schneller ist als mit dem Kopf, hat im Februar 2023 Wirbel mit der Aussage erzeugt, dass Deutschland sich im Krieg mit Russland befinde. Trotz aller eiligen Dementis hat sie in diesem Fall so Unrecht nicht. Genau genommen ist es inzwischen ein Krieg zwischen Russland einerseits und der Ukraine im Verbund mit den NATO-Staaten andererseits.

Jede Eskalation, jedes neue Waffensystem, das an die Fronten gelangt, fordert eine entsprechende russische Antwort heraus. Man fragt sich, ob es unter den Verantwortlichen überhaupt noch ein Nachdenken darüber gibt, dass eine beliebige Fortsetzung dieser Eskalationskette den Konflikt ausweiten und in die Nähe eines atomaren Eingreifens bringen kann. Der Krieg ist festgefahren, ein militärischer Sieg der einen oder anderen Seite eher unwahrscheinlich, was kann es besseres geben für die Vereinigten Staaten?

Wo steht eigentlich Deutschland in diesem Konflikt? Die SPD-geführte Bundesregierung hat sich vollständig dem transatlantischen Partner unterworfen. Sie hat aufgehört, eine eigenständige, von deutschen oder EU-Interessen geleitete Außenpolitik zu betreiben und agiert, zumindest mit Blick auf diesen großen Krisenherd, nur noch als Vasall der USA. Sie macht mit bei Waffenlieferungen und Sanktionen und blendet aus, welche Folgen das alles für unser Land und die deutsche Bevölkerung mit sich bringt. Schlimmer noch, Deutschland hätte auf Grund seiner Kontakte zu beiden Ländern gute Chancen gehabt, als Vermittler tätig zu werden und damit den Konflikt zurück an den Verhandlungstisch zu bringen. Deutschland hätte damit sein Profil, sein eigenständiges internationales Gewicht erheblich stärken können. Aber Fehlanzeige, die einzigen Antworten Deutschlands sind stets die von den USA vorgegebenen.

Die politischen Parteien bis hin zu den Linkenspitzen folgen der Bundesregierung auf diesem verderblichen Weg. Russland ist das Böse, die Ukraine das Gute, so einfach kann man sich die Welt malen. Es fragt sich nur, ob dieses von Politik und Leitmedien orchestrierte Bild in der ganzen Breite der Bevölkerung so gesehen wird. Über den Grünenweg zur maßgeblichen Kriegshetzerpartei muss man keine weiteren Worte verlieren. Tragisch an dieser Konstellation ist, dass die AfD inzwischen als einzige Bundestagspartei Front macht gegen die Anheizung des Konflikts durch immer neue Waffenlieferungen. Damit erreicht sie beträchtliche Resonanz in der Bevölkerung und macht auf der rechten Flanke Boden gut mit Positionen, die eigentlich zu den Grundsätzen linker Politik gehören sollten.

Wie sehr die deutsche Politik am Gängelband der

USA hängt und selbst die leiseste Kritik vermeidet, zeigen die Vorgänge rund um die Sprengung der Nordstream-Gasleitungen in der Ostsee. Der Sabotageakt vom September 2022 zerstörte deutsches Eigentum, denn fast die Hälfte davon gehört hiesigen Firmen. Was viel wichtiger ist, er vernichtete kritische Infrastruktur, nämlich einen wesentlichen Strang der Energieversorgung Deutschlands und anderer europäischer Staaten, unabhängig davon, ob die Leitungen zeitweilig außer Betrieb waren oder nicht. Das war ein gegen Deutschland gerichteter Kriegsakt, wie anders soll man diese Piraterie bewerten. Wem schadete, wem nutzte es? Diese heiße Frage umging man und flüchtete sich nach kurzer medialer Aufwallung in betretenes Schweigen.

Das änderte sich erst, als der bekannte US-amerikanische Investigativjournalist Seymour Hersh im Februar 2023 seine monatelangen Nachforschungen publik machte. Unter Bezug auf Quellen in der US-Administration wies er detailliert nach, dass die Aktion durch die USA geplant und im Zusammenwirken mit dem NATO-Partner Norwegen durchgeführt worden war. Kurzzeitig herrschte medial und in der Politik große Aufregung. Es folgten die erwarteten Reaktionen, keine Beweise, Verschwörungstheorie, Dementis aus Washington und Oslo. Wer räumt auch einen solchen Piratenakt gern auf ersten Zuruf ein?

Und plötzlich, wenige Tage nach den Enthüllungen von Hersh, lag eine neue Version auf dem Tisch. Ein in Rostock von dubiosen Osteuropäern gechartertes Segelboot sei der Übeltäter gewesen. Dort habe man auf dem Tisch in der Kajüte Partikel von Sprengstoff gefunden, und das Boot sei auch in der betreffenden Region unterwegs gewesen. Die Spur führe in die Ukraine, natürlich ohne Wissen der dortigen Regierung, wie es sofort hieß. Oder doch eher nach Moskau? Die Russen seien ja erprobt im Legen falscher Fährten. Schnell fanden sich auch willfährige „Experten", die der einen oder anderen Variante den Vorrang gaben. Insider schütteln über solchen Unsinn nur den Kopf.

Eines aber haben alle diese durch die Medienlandschaft wabernden Erörterungen gemeinsam. Sie sollen das gefährliche Thema einer direkten US-Beteiligung aus dem Feuer ziehen. Solcherart Enthüllungen stören das Weltbild von Gut und Böse und könnten das gen Osten so gefestigt scheinende Bündnis belasten. Die Angst ist jedoch unbegründet. Deutschlands Politik schweigt betreten und ist mehr am Vertuschen als am Aufklären interessiert, selbst wenn es sich um einen glasklaren Angriff auf die kritische Infrastruktur des eigenen Landes handelt.

Im Ergebnis des Krieges, das ist das ernüchternde Resümee, gibt es nur Verlierer. In erster Linie sind das die getöteten und verletzten, die allerorts notleidenden Menschen in den Kriegsgebieten. Sie wurden skrupellos den geopolitischen Machtspielen der Weltmacht Nummer eins geopfert, trotz allem Gerede von Freiheit, Demokratie und Menschenrechten. Es war seit langem klar, dass eine Eskalation rund um die Ukraine das Risiko eines bewaffneten Konflikts in sich barg. Das wurde kalten Herzens ignoriert. Die eigenen Hegemoniepläne waren dem Weißen Haus und dem Pentagon wichtiger als einige hunderttausend getötete und notleidende Ukrainer. Sie haben die Dinge sehenden Auges vorangetrieben, haben es drauf ankommen lassen, bis aus dem schwelenden Konflikt ein offener wurde.

Verlierer ist das Land Ukraine, dessen Führung eine verbindende Neutralität zwischen Ost und West ausschlug und sich vor den Karren westlicher Strategen spannen ließ. Es wird den prowestlich-russophoben Kurs mit Gebietsverlusten bezahlen, denn es ist nicht zu erwarten, dass sich die Atommacht Russland, so wie die Dinge seither gelaufen sind, auf die Grenzen von 1991 zurückzieht. Der Krieg hinterlässt Riesenschäden, an denen die Ukraine lange zu tragen haben wird. Westliche Hilfsgelder erreichen künftig nicht endlos und ohne Vorbedingungen das Land. Die Kriegsfolgen müssen die Ukrainer überwiegend selbst bewältigen.

Verlierer sind Russland und die dortigen Menschen. Auch Putin hat mit dem Feuer gespielt und ist nicht vor dem letzten Schritt, dem Einsatz militärischer Gewalt mit all seinen schlimmen Folgen zurückgeschreckt. Auch in Moskau, Wladiwostock und anderswo gibt es viel Leid, unzählige Familien, die ihre Väter, Brüder oder Ehemänner verloren haben oder die als Krüppel zurückkehrten. Der Krieg und seine Folgen werden Russland nachhaltig zeichnen. Er schwächt das Land, weil riesige Ressourcen der friedlichen Entwicklung und dem Wohlergehen seiner Bewohner entzogen werden. Der Einmarsch in die Ukraine hat dem Ansehen Russlands zumindest in der westlichen Welt großen Schaden zugefügt. Die USA werden mit ihren Verbündeten alles unternehmen, um die internationale Isolierung Russlands dauerhaft zu machen. Sie werden ihre ökonomische Vormacht gnadenlos einsetzen, um Russland auf möglichst vielen Gebieten zu boykottieren.

Einer der größten Verlierer ist der globale Süden, sind all die Länder, in denen sich die eigentlichen Weltprobleme ballen, der Hunger, die Zurückgebliebenheit, die schon jetzt dramatischen Folgen des Klimawandels. Sie sind unverschuldet in den Schatten der Weltpolitik geraten, sie leiden dramatisch unter der Konzentration maßgeblicher Weltressourcen auf den Ukrainekonflikt. Sie werden weiter abgehängt, und es ist kaum verwunderlich, das dort die westliche Sicht auf die Dinge in Osteuropa wenig geteilt wird. Hier formiert sich eine Phalanx von Staaten des Südens, angeführt von solchen Schwergewichten wie China, Brasilien und Südafrika, die das geostrategische Spiel der USA und ihrer Verbündeten um den Ukrainekonflikt klar durchschaut haben und sich weigern, der westlichen Sanktionspolitik gegenüber Russland zu folgen.

Verlierer sind die EU und mit ihr Deutschland. Sie haben sich der Führungsmacht USA unterworfen, agieren nur noch als deren Anhängsel. Eine eigenständige, von europäischen und deutschen Interessen geleitete Außenpolitik haben sie zu den Akten gelegt. Damit büßen sie ihr bislang vorhandenes Gewicht in der Weltpolitik ein. Da sie Russland als strategischen Energie- und Rohstofflieferanten offenbar dauerhaft verloren haben, kommt eine nachhaltige Schwächung ihrer Wirtschaftskraft hinzu. Ihre Produktion wird teurer und damit weniger weltmarktfähig, ihre Abhängigkeit von den USA erstreckt sich nun auch auf den strategisch wichtigen Energiesektor.

Verlierer sind die Menschen in Deutschland und den anderen EU-Staaten, denn die Russlandsanktionen bei Öl, Gas und anderen Dingen treffen vor allem sie. Die Sanktionen lösen Turbulenzen in den nationalen Wirtschaften aus, erzeugen inflationäre Entwicklungen, Störungen in den Lieferketten und andere negative Konsequenzen. Vor allem die unteren und mittleren Einkommensgruppen leiden unter dem Preisanstieg, ungeachtet aller staatlichen Beruhigungspillen in Form von Extrazahlungen. Alle diese Belastungen sind nicht Folge des Ukrainekriegs, wie Politik und Medien uns unermüdlich erklären wollen, sondern Ergebnis der von uns selbst in treuer US-Gefolgschaft verhängten Sanktionen. Wir sollten die Regierenden in unserem Land Tag für Tag an ihren bei Amtsantritt geleisteten Schwur erinnern, Schaden vom deutschen Volk abzuhalten. Das gerade Gegenteil passiert in all dem unsäglichen Agieren im Zusammenhang mit dem Russland-Ukrainekonflikt.

Und Washington, sind die USA ebenfalls ein Verlierern dieses Krieges? Ja, auch die westliche Führungsmacht gehört dazu. Sie muss nur einmal den Blick von all den momentan für sie so gut laufenden Dingen abwenden und ein wenig mehr in die Zukunft schauen. Der Konflikt mit Russland wird über kurz oder lang zu einem strategischen Bündnis Moskaus mit China, dem eigentlichen weltpolitischen Herausforderer der USA führen. Wie die Dinge sich abzuzeichnen beginnen, könnten sich auch Indien, Brasilien, Südafrika und andere BRICS-Staaten dazugesellen. Hier deutet sich eine weltpolitische Kräfteverschiebung an, die den hegemoniegewohnten Amerikanern Furcht einflößen müsste. Wer in solch einem großenteils selbst heraufbeschworenen Konflikt die Sieger und Verlierer sein werden, das stellt sich eben oftmals erst ganz am Ende heraus.

Epilog

Die Texte auf den Vorseiten sind nicht das Ergebnis intensiver Planungen und Vorbereitungen. Es war eher so, dass mich verschiedene Themen fortwährend bewegten, aktuell-zeitgeschichtliche und historische wie auch die Schicksale einzelner Weggefährten. Kleineren und größeren Notizen folgten gezieltere Nachforschungen und erste Skizzen, bevor ich im Herbst 2022 mit dem Aufschreiben begann. Ich wollte festhalten, was mir wichtig schien. Es ging bunt durcheinander mit den Themen, und erst mit der Zeit, als bereits Verschiedenes im Entwurf vorlag, begann sich ein Gesamtbild zu formen.

Damit traten neue Fragen, ja Zweifel auf. Eine solch weite Zeitspanne, noch dazu gefüllt mit sehr unterschiedliche Themen, war das gut, war das zwischen zwei Buchdeckeln überhaupt möglich, ohne Verwirrung und Unverständnis hervorzurufen? Ich holte mir Rat und fand mich im wesentlichen bestätigt. Mach weiter, hieß es von kompetenten Leuten, und wem es zu sehr durcheinander geht, der legt das Buch ohnehin zur Seite. Mit dem groben Einordnen der Geschichten in drei Abschnitte sollte dem Hin und Her der Themen zumindest ein wenig begegnet werden.

Bei genauerer Betrachtung gibt es schon den einen oder anderen roten Faden, der sich durch etliche der Texte zieht. Immer wieder taucht sie auf, die Wendezeit im Osten Deutschlands, wie sie in das Leben der Menschen eingegriffen hat, es veränderte und oft genug tiefe Kerben hinterließ. Und, was schwerwiegend weil fortdauernd ist, sie findet bis heute ihre Fortsetzung in Form der Dominanz westdeutscher Eliten in so ziemlich allen Bereichen der Gesellschaft.

So sehr sie uns auch beschäftigen, greift man zeit-aktuelle Themen auf, läuft man stets Gefahr, mit seinen Wertungen vom Tempo der Enwicklungen überholt zu werden. Dennoch, selbst in Kenntnis dieser Risken sollte man das Feld nicht ohne Gegenwehr dem willfährigen Tagesjournalismus überlassen. Sein vielschichtiges Instru-mentarium, die Leute hinters Licht zu führen und eine ent-stellte öffentliche Meinung in Szene zu setzen, das wäre eine ganz neue Untersuchung wert. Kritisch prüfen, den Dingen und vor allem den Hintergründen nachgehen, das alles hilft einem, in den unheilvollen Zeiten den Kopf über den Geschehnissen zu behalten. Hier ist sie wieder, unsere tief eingebrannte Ossi-Erfahrung mit den Medien und dem bösen Spiel, das sie mit uns Menschen zuweilen treiben.

So, das wars mit den Stories. Der letzte Punkt ist ge-setzt, das Buch geschlossen. Und was kommt als nächstes? Nun ja, meine Heimatstadt Mirow hat bald einen sehr run-den Geburtstag und steht noch immer ohne eine Stadtge-schichte da. Mal sehen, ob die Zeit dafür noch ausreicht.

Es ist ein weitgespannter Bogen, den dieses dritte Buch von Klaus Mewes schlägt. Wie in seinen Erinnerungen „Damals in Mirow" geht es auch diesmal viel um seine Heimatregion im Süden Mecklenburgs. Wie lebten die Bauern, Ackerbürger und Fischer in früheren Zeiten, bevor sie im Heute angekommen sind? Wie haben sich Landschaften, die Wege übers Land und mit ihnen das Leben verändert?

Auch von Menschen ist die Rede in zuweilen heiteren, aber mehr noch tragischen Geschichten. Sie sind dem Autor wichtig, weil sie seinen eigenen Weg durch unsere bewegte Zeit begleitet und mitgeprägt haben.

Brisant wird es im letzten Teil des Buches, das sich heftig diskutierten heutigen Problemen zuwendet. Die medial zumeist verschwiegenen Hintergründe des Ukrainekrieges, das Verhunzen unserer Sprache durch überbordende Anglizismen und Genderbeflissenheit, Wessis im Ossiland und die nassforsche Arroganz, mit der deutsche Spitzenpolitik in der Welt unterwegs ist, darum geht es unter anderem hier. Ohne Not habe er sich diese brisanten Themen auf den Leib gerissen, stellt der Autor gleich zu Beginn fest. Aber sie brennen vielen Leuten unter den Nägeln und gehören deshalb in die öffentliche, gern auch kontroverse Diskussion.

So gesehen, unternimmt das Buch eine Zeitenwanderung, die im grauen Dämmer früherer Jahrtausende beginnt und mit jedem der heutigen Tage noch nicht an ihr Ende gekommen ist.